本书得到国家社科基金重点项目“数字经济政府监管再定位及监管体系创新研究”（编号：19AJY004）的资助

数字经济监管研究

唐要家　著

中国财经出版传媒集团
中国财政经济出版社

图书在版编目（CIP）数据

数字经济监管研究／唐要家著．--北京：中国财政经济出版社，2023.5

ISBN 978－7－5223－2072－4

Ⅰ.①数…　Ⅱ.①唐…　Ⅲ.①信息经济－经济监督－研究－中国　Ⅳ.①F492

中国国家版本馆 CIP 数据核字（2023）第 045384 号

责任编辑：叶　彤　　　　责任校对：胡永立
封面设计：兰卡绘世　　　责任印制：党　辉

数字经济监管研究

SHUZI JINGJI JIANGUAN YANJIU

中国财政经济出版社 出版

URL：http：//www.cfeph.cn

E－mail：cfeph@cfeph.cn

社址：北京市海淀区阜成路甲 28 号　邮政编码：100142

营销中心电话：010－88191522

天猫网店：中国财政经济出版社旗舰店

网址：https：//zgczjjcbs.tmall.com

北京密兴印刷有限公司印刷　各地新华书店经销

成品尺寸：170mm×240mm　16 开　19.75 印张　267 000 字

2023 年 5 月第 1 版　2023 年 5 月北京第 1 次印刷

定价：88.00 元

ISBN 978－7－5223－2072－4

（图书出现印装问题，本社负责调换，电话：010－88190548）

本社质量投诉电话：010－88190744

打击盗版举报热线：010－88191661　QQ：2242791300

前　言

随着数字技术的创新发展，数据成为经济增长的关键要素，数据要素的大规模采集利用及其所引发的数据驱动的创新正在重构我们今天生活的世界。在数字经济时代，所有的社会主体都不可避免地被裹挟进来。数字经济发展极大地提高经济效率、促进社会交流和提供更为丰富的内容消费、提升公共治理精准性。但数字经济的发展也带来诸多的新挑战，如数据采集利用引发的个人隐私侵犯、人工智能应用引发的公平与伦理问题、大型数字平台日益突出的市场势力、网络非法有害内容泛滥和信息内容操纵、国家数据主权和数据安全问题等。因此，构建安全、可信、有序的数字经济秩序，保障相关主体的合法权益，促进数字经济以有利于社会的方式创新发展，成为数字经济时代政府监管新的重要任务。

在数字经济背景下，如何实现良好的政府监管成为各国面临的重大挑战。政府监管理论一直坚信，良好的政府监管是实现公共利益最大化的重要选择。但各国的监管实践却显示，要实现良好的政府监管并非易事，监管失灵的案例比比皆是。因此，如何实现良好监管成为理论和政策一直没有很好解决的问题。特别是在数字经济背景下，由于数字经济独特的发展规律，传统的监管理论、监管体制和监管政策都面临非常大的失效风险。长期以来，中国政府监管体制形成了以政府行政监管为绝对主导的强行政监管体制，其具有强执行力和全国统一执法的制度优势，但中国政府监管也长期存在定位不清、执法过度与执法不足并存、一刀切和运动式执法等突出问题。为了实现良好的数字经济监管，推进中国政府监管的现代化，需要首先明确政府监管的定位，并在此基础上设计有效的实施体制和采取精准的政策工具。

面对数字经济的监管新需求和实现良好监管的政策实践目标，在数字经济背景下，规范企业市场行为和规范政府监管行为同样重要。数字经济应该以有利于社会的方式创新发展，让这个世界变得更加美好。由此，我在2019年初申报了国家社科基金重点项目“数字经济政府监管再定位及监管体系创新研究”，并获得立项。基于对数字经济市场的观察和各国数字经济监管实践，本书力图基于对数字经济发展规律和市场失灵的分析来深入探讨数字经济监管的三个核心问题：为什么需要监管、监管什么、如何监管，从而为促进政府实施有效的数字经济监管提供参考。

本书的最终呈现是经历了不断的思想碰撞和现实事件激发的结果。2018年9月至2019年9月，我受国家留学基金委的资助到美国弗吉尼亚大学从事访问学者研究，我当时设计的研究题目是“中美互联网高技术企业反垄断政策比较研究”。我的合作导师弗吉尼亚大学经济系的埃尔钦格（Elzinga）教授为我的研究提供了慷慨的帮助，指导我聆听了弗吉尼亚大学经济系和法学院几位著名教授的讨论课，并且资助我参加了四次在华盛顿举办的反垄断国际会议，还介绍我认识从事反垄断案件诉讼工作的咨询公司和执法机构的经济学专家以及律师事务所的专业律师。上述活动使我有机会了解美国和欧盟最新的数字经济反垄断监管实践和理论观点的论争，以及数字经济典型反垄断案件的执法细节，极大地开拓了我的视野，使我可以从国际化的视野来审视数字经济反垄断监管问题，并形成了对本书研究主题的初步框架和理论观点。后来，我就本书的研究主题曾多次参加国内的专业学术会议和浙江省市场监管局、国家市场监管总局等的政策咨询会议并进行交流，吸收了很多有益的观点和建议。

在本书的写作过程中，浙江财经大学王俊豪教授也给予了很多的指导，特别是让我参与其主持的国家社科基金重大项目“中国特色政府监管理论体系与应用研究”的有关学术讨论，深化了我对中国政府监管制度的认识。天津财经大学于立教授是一个非常有思想的学者，他对中国反垄断和政府监管问题具有很多独到的见解，他的思想分享往往会激发我对有关问题的深入思考。东北财经大学产业组织与企业组织中心于左教授、南京大学郑江淮教授、东南大学的周勤教授、天津财经大学刘玉斌教授、浙江工商大学毛丰付教授、浙江财经大学王正新教授等都对本书中的有关问题提出非常好的建议。

我指导的博士研究生汪露娜、王钰、杨晓华、林梓鹏以及硕士研究生王逸婧、汪诗怡、钱声绘、傅樟洋、王徐东、王艺儒、杨聪、胡寅康、张哲、李毓新等也从事了部分文献资料整理和有关章节的研究讨论。

本书的写作期间正逢三年新冠肺炎疫情管控期间，在失去很多外出交流机会的同时也使我享受了难得的静心思考和写作时间。本书最终呈现的也是我所看到的世界、经历的事情、遇到的人和涅槃般思想过程的集合。

世界本质是不确定的，拥有的终将逝去，未知的无法预期，唯有爱永恒！

唐要家

2023 年 2 月 14 日于杭州玉泉栖岚院

目　录

导 论

第一节 数字经济监管挑战

一、数字经济概念界定

目前世界经济正在经历一个重大的历史转变，即从工业经济转向数字经济、从实物产品生产为主转向数字产品供给为主的转变。数字经济是推动中国经济高质量增长的新引擎，同时也是政府政策关注的重点领域。

目前，学术界和各国政府都没有对数字经济给出一个非常权威和公认的界定。数字经济的概念分为宽的界定和窄的界定。窄的数字经济概念界定特指完全是由于现代信息通信数字技术发展所催生的新兴产业，这些行业主要是指互联网金融、在线零售、数字内容、数字文化娱乐、智慧医疗、数字教育等。宽的数字经济概念界定则是泛指所有基于互联网、信息通信技术、数字技术的有关产业或经济活动，既包括新兴的数字产业化行业，也包括传统产业采用互联网和新兴数字技术实现转型发展的产业数字化行业。相对地，宽的数字经济总体概括为数字产业化和产业数字化。从国际比较来看，各国政策关注的重点是窄的数字经济，其是一个国家数字经济发展质量和国际竞争力的核心。本书主要是针对窄的数字经济发展对政府监管提出的新挑战做出研究分析，因此本书的数字经济主要是采用窄的概念界定。

数字经济不仅是一个技术创新推动的技术变革，也是一个经济体系重构的经济组织制度变革。G20 数字经济发展和合作倡议指出，数字经济是指包括使用数字化的信息和知识作为生产的核心要素、现代信息网络作为重要的活动空间及有效利用信息通信技术作为驱动生产率增长和经济结构优化重要动力的广泛的经济活动。[①] 2021 年国务院印发的《“十四五”数字经济发展规划》则对数字经济概念进行了较为全面的界定：数字经济是继农业经济、工业经济之后的主要经济形态，是以数据资源为关键要素，以现代信息网络为主要载体，以信息通信技术融合应用、全要素数字化转型为重要推动力，促进公平与效率更加统一的新经济形态。上述概念实际上是将数据要素、互联网和信息通信技术及数字化经济增长作为数字经济的主要特征。

二、数字经济监管挑战

数字经济能促进实现更好的监管治理。数字经济的发展为政府实施更好的监管提供了重要的支撑，提高了监管的有效性。一是数字技术的发展为政府监管提供了更好的监管政策手段，大数据和人工智能技术可以实现对被监管企业和被监管目的物的实时监控，减少了大量高成本的现场监督检查，显著降低了政府监管负担，从而大幅降低了政府监管机构和被监管对象的讨价还价和频繁的私人接触，降低了监管俘获的发生；二是数字技术的发展大幅度降低了政府监管机构、被监管企业、监督机构、社会公众之间的信息不对称，使政府监管活动更多地在阳光下实行，从而大幅降低了暗箱操作的空间，显著降低了政府被产业利益集团影响的风险，使政府监管更好地服务于公共利益目标；三是互联网的

① G20 Digital Economy Development and Cooperation Initiative.

普及会显著提高公众的参与意识和增加参与途径，从而对政府监管行政行为形成了更好的社会监督机制，提升了多元治理制度的有效性。

数字经济的快速发展在给消费者带来巨大的福利改进的同时也带来了诸多新的损害，典型的如日益突出的平台垄断及垄断滥用行为、各类组织基于大数据技术对个人隐私数据的过度采集和利用所带来的隐私侵犯问题、在线交易市场中的假冒伪劣与虚假信息问题、短视频平台等的色情低俗内容泛滥问题、网络攻击和数据跨境流动所带来的国家网络与数据安全问题等，这些问题的危害以及影响范围远远超出了传统的经济监管理论。数字经济的快速发展及其产生的经济社会损害风险，对传统的政府监管理论和政策带来了巨大的挑战，特别是数字经济所具有的以破坏性创新为主的动态创新和新业态新模式的不断涌现所带来的监管调整，要求监管必须做出改变以适应数字经济现实。

第二节　本书主要研究内容

数字经济独特的发展规律使传统的政府监管理论和政策体系面临日益突出的失效风险，现有数字经济监管经济学理论基础还相对薄弱和不系统，对于数字经济监管的诸多基础性理论和政策问题缺乏充分的应对，同时政府监管面临监管难以准确定位、监管体制效能低下、监管手段缺乏等诸多实践问题。面对数字经济监管的重大现实需求和现有理论与制度供给的严重不足，迫切需要通过监管理论和政策创新来加以应对，实现政府监管治理体系和监管治理能力的现代化，促进数字经济健康有序运行和高效创新发展，全面提升人类福祉。

本书采用经济学、法学、公共管理学等跨学科方法，深入分析数字经济发展的独特经济规律及其可能引发的市场失灵和经济社会损害风险，从而明确数字经济监管的理论基础，在此基础上系统构建数字经济监管的框架体系，明确数字经济监管的基本原则、政策重点和政策导向，并重点对数字经济监管中的数据开放共享监管、网络与数据安全监管、个人数据隐私监管、数字平台监管、人工智能监管、数字内容监管、反垄断监管等主要政策进行深入分析，特别是分析中国数字经济监管重点政策领域的问题、监管绩效及监管政策创新，提出针对性的监管政策建议。

本书遵循“监管理论基础分析——监管框架体系构建——支柱性监管政策设计”的基本思路来展开。首先，重点探究数字经济监管的经济学理论基础，采用多学科理论方法对数字经济发展规律、数据要素的经济属性、人工智能应用的风险、数字平台的经济特征等重点问题展开深入的理论分析，构建数字经济监管的理论基础。其次，基于理论分析来构建数字经济监管的框架体系，明确监管的目标与原则、基本导向、体系构成、实施体制等核心问题。再次，针对数字经济监管的主要支柱性政策进行针对性理论分析和政策设计，重点是网络与数据安全监管政策、人工智能监管政策、个人隐私保护政策、网络信息内容监管政策、反垄断监管政策。

第三节　本书主要研究结论

第一，数字经济发展具有独特的微观规律和宏观高质量增长赋能机制。数字经济独特的发展规律是数据成为关键生产要素、供给侧具有显著的规模经济与范围经济、需求侧具有强网络效应、多边平台为主的商业模式、快速创新带来的动态性和不确定性。数字经济供给侧规模经济和需求侧规模经济的结合会带来高价值创造，并且产生数字商品的零价格供应与平台不平衡定价结构，价格结构而非价格水平成为价格机制的核心。数字经济促进宏观经济高质量增长的机制是，数据要素使用的正强化机制和规模收益递增使其产生了显著的增长倍增效应，并且数字技术作为一种通用目的技术会极大地提高创新效率和推动创新扩散。数据要素促进增长的机制主要是使企业更好地决策、市场更有效地运行、实现多要素效率提升的整合效应、驱动创新以及促进更好的公共治理。

第二，数字经济监管应构建科学的监管政策体系。数字经济市场失灵主要体现为：超级平台引发的强市场垄断势力、信息不对称引发的在线交易风险、侵犯消费者隐私和威胁企业数据资产安全、网络有害内容和网络安全等。据此，数字经济监管的基本导向是：数字经济监管应以促进数字经济高质量发展为目标，将促进开放共享和鼓励创新作为政策基点，将维护市场竞争作为基础，更突出社会性目标，确保监管的动态有效，突出平台私人监管的基础作用。中国数字经济政府监管创新的重点是：建立相对完备的数字经济监管法律体系，构建“平台+政府”的合作监管体制，建立治理能力高效的监管机构体制，创新数字经济监管实施体制和政策手段，加强数字经济监管政策的国际协调。

第三，最大化释放数据要素价值需要构建完善的数据监管治理体系。数据是数字经济的关键要素，最大化释放数据要素的经济价值是数字经济监管的重要目标。数据具有显著的非竞争性和零边际成本特征，并且同时具有资源和资产的双重属性，数据价值实现是一个动态的过程。因此，数据流动共享是实现数据价值扩散和释放数据要素增长倍增潜能的核心，数据驱动的创新是实现数据价值释放的关键。数据监管重在消除阻碍数据要素开放共享的各种障碍，培育有利于数据要素采集利用和开放共享的制度环境。为此，需要建立稳健的网络与数据安全保障，扩大公共数据的共享开放，培育数据市场来鼓励商业数据的市场化流转交易，创新数据产权制度。

第四，维护网络与数据安全应以总体国家安全观为统领来构建系统的监管体系。网络与数据安全是维护国家主权的需要，关乎国家公共安全、个人隐私和商业企业财产安全，强化网络与数据安全监管是数字经济监管的重要任务。网络与数据安全监管应以总体国家安全观为统领，维护网络数据安全与促进创新发展并重，网络系统安全和网络数据信息内容安全相统一，政府主导的依法监管与多轨治理方式协同，维护国家主权与推进国际合作相结合。网络与数据安全监管框架包括网络数据安全监管总依据，网络与数据安全监管的法律法规，网络与数据安全监管治理体系，网络与数据安全监管政策工具，并建立平衡国家安全和促进数据跨境流动平衡的数据跨境流动监管体制。

第五，人工智能监管重在建立基于风险的全生命周期监管体系。由于人工智能系统的黑箱模式及其内在的风险，人工智能的大范围应用会给经济与社会带来诸多的风险。因此，需要对人工智能系统做出有效的监管，防范各种潜在的风险，让技术更好地促进社会进步，有力地维护公共利益。人工智能监管应确保人工智能开发与应用遵循“以人为中心”的价值理念，人工智能系统开发、安装和运行应遵循安全性原则、公平性原则、透明度原则、问责性原则。人工智能监管实施体制应实行以风险为基础的分级分类监管，建立全生命周期人工智能监管体制，形成多元共治的监管治理格局，强化人工智能系统使用者的主体责任，提升人工智能监管的技术保障。

第六，数字平台监管应建立与平台经济属性相匹配的综合监管体系。数字平台具有三种基本角色：数据信息节点、交易中介、生态规制者。平台经营活动涉及多元利益关系，包括平台与消费者用户、平台与合作商、平台与平台、平台与社会。由于平台势力是数据驱动的垄断势力并具有多重经济社会危害，数字平台监管应该建立综合监管体制，需要进行综合治理、分类监管和精准施策。数字平台监管需要发挥平台自我监管基础作用，并重点强化事前监管。为此，需要明确“守门人”平台行为规则，即“守门人”平台经营行为应遵守开放接入、交易公平、交易安全、客观中立、规则透明等基本行为规则。

第七，个人隐私保护政策应注重多维目标与多重利益关系的平衡。在数字经济背景下，个人数据既是一项重要的个人人格权，也是一种重要的生产要素，需要实现隐私保护和促进数据要素采集利用的平衡。个人隐私保护既存在市场失灵，也存在政府失灵。因此，个人隐私保护应以充分赋权消费者为前提，并构建市场化机制、私人监管和政府监管相结合的隐私保护体制。隐私保护政策的基本导向是：隐私保护需要合理权衡多维目标，以促进数据开发利用为导向，对不同类型数据实行差别化隐私保护政策，重点针对具有支配地位数字平台。隐私保护的监管政策体系构建的重点是：充分赋能消费者，落实企业保护用户隐私安全的主体责任，完善隐私保护监管机构体制，创新隐私保护监管政策。

第八，网络信息内容监管应重在科学配置平台主体责任。数字内容平台的商业模式导致容易出现大量的非法有害内容，非法有害内容本质是一种严重的负外部性。在非法有害内容的监管中，最重要的是如何合理确定平台应该承担的法律责任，从而激励平台履行合理的注意义务，促使平台采取有效的手段来主动应对非法和有害内容。强化非法有害内容监管的基本路径：完善非法有害内容监管的法律体系，建立分级分类的非法有害内容监管体制，建立有效的非法有害内容监管机构体制，强化数字内容平台的注意义务和积极行动者角色，创新数字非法有害内容监管政策手段，建立多元主体共治的非法有害内容治理体系。

第九，数字经济反垄断应创新反垄断审查方法和政策手段。有效的数字经济竞争政策设计应该契合数字经济市场竞争和垄断的独特性。为了有效维护数字市场竞争，需要重新定位反垄断基本导向，明确反垄断福利标准和优先目标，重构反垄断审查机制和竞争损害理论，创新反垄断政策工具，全面提升反垄断执法效能。中国数字平台反垄断应建立系统、协同、高效的反垄断执法体制，重点强化预防性事前监管，加强支配平台行为规则监管，并灵活运用多种政策手段以实现反垄断政策工具的最佳组合。

第一章　数字经济的经济学基础

第一节　数字经济发展独特规律

一、数据成为关键生产要素

数据是数字经济中经济和社会活动的重要的生产要素。在数字商务中，数字商务企业利用这些大数据开发数字化产品或服务，数字平台的商家还可以借助大数据来开发针对性营销广告，提升用户消费体验，同时经过分析处理后的数据本身就是重要的数据产品或服务，其本身就具有市场价值，数据库及相关的软件产品可以直接在数据市场进行交易，销售给第三方进一步商业化开发和使用。数据作为一种要素投入其本身并不会直接产生价值，只有当其与资本、劳动等生产要素结合时，才会借助这些要素创造价值。由此，数据信息与越多的其他生产要素相结合，则其带来的总产出增长贡献就越大。因此，数字经济使传统产业的数字化发展会极大地释放增长潜能。由于数据的基础性作用是信息性的并且其只有与其他生产要素有效结合才能促进增长，因此数据对经济增长的贡献是有限的，仍然受到边际收益递减规律的约束，而只有建立在大数据基础上的持续的创新才是实现可持续经济增长的动力源泉。因此，数字经济增长的核心是如何促进数据驱动的创新。

二、供给侧具有显著的规模经济与范围经济

数字商品和服务的一个基本特点是显著的规模经济、范围经济和零边际成本。首先，规模经济是指随着更多的数据被采集和利用，数据的采集和利用成本会逐步下降。基于大数据的数字商品或服务的生产或供应往往需要一次性固定成本的高投入，但是一旦产品或服务生产出来，则具有非常低乃至零边际成本。零边际成本和在线虚拟经营使企业可以摆脱有形资产的限制迅速实现较大的规模，同时其也为向消费者提供免费商品提供了重要的生产成本基础，突破了非数字经济中边际成本递增所带来的消费限制。其次，范围经济是指当更多的不同种类的数据被采集和开发利用，则数据的采集和利用成本会下降。特别是相同的数据被用在不同的领域时，由于数据重复再用的边际成本近乎为零，所以在不增加成本的情况下，企业的收益会大幅度增加，并且数据的多领域应用会产生独立的协同效应，会进一步提高大数据的质量和数据分析预测准确性，从而出现数字要素利用的乘积效应。总体来说，规模经济和范围经济会产生巨大的效率收益，并且会显著提高大企业的竞争优势。但数据的规模经济和范围经济也可能会构成一种进入障碍并产生垄断势力。

三、需求侧具有强网络效应

网络效应也被称为网络外部性或需求方规模经济，是指一个新消费者额外消费一单位商品时会因更多的人已经消费该商品而获得更高的价值（Varian，2017）。网络效应是已有消费者给新消费者带来的递增收益，网络效应也被称为消费递增规模收益，即当更多单位的商品被消费者消费时，一个购买者购买额外一个单位商品所获得的递增价值。因此，对用户来说，连接到一个大规模网络所带来的价值要大于连接到一个相对小的网络。

网络效应分为直接网络效应和间接网络效应。首先，直接网络效应是指随着某一商品或服务的用户数量增加，额外一个消费者消费商品所带来的递增价值。由于直接网络效应主要是反映双边市场一侧的用户数量越多则彼此的价值越大，因此直接网络效应也称为“成员外部性”或“单侧网络效应”。其次，间接网络效应是指当平台一侧用户群体的数量增加给另一侧用户带来的商品或服务的递增价值，即平台一侧用户的价值受到另一侧用户的数量影响。由于间接网络效应反映的是平台一侧用户决策对另一侧用户成本和收益的影响，因此间接网络效应也称为“使用外部性”或“交叉网络效应”。①

对于数字经济平台来说，并不是所有的平台都具有相同强度的直接和间接网络效应，不同类型的平台具有不同的直接网络效应和间接网络效应的组合。典型的如社交平台，更多的用户使用不仅会给同侧用户提供更高的价值，同时也会吸引更多的另一侧用户，因此具有高直接网络效应和高交叉网络效应。对于搜索引擎平台，具有高交叉网络效应，但具有低的同侧网络效应，强交叉网络效应是因为更多的用户会吸引更多的广告商，但是更多用户使用同一搜索引擎并不会为消费者用户提高更多的价值。相对于其他交易匹配平台，软件技术平台两侧用户的直接网络效应和间接网络效应则相对较低（如图 1－1 所示）。

数字平台往往同时具有直接网络效应和间接网络效应，而且大多平台都同时具有供给侧规模经济和需求侧规模经济，因此具有更强的正反馈机制，网络效应会使平台商业获得快速发展，但同时抢先获得大量用户基础的平台在自强化机制的作用下也容易出现市场冒尖现象，导致“赢家多吃”或“赢家通吃”的高集中度市场结构，由于网路效应消费者用户也更偏爱大规模用户的支配平台，网络效应也会成为进入者的重要进入障碍。

---

① Overby and Audestad（2018）指出，网络外部性和网络效应并不是等同的概念，网络效应是指已经实现内部化的网络外部性。

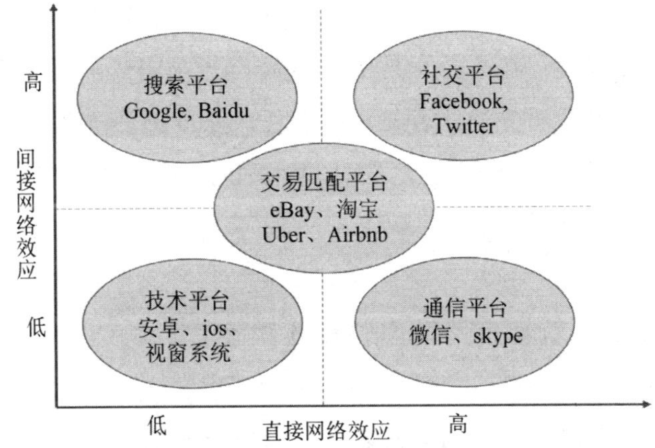

图1-1　不同类型平台的直接网络效应和间接网络效应

四、多边平台为主的商业模式

以谷歌、亚马逊、阿里巴巴、优步、滴滴、美团等为代表的企业都是典型的数字平台企业。数字平台在数字经济发展中扮演核心的角色，平台商务模式成为数字经济生产、交易、消费的中心。以平台为中心的市场组织也被称为多边市场，平台最基础的经济功能是促进多个不同群体实现交易匹配的中介，同时它还扮演了重要的私人监管者的角色，对各方通过平台完成交易制定规则和建立制度保障，从而促进整个平台生态的协同发展。① 为了促进平台不同侧用户之间的有效交易，它需要制定一套相对完整的技术准则、交易规范和治理制度。首先，对平台的相关交易方进行监管并构建良好的平台交易生态可以使平台企业更好地共享双边市场交易带来的价值创造，实现有效的自我监管是符合平台企业利益的。伊安西蒂和莱维恩（Iansiti and Levien，2004）指出，平台对平台生态中的成员关系进行监管以增加多样性和提高效率。其次，在平台交易过程中，消费者一方始终是处于弱势的，消费者既缺乏事前识别

① *European Commission*，Competition Policy for the digital era，Final report，P6.

和判断单笔交易风险的充分信息，也缺乏事中和事后有效抗衡商家欺骗行为的手段。因此，在平台交易中，消费者一方具有天生的脆弱性。平台当然有义务维护弱势消费者权益的责任，从维护消费者权益的角度出发，尽可能设计更完善的制度来构建信任的交易关系和安全的交易环境。

五、快速创新带来的动态性和不确定性

数字经济发展的根本动力是创新，创新极大地重构原有的经济生产和商业消费模式，促使新产业和新商业模式不断出现。数字经济也被称为高创新密度的行业和动态竞争的市场，数字经济中的企业竞争主要是创造新的产品、进入新的市场、建立新的商业模式和应用新的技术。由于创新天然地具有不确定性特征，不仅创新本身是不确定的，而且一个创新成果的商业化能否成功也是不确定的，技术不确定性和市场不确定性使新经济内生地需要具有一个鼓励创新、允许失败和提供试错的空间，避免政府监管人为地设立市场进入障碍或增加创新创业的成本。但同时对于互联网金融发展所带来的系统性风险、人工智能应用所带来的算法偏见等社会性风险、数据主权和国家安全风险等需要保持警惕，加强监测、设计预案并及时监管。

数字经济的创新往往是颠覆性的，创新通常会改变整个行业的商业模式和市场竞争状态。创新竞争者不是蚕食在位企业现有业务的市场份额，而是通过商业模式创新对在位企业构成颠覆性影响或完全取代。大量的破坏性创新是由破坏性企业所驱动的，这些企业并不是采用同在位企业相同的传统技术或商业模式，它们向消费者提供完全不同的商业模式和消费价值。典型的如阿里、京东领导的电子商务对传统线下零售业的巨大冲击，Uber、滴滴领导的网约车对传统出租车行业的巨大冲击，支付宝、蚂蚁金服等互联网金融对传统金融业的冲击。破坏性创新企业的发展会对传统商业模式的在位企业构成巨大的威胁，往往会完全取代

传统商业模式的在位企业，或者极大地挤压在位企业的市场份额而使其市场边缘化乃至完全退出市场。

第二节　数字经济的市场供求机制

一、数字经济的供求机制

数字经济供给侧的主要特点是具有显著的规模经济和范围经济，同时数字经济需求侧具有显著的网络效应，即需求方规模经济。供给侧和需求侧规模经济的结合带来了明显不同于非数字产品的供求均衡关系(如图 1－2 所示)。图 1－2（1）中是一般商品的供求曲线，在图 1－2（2）中，供给侧规模经济使供给曲线无限接近于横轴，不断降低成本，同时需求侧规模经济则使需求曲线向外移动，提高了消费需求。

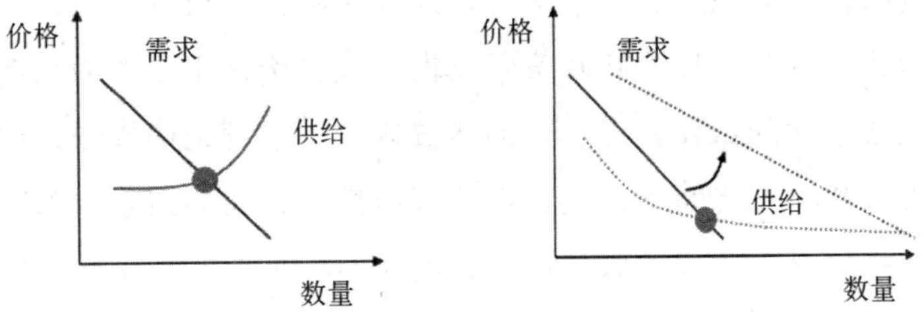

（1）一般商品的供求　　（2）网络效应下的供求

图 1－2　一般商品的供求与网络效应下的供求

在数字经济中，随着消费者消费数字产品或服务的数量增加，一方面供给侧规模经济和范围经济会带来单位产品成本 AC 迅速下降并趋向于 0，另一方面需求网络效应会使消费者消费产品或服务的单位产品价值 AV 在达到用户临界规模后迅速提高。上述两种力量的结合带来消费者消费单位产品或服务的净价值 NAV 大幅提高（如图 1－3 所示）。因此，数字商品和服务的发展给消费者带来了巨大的递增价值，提高了社会总福利。

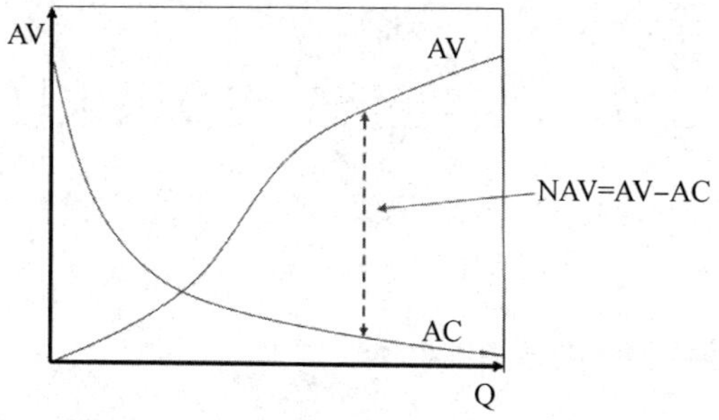

图 1－3　消费者消费数字产品或服务的净价值

二、数字商品的零价格机制与平台盈利模式

零价格或免费商品是数字经济市场一个重要的经济现象，典型的如搜索引擎、社交媒体、在线地图、应用软件 APP 等，这些商品或服务都是免费向消费者用户提供。新古典经济学将价格机制作为市场运行的根本，因此经济监管理论和政策研究也一直将价格水平作为判断的重要依据或执法行动的重要目标。根据新古典经济学理论的看法，如果市场当中的买方和卖方之间不发生直接的货币交换，就如搜索引擎市场消费者并不对谷歌提供的搜索服务付费，则现实将不存在经济学意义上的市场，并且零价格情况下也不存在消费者损害问题。菲尔斯特鲁奇等（Filistrucchi et al.，2013）将搜索引擎、社交媒体等没有直接货币交换交易行为的市场称之为“非交易市场”。

在很多情况下，数字经济中的免费商品或服务并不是真正的免费，而是一种定价策略。首先，对多产品企业来说，免费商品是实行质量价格歧视定价的一种方式。垄断企业对低需求弹性用户免费，对高需求弹性用户收费。其次，在有些市场，免费乃至负价格往往是平台企业发展初期为了迅速吸引足够规模用户，达到实现网络效应的用户基础，而采取的一种短期的市场策略。典型的如网约车刚刚在中国市场兴起时的滴滴公司就实施了所谓的“你打车我买单”的促销策略，以及支付宝在推广市场中所采取的发红包策略等。在特定情况下，免费甚至可能成为在位企业实施掠夺定价的一种方式。

向消费者用户提供免费商品或服务并不是平台企业的一种利他行为，仍然是一种利润最大化决策行为。数字经济之所以免费商品或服务盛行，主要有两个原因：一是在双边市场为主的商业模式中，平台两侧用户之间往往具有非常强的跨侧网络外部性，此时平台对消费者用户免费会吸引更多的消费者用户，从而吸引更多的广告商，然后通过向广告商收费来交叉补贴向消费者提供免费服务的成本并获得利润，此时向一侧用户免费供应的成本实际是由另一侧用户所承担的，对平台来说这是为实现最大化跨侧网络效应所采取的不平衡价格结构或者两侧用户之间的一种交叉补贴机制；[①] 二是数字经济具有高固定成本和近乎零的边际成本，在固定成本给定的情况下，平台企业只要能迅速地增加用户数量就可以实现近乎为零的边际成本，这也为企业向消费者提供免费商品或服务提供了成本条件。

在消费者用户确实享受免费商品或服务时，消费者实际上付出了可以货币化的个人数据。市场经济不仅仅局限于价格，市场经济的本质是交易经济。在零价格商品的经济中，尽管消费者支付的是零价格，但是消费者也相应地付出了成本。只不过由于市场交易机制的缺乏，消费者支付的某些成本或代价无法通过价格机制来反映出来而已。通常意义上，免费就是无成本，这个成本主要是指价格衡量的成本。但是在数字经济中，消费者免费通常是指消费者不需要支付明显的价格，但这并不意味着消费者为了消费商品或服务就不需要付出。由于在数字经济中数据成为最重要和最有价值的资源，这些数据是平台提升广告价值和开发新服务的重要投入，平台对用户大数据的开发可以使其设计更具个性化

① 此时，单边市场中企业利润最大化定价一定高于提供产品的成本的规则不再成立。

的服务和广告投放，从而增加收入和竞争力。在一定程度上，个人数据可以被看作是对免费使用商品或服务的一种货币补偿。

数字商品和服务交易的一个重要特征是消费者往往面对零价格。由于数字产品或服务的零边际成本和产品同质化特征，数字商品市场的竞争往往会产生完全竞争市场的结果，即企业的定价为 $P = MC = 0$，消费者往往享受的是零价格的数字商品和服务。根据新古典经济学，在零价格的情况下，市场机制的运行将面临巨大的问题，因为这将使商家无法通过收入弥补成本支出并盈利，从而使市场无法形成。在零价格的数字产品或服务市场中，所有企业面临的一个基本的问题是如何实现盈利。

在数字经济交易中，平台企业通过向广告商收费并对消费者用户免费来实现盈利。对两侧用户实行不平衡价格结构是数字平台最主要的定价方式，即平台对一侧用户免费，而对另一侧用户收费，通过不平衡价格结构实现对平台用户的吸引以弥补服务成本并获得收益。在平台消费者免费和商家付费的不平衡价格结构下，市场交易并不会出现“一方受益、一方受损”的零和博弈结果，而是由于交叉网络效应，对消费者免费会增加平台的用户基础，这会使广告商在该平台投放广告的价值提高，进而吸引广告商选择该平台。这种基于交叉网络效应的平台两侧用户之间的正反馈效应实现了双赢的社会福利改进。因此，数字商品和服务的市场交易可以同时提升生产者剩余和消费者剩余，并且生产者剩余的增加并不是以更多地占有消费者剩余为代价。

第三节　数字经济的宏观增长效应

一、数字经济促进高质量增长的机理：通用目的技术

由于数字经济具有明显不同于工业经济的发展规律，以生产函数为

基础的新古典经济增长理论无法充分反映数字经济对促进经济高质量增长的贡献。对于数字经济促进经济高质量增长的内在机理，OECD（2004）的研究指出，信息通信技术通过优化生产效率、交易效率、组织效率、规模效率和创新效率来促进经济高质量增长；卡尔松（Carlsson，2004）指出，信息通信技术进步主要通过四种途径来促进经济高质量增长：传统产业的生产率提升、产业内经济活动的重构、创造更有效率的市场、新产品和新产业的出现。

总体来说，数字经济促进经济高质量增长的机理主要有三种机制：第一条路径是数据作为一种新的生产要素进入到生产函数中，产生新增低成本资源要素投入促进总产出增长的数量增长效应；第二条路径是数字经济具有显著的供给侧规模经济和需求侧规模经济，这将使经济增长表现出显著的规模报酬递增特征，双侧规模经济促进总产出增长，即产生高效率增长效应；第三条路径是数字经济具有更快速的创新特质，新技术的大范围应用和新技术产业的快速成长，创新促进总产出增长的高质量创新增长效应，即产生创新驱动增长效应。在上述三种机制中，数字经济促进创新是最核心的机制。

数字经济本质是指以现代数字信息通信技术为基础的经济，即整个经济的生产、销售、配送和消费都建立在数字信息通信技术基础上。数字经济的出现和快速增长本质上是技术进步的结果，现代信息通信技术（ICT）的快速进步催生了一大批新兴产业，并不断与传统产业融合发展，从而共同推动经济高质量增长。传统经济增长理论将资本和劳动等生产要素的投入增长看作是促进经济增长的重要因素，现代经济增长理论很早就认识到技术创新是经济增长的最重要动力（Solow，1957）。熊彼特（Schumpeter，1942）认为技术进步是一个非连续的剧烈创新成果所推动，布雷斯纳汉和特拉伊滕贝格（Bresnahan and Trajtenberg，1995）将这种推动社会经济重大变革的创造性破坏技术称之为通用目的技术（GPT），由于通用目的技术将被各个行业所广泛应用，进而引起整个生产和消费的巨大变化，带动生产率的大幅提升，因此被称为经济增长的引擎。信息通信技术为核心的数字技术作为一种通用目的技术，其并不是为特定问题提供最终的解决方案，其基本特征是具有高的技术提升潜能和高的广泛应用潜能，即其基本的技术特性是为持续的后续技术创新提供可能，并全面深刻地渗透和重构整个社会经济体系。因此，以数字技术为核心的数字经济发展能极大地释放一个国家的生产率潜能。

数字技术进步推动的经济增长并不是线性的，而是非线性的波浪式增长或指数化增长。数字经济发展对经济增长的贡献是动态非均衡的，在初期兴起阶段，其对生产率提升的贡献并不显著，社会生产率增长并不迅速，但是当其扩散渗透到经济社会一定程度后，则会进入生产率加速提升的高增长阶段。因此，以数字技术为核心的数字经济增长也被描述为“先播种、后收获”的增长贡献过程。为了实现未来的高增长潜能，在数字经济发展初期，通用目的技术具有巨大的纵向和横向外部性，会产生创新租金不充分占有的恰当性问题，单纯依靠市场无法实现社会最优的技术创新水平和技术应用规模，需要有效地发挥政府的作用来促进技术研发和扩散应用，为最大化释放数字经济增长潜能创造条件。

二、数字经济促进高质量增长的内生机制：规模收益递增

在工业经济时代，经济增长的可持续性主要是受到规模收益递减规律的制约。由于受要素投入的规模收益递减规律和单个产品需求增长有限性约束，工业经济单一的供给侧规模经济的增长潜能是有限的，无法促进可持续的高质量增长。在数字经济中，对单一的数据资源本身的挖掘仍然受到规模收益递减规律的影响。瓦里安（Varian，2018）基于对人工智能机器学习对数据挖掘的分析发现，随着数据量达到一定规模后继续增加挖掘的数据量会产生边际收益递减的现象。巴贾里等（Bajari et al.，2019）采用亚马逊的数据实证分析发现，过多的数据会导致对

用户需求预测精确度的下降，这说明数据的规模收益存在上限。但从整个数字经济生态来说，数据资源的开发及其商业化应用则会出现规模收益递增的现象。如琼斯和托内蒂（Jones and Tonetti，2018）的分析显示，尽管数据的采集和应用存在规模收益递减，但是由于数据使用的非竞争性特征，经济增长的生产函数仍然体现出规模收益递增的增长促进效应。

在数字经济背景下，数据生产要素的开发和应用具有典型的供给侧规模经济和需求侧规模经济，供给侧与需求侧的正反馈强化机制，使供给侧规模经济和需求侧规模经济实现了二者之间的自强化，大幅度地向外移动了社会生产可能性曲线，实现了对经济增长的倍增效应。数据要素资源开发规模收益递增的增长促进效应主要来自于供给侧规模经济和需求侧规模经济之间的正反馈机制，即更大数量的需求会带来更有效率和更大数量的供给，更有效率和更多的供给则会进一步带来更大的需求。在数字经济中，数字商务企业采集大量关于消费者的数据并对其进行深度挖掘分析，然后进行商业创新来为消费者提供更有针对性的个性化产品和服务，更好地优化生产、库存和配送，提高产品供应效率；消费者可以降低搜寻和交易成本，享受更匹配的产品、更好的服务和更竞争性价格，全面提升消费者的消费体验，实现了供给和需求的相互强化。数字经济供给侧规模经济和需求侧规模经济的正反馈强化机制，摆脱了传统经济增长所面临的规模收益递减规律和单个产品需求增长有限性的硬约束，在供给侧规模经济和需求侧规模经济相互强化中实现了经济增长的倍增放大效应。

三、数据要素倍增高质量增长的路径

数据促进高质量增长的机制主要是使企业更好地决策、市场更有效地运行、实现多要素效率提升的整合效应、驱动创新与扩散以及促进更好的公共服务与社会治理。

（一）大数据促进了企业更好地决策

现实的经济活动充满了各种不确定性，并且随着市场的扩展和企业生产规模的扩大，这种不确定性和信息缺乏会带来非常高的决策成本，这也是产生规模收益递减的重要原因，即随着规模扩大，企业对未来预测的失误会带来更高的利润损失。阿罗（Arrow，1962）指出，不确定性是影响市场机制实现最优资源配置的重要因素，并且长期以来受到经济学研究的忽视。在不确定性的情况下，企业的生产活动不仅受到要素投入的影响，同时也受到环境不确定性的影响。此时，信息具有重要的经济价值，任何人拥有信息将会产生更高的利润。数据本质上是过去经济活动所产生的信息，大数据及对其挖掘利用获取信息的主要作用是帮助企业更好地预测未来的经济活动。大数据和人工智能技术的结合可以产生更多有用的信息知识，从而做出更科学准确的预测，降低经济主体面对的环境不确定性，从而提高企业决策的精确性，缓解由于不确定性造成的决策失误损失，当企业决策失误概率大幅度降低后，其获得的利润也将大幅提升。布林约尔森等（Brynjolfsson，2011）的经验分析发现，企业采用大数据分析技术来指导决策将使企业的生产率和收益增加3%～6%。OECD（2015）估计，使用大数据及其分析技术能平均使企业的生产率提高5%～10%。

（二）大数据提升了市场机制的有效性

信息经济学理论研究表明，信息是影响资源优化配置的重要因素。斯蒂格勒（Stigler，1961）首先指出，当市场运行存在信息成本时，新古典经济学理论中竞争市场实现最佳资源配置结果的结论将不再成立。斯蒂格里茨（Stiglitz，2002）进一步分析了不完全信息（特别是不对称信息）对市场机制有效运行产生的负面影响。他指出，信息不完全和信息不对称会带来较高的搜寻和交易成本，特别是逆向选择和道德风险问题会严重影响市场实现资源的最优配置。解决信息不对称问题的主要途径是为收集信息和披露信息提供有效的激励，为此人类设计了各种激励机制或通过行动来披露信息，但是由于激励成本和信息成本的约束，市场自身无法实现完全信息的效率状态。大卫等（David et al.，2016）构建的增长模型解释了不完全信息会导致资源错配并降低全要素生产率（TFP），他们采用美国、中国、印度的股票市场的数据检验发现，中国和印度股票市场不完全信息带来的生产率损失大约在7%~10%。

当数据要素的使用能够降低市场交易双方之间的信息不对称时，市场交易当中的逆向选择和道德风险问题就会大量减少，增加市场主体之间的信任度，并由此大幅降低了信息不对称下机会主义行为所产生的高交易成本，就会带来更有效率的市场交易。另外，信息的缺乏会给消费者参与市场交易带来较高的搜寻成本，从而降低了市场运行的效率。搜寻成本就是消费者寻找信息的成本。戴蒙德（Diamond，1971）的分析证明，在搜寻成本为正的情况下，即使市场当中企业数量众多，市场均衡也不会体现为竞争性价格，这说明不完全信息下的消费者搜寻成本降低了不同品牌间的有效替代，从而产生垄断的非效率结果。数据要素的开发应用会大幅度降低经济主体的搜寻成本，扩大搜索范围并提高搜索结果的准确性，同时企业基于大数据和人工智能算法实施的精准针对特定消费者的个性化信息推广，使整个市场交易中的搜寻成本大幅降低，实现了更好的供需匹配。因此，更多的信息会提高市场运行的有效性，提高整个经济的效率。

（三）数据与其他要素结合产生效率整合效应

数据的开发和使用会产生非常强的整合作用，其开发利用会对其他要素的使用产生正外部性，大数据技术的应用普及可以实现对传统资本、劳动等有形要素的新组合。数据作为一种要素投入其本身并不会直接产生价值，只有当其与资本、劳动等生产要素结合时，才会借助这些要素创造价值。当资本、劳动等要素与更高质量的数据信息相结合的时候，一个单位的资本或劳动才会创造出远高于缺乏这些数据信息时的价值。数据与其他有形要素结合的过程也是一个国家经济数字化的过程，其本质是传统生产要素实现了更高效率的新组合，即熊彼特（1942）

所称的创新或创造性破坏的过程。由此，数据信息与其他生产要素的融合越全面越深入，则其带来的总产出增长贡献就越大。由于数据的基础性作用是信息性的并且其只有与其他生产要素有效结合才能促进增长，因此，建立在大数据与整个经济深度融合下的应用能极大地促进经济高质量增长。

数据要素应用对其他要素的增长潜能释放和倍增效应带来的一个重要投资结构变化是，数字经济引发无形资产投资日益成为拉动主体。OECD（2013）指出，数字经济增长的一个重要特点是在商业投资的增长中无形资产投资所占的比重日益增加，传统的有形资产投资不再是拉动投资的主体。科拉多等（Corrado，Hulten and Sichel，2006）对发达国家的经验研究发现，数字经济引发的无形资产投资的增速远远高于传统的有形资产。这种外溢效应和增长潜能释放的无形资产性，使其无法直接从微观经济现实中被观察出来，从而被现有的以实物资产为主的宏观经济统计所遗漏，进而出现依据现有经济统计数据无法反映数据技术增长贡献的索洛（1987）“生产率谜题”。

（四）数据驱动高效率创新

大数据是人工智能技术不断优化的重要投入，大数据的动态投入会通过人工智能的深度学习来不断优化算法决策，实现了数据驱动的创新。首先，以机器学习为核心的人工智能不仅是一种技术发明成果，其也是一种引发更多发明创新的发明方法或发明工具，它重构了知识的生产过程。科克伯恩等（Cockburn et al.，2019）将以机器学习为核心的人工智能称为“发明方法的发明”。因此大数据和人工智能的结合主要是提升了发明过程的效率，加快了研究发明的速度，提高了研究发明的生产率。其次，大数据及人工智能技术本质上是一种通用目的技术，具有巨大的外部性或外溢性，可以被很多行业和领域所普遍应用，并引发更多的行业和领域的后续创新，从而全面提升全社会的生产效率，促进整个经济社会的整体变革和长期的高效率经济增长。综上，数字经济中新兴的数字产业化行业的创新发展、传统产业的数字技术应用的数字化转型发展，以及数据驱动的创新，极大地释放整个经济的增长潜能，优化整个社会资源配置效率并不断提高全要素生产率。大数据及人工智能技术的普及化应用及引发的持续的交互创新是实现可持续经济增长的根本动力源泉。

（五）数据实现了更好的公共服务与社会治理

良好的社会治理是高质量增长的重要制度保障，也是实现社会福利最大化的基础。在数字社会中，数据成为实现社会良好治理的重要促进因素，消除了传统公共管理中的信息不完全和信息不对称所带来的公共行政成本，并大幅降低社会运行的治理成本，数据治理能力建设会极大地促进社会资本和社会福利的提升。数据促进更好的社会治理主要体现为，数据会促进更好的公共政策制定与实施、更好的社会管理、更好的公共服务。首先，大数据的应用促进了政府更好地制定和实施公共政策。大数据使政府更好地监测各种影响或威胁社会安全稳定的因素，识别社会运行中的潜在风险，从而提前谋划应对措施，做到防患于未然；大数据可以使政府拥有更多有效的政策实施工具，保持对政策实施的实时监督，灵活应对公共政策实施中的各种问题。其次，大数据会提升政府行政行为的透明度，数字政府和数字治理的建设会更好地促进政府与公民的沟通协调，实施更有效的多元公共治理，有助于实现善治。再次，大数据促进政府向社会提供更好的公共服务。大数据可以使政府更好地提供医疗服务，保护环境、维护公共安全、应对重大公共卫生事件和实施重大灾害救助等，从而保障和提高公共福利。

第二章　数字经济监管框架

监管作为一种政府政策工具，其核心含义在于指导或调整个人或企业的行为，以实现既定的社会公共利益目标。传统上监管主要是指政府为解决市场失灵和保护公共利益而依法实施的对市场主体的干预或控制。在监管理论研究当中经常被引用的概念是塞尔兹尼克（1985）提出的，监管是“公共机构针对社会共同体认为重要的活动所施加的持续且集中的控制。”王俊豪（2001）认为“政府监管是具有法律地位的、相对独立的政府机构，依照一定的法规对被监管者所采取的一系列行政管理与监督行为。”显然，传统的监管概念界定共同之处都是将政府作为监管主体，维护公共利益作为政府监管的根本目标，行政性命令控制机制是主要的政府监管手段。根据上述观点，为了维护公共利益，政府必须承担起必要的监管职责，对损害社会公共利益的行为实行有效的约束或控制。

2022 年 6 月，英国数字、文化、媒体和体育部发布的《数字化监管：驱动增长与释放创新》的政策文件中，对数字经济监管给出了界定，“数字经济监管是指政府、监管机构、企业和其他组织用来管理数字技术和经济活动对个人、企业、经济和社会产生的负面影响的一系列监管工具，这些监管工具包括标准、自我监管、行为准则和法律规则等。”① 这个概念强调了数字经济监管的三个核心问题：一是数字经济

---

① https：//www. gov. uk/government/publications/digital - regulation - driving - growth - and - unlocking - innovation/digital - regulation - driving - growth - and - unlocking - innovation.

监管针对的是数字技术开发应用以及数字经济活动所产生的各种负面损害；二是数字经济监管是多主体监管，包括政府、独立监管机构、企业、其他组织；三是数字经济监管采用多种政策工具。本书采用与上述概念相似的概念界定，将数字经济监管看作是多元主体参与并采用多种政策工具来实施的以预防和控制数字技术应用和数据经济发展中出现的各种风险和损害，从而维护多元主体利益和社会公共利益的制度体系。

在数字经济监管中，政府发挥主导的角色，政府监管对于促进数字经济创新发展、保护利益相关者权益和维护公共利益发挥重要的作用，政府监管通过制定一般性的规则和有力的执法行动来消除数字经济发展中存在的各种风险和损害。目前，尽管各国都认识到建立与数字经济相适应的监管体制的重要性并采取了相关的行动，但是对于数字经济政府监管的前提基础、监管目标导向、监管政策重点、监管体制和监管政策等问题仍然缺乏公认的结论和有效的方法。由于数字经济具有明显不同的市场失灵问题和监管需求，并且市场和商业模式处于快速的动态发展当中，数字经济监管面临更大的不确定性，很多问题有待深入研究以设计科学的监管政策。OECD 在 2017 年发布的《数字经济展望》年度报告中指出“数字经济是一个高度复杂和不确定的领域，缺乏监管和过度监管都会给社会带来巨大的成本。政府采取的任何干预政策都应该基于深入的分析评估并采取谨慎的方法。”① 因此，迫切需要深化数字经济监管理论研究，以为监管政策的科学制定和有效实施提供支持。

第一节　数字经济监管需求

随着互联网技术的发展，以互联网和大数据为基础的数字经济获得了快速的发展，成为深刻影响世界经济并推动人类社会巨大变革的重要

① OECD，2016. Digital Economy Outlook 2017，OECD Publishing，Paris，P52.

力量。数字经济发展对传统的政府监管体系也带来了诸多新的挑战。

一、数字经济的市场失灵

以卡恩（1970）为代表的学者所开创的传统经济监管理论指出，政府监管的前提是存在市场失灵，重点是自然垄断、市场垄断、外部性、信息不对称。政府监管是解决市场失灵的政府公共政策选择。因此，政府监管的基本前提是市场存在自身无法克服的市场失灵。在数字经济背景下，大数据和互联网为基础的数字经济模式在显著降低市场交易成本、促进经济效率和消费者福利的同时仍然会带来市场失灵问题，数字经济市场失灵主要体现为市场垄断、信息不对称、消费者隐私侵犯、负外部性引发的网络安全风险等。因此，有效政府监管是促进数字经济高质量发展和维护消费者利益和社会公共利益的重要保障。

（一）超级平台引发的市场垄断

规模经济、范围经济、网络效应、大数据优势的结合造成市场出现赢家通吃或赢家多吃的市场冒尖现象，从而出现高集中市场结构，支配企业往往具有可维持的市场垄断势力，使市场不再具有可竞争性。例如在全球搜索引擎市场，谷歌占90%的市场份额；在全球社交媒体市场，Facebook 占2/3 的市场份额。在中国在线零售市场，阿里占60%的市场份额；在中国移动支付市场，支付宝与腾讯金融两家企业所占的总份额为92.65%，其中支付宝为53.21%，腾讯金融为39.44%。[①] 在数字经济普遍出现高集中市场结构的情况下，新进入企业的市场进入竞争面临非常高的进入障碍，无法在短期内吸引充分规模的用户，并构成对在位支配数字平台市场势力强有力的竞争约束。数字支配平台具有更强的可维持的市场势力，构成了对市场竞争的严重阻碍。因此，政府是否应该对高集中度市场结构实行干预或对垄断性平台大企业采取更为严格反垄

---

① 数据来源：易观，中国第三方支付行业年度专题分析2019。

断执法行动成为各国监管政策争论的重点。

在数字经济中，支配垄断企业有可能利用市场势力来实施各种限制竞争行为，典型的如谷歌等搜索引擎企业实施的搜索结果偏向行为、在线旅游预订平台对商家实施的最惠消费者行为、中国众多支配平台实施的“二选一”独占交易行为以及利用大数据对消费者实施的“大数据杀熟”的价格歧视行为等。同时，越来越多的数字商务企业采用人工智能算法来进行决策，算法定价就有可能带来企业之间默契合谋的问题。另外，数字支配企业拥有的市场支配地位并不仅仅是通过自然生长，也可能是通过持续的横向和纵向并购来实现的，有时其有可能通过对市场新进入企业的并购来消除潜在的竞争对手。总体来说，对于数字经济支配企业实施的各种限制竞争行为迫切需要反垄断执法来加以禁止，以维护市场的自由竞争。

（二）信息不对称引发的在线交易风险

互联网和大数据明显降低了搜寻成本、配送成本、促进了供求匹配和跨区域交易，但同时却显著地恶化了平台用户面对的信息不对称问题（OECD，2013）。[①] 数字技术的发展使数字平台企业可以收集和处理大量多维度的数据，从而在很大程度上降低了影响市场交易有效性的信息不完全问题，并更好地促进了供需匹配。但是平台对大数据的超级采集和处理能力的提高在降低信息成本和提高信息精确度的同时并没有有效缓解平台与其用户之间的信息不对称问题，大数据与人工智能算法的结合反而使消费者与平台之间、商家与平台之间的信息不对称问题表现得更加突出。首先，平台通过采集和挖掘消费者个人数据可以更好地了解消费者的偏好和行为习惯，甚至这些信息连消费者本人都没有完全意识到。面对海量的数据，由于单个消费者面临非常高的数据分析处理成本，有限数据处理能力导致消费者面临“信息超负荷”问题，其通常

① OECD, Policy Roundtable, Vertical Restraints for On - line Sales, 2013. DAF/COMP (2013) 13.

并不会充分了解在线交易的相关信息，加之消费者在线交易决策往往并不是理性的而是存在非常大的决策行为偏差。[①] 其次，在数据驱动的商业模式下，平台掌握大量的消费者需求和市场交易数据信息，商家只有通过平台并接入平台数据才能实现与消费者的交易，因此商家与平台之间也具有严重的信息不对称。

总体来说，作为平台用户的消费者、商家与平台之间的信息配置会出现严重的结构性失衡，平台企业具有了相对更强的信息优势，而消费者或商家则处在更被动的信息不对称的劣势地位。在平台具有信息优势而消费者和商家具有明显信息劣势的情况下，平台就有可能利用其大数据信息优势来剥削性占有平台用户的利益，实施大数据杀熟定价、偏向自己下属部门的歧视性行为、对商家的不公平交易条款等，以及平台商家实施假冒伪劣、盗版侵权、金融诈骗等行为，这会造成对市场竞争、消费者利益和平台商家利益的伤害，支配平台甚至利用数据信息优势来限制竞争对手接入或获取，以维持自己的垄断地位。在中国数字经济领域，信息不对称引发的市场失灵大量存在，虚假在线广告、网上假冒伪劣商品、网络金融诈骗、网络盗版侵权、网约车安全事故等问题。这些由信息不对称引发的市场失灵不仅严重影响数字经济的市场扩大和行业创新发展，而且可能会伤害消费者的利益乃至消费者的生命安全。

（三）侵犯消费者隐私和威胁企业数据资产安全

数字经济的发展使众多互联网企业可以以更低的成本来收集大量的消费者用户隐私数据。互联网企业大量采集和开发利用消费者数据信息可以为消费者带来很多的益处，如商家可以设计更具个性化的服务，降低消费者的搜寻成本。但是互联网企业收集大量和多维度的消费者个人数据信息也引发了消费者对隐私问题的担忧。隐私泄露或隐私侵犯会造成消费者的不信任，进而影响数字经济的发展。隐私侵犯的发生是由多

① Behavioural Insights Team, *The Behavioural Science of Online Harm and Manipulation, and What to Do about It*, April 2019.

种市场失灵因素造成的，包括信息不对称、市场势力、消费者非理性决策等。

目前，在中国互联网为基础的数字经济领域，互联网企业采集、使用和交易消费者个人数据信息往往是在不告知消费者的情况下和未经过消费者明确同意的情况下进行，以及采取不同意就拒绝消费者使用服务的方式来迫使消费者接受不合理的数据采集利用条款。在现实当中，一些互联网企业缺乏有效的内部数据隐私安全保护制度，由于安全技术措施和安全制度不完善造成大量的消费者隐私数据被泄露。更有甚者，一些互联网企业恶意收集消费者隐私数据，并从事非法的个人数据隐私交易，由此造成对消费者隐私的侵犯，甚至导致大量互联网诈骗案件的发生。

对于大多数数字经济企业来说，大数据不仅是企业从事商务活动的重要投入要素，同时也是企业重要的战略性资产。有效的数据资产保护是激励数据企业从事数据驱动创新的重要保障。但是目前在互联网行业，有一大部分企业利用爬虫技术等方式恶意盗取其他企业作为核心资产的大数据，从而给数据资产持有企业造成巨大的商业损失，严重破坏了公平竞争市场秩序和对数据要素的开发利用。由于技术的局限和较高的防范成本，目前数字商务企业并不足以完全消除数据资产被盗取的风险，恶意盗取商业数据极大地阻碍了数据开放共享和数字经济的创新发展。

（四）网络非法有害内容和网络攻击引发的网络与信息安全风险

数字经济发展不仅对经济活动和商业模式产生巨大的影响，也深刻影响社会生活的各个方面。数字经济监管不仅追求经济效率等经济性目标，同时也追求和保护社会公共价值目标。数字平台、平台内容提供者、商家等都是追求个人利益最大化的私人主体，其行为往往并不考虑对其他人或整个社会的影响，会产生负外部性问题。数字经济发展带来的对社会价值和公共安全的负外部性伤害主要体现在如下几个方面：首先，损害社会伦理价值的网络有害内容。在社交媒体平台、在线短视频平台、网络视听平台、网络视频游戏平台等，一些商家或用户会发布虚假广告信息、淫秽暴力内容、恐怖主义、敌对政治势力活动等有害内容，不良和违法信息泛滥问题比较突出，特别是近年来发展迅速的网络直播平台中不健康内容更是突出。其次，影响社会公平的算法歧视。目前很多的互联网平台企业都采用算法进行决策，由于算法决策的不透明，一些企业就可能利用算法进行性别、年龄、从业经历等歧视性筛选，不仅损害个人权益，也会加剧社会不平等。再次，威胁国家公共安全的网络与数据安全风险。互联网的普及也有可能带来对网络安全和公共安全的危害。目前，在网络空间，木马、僵尸程序、病毒等恶意程序的传播危害，网络安全漏洞等安全隐患，主机受控、数据泄露、网页篡改、网络攻击等安全事件等仍大量存在。由于网络是数字经济时代国家重要基础设施，数据经济的经济社会运行都在网络空间进行，因此网络攻击带来的网络瘫痪将会严重威胁国家的公共安全并带来巨大的经济社会损失。在数字经济时代，数据是国家重要的战略资源，数据主权是国家主权的重要组成部分，维护数据安全就是保障国家安全。

上述互联网非法有害内容传播和威胁国家网络安全的网络攻击行为其实是一种典型的互联网空间的负外部性，给整个社会带来非常大的危害和社会成本。由于上述社会性危害无法完全通过市场化价格机制或简单的经济性监管政策来解决，因此，需要政府创新社会性监管政策，整合多元主体的力量，综合运用多种监管方式和手段来保护消费者和企业的合法权益，维护经济平稳高效发展，保护社会价值和国家公共安全。

二、数字经济政府监管创新的迫切需求

传统工业经济时代政府监管理论主要集中在以公用事业监管为核心的经济性监管，并将市场准入和价格作为整个监管政策的核心政策工具。由于数字经济具有独特的发展规律，这使传统的针对公用事业行业的经济监管理论严重不适应。工业经济监管与数字经济监管的区别如表2-1所示。在数字经济背景下，传统政府监管理论和政策的失效主要

体现为：

表 2-1　　　　工业经济监管与数字经济监管的区别

	工业经济监管	数字经济监管
监管前提	自然垄断、环境负外部性	平台垄断、隐私保护、网络安全
经济环境	成熟稳定的市场与行业	动态变化的市场与行业
监管主体	政府单一主体	“平台 + 政府”双主体
监管范围	单产业/特定市场	多产业/多市场
监管方式	硬监管方法准入与价格为核心	软监管方法行为规则为核心
监管手段	行政 + 经济	技术 + 行政 + 经济 + 社会
国际影响	本国特色	国际协调

资料来源：作者整理。

（一）政府监管前提基础发生显著改变

传统的政府监管理论和政策主要是建立在工业经济时代，政府经济监管理论的基础是供给侧具有规模经济和沉淀成本特性的自然垄断行业，集中在供水、供气、电力、通信、广播电视等公用事业行业。伯迪克（Burdick，1911）首先指出，由于公用事业行业往往具有典型的自然垄断特征，因此政府的经济监管主要是以市场准入和价格监管为核心，防止自然垄断企业实施垄断性价格来伤害消费者。由于成本次可加性，市场当中一家企业垄断经营的自然垄断市场能够以更高的效率向社会提供基础性产品或服务，为了维持这种效率并保护消费者福利，因此政府实施以事前准入监管和事中价格、质量监管为核心的监管政策就具有合理性。但是数字经济监管的基础则是需求侧网络效应和供给侧规模经济、范围经济，监管理论的经济学基础发生了重大改变，此时政府监管不再是维护市场的自然垄断并实行准入限制和价格监管，而是重在防止数据平台的超级垄断及数字技术应用所产生的各种新型市场失灵问题。

（二）政府监管环境具有动态性和不确定性

快速的创新使数字经济监管面临更大的不确定性，数字经济是一个快速技术创新和商业创新的行业，大量的新技术、新产业和新商业模式不断涌现，市场充满了动态性和不确定性。传统监管理论适用于技术相对稳定的公用事业行业，不适用于技术创新迅速的动态产业。传统的以“命令和控制”机制和自上而下的实施体制为核心的政府监管与数字经济内在的动态创新、普遍共享的本质相冲突，不恰当的政府监管有可能成为限制竞争和数字经济发展的障碍。如何平衡监管目标与创新发展的关系成为重要的政策难题。

（三）政府监管客体具有多元化与边界模糊性

传统政府监管理论强调政府单一主体，强调以政府为中心，企业为监管客体。数字经济发展过程中，监管客体不仅包括追求利润最大化的企业，也包括大量的生产者与消费者合一的主体。首先，数字经济中的平台不再是传统意义上的企业，平台是协调消费者和商家进行交易的重要中介，同时平台也是不同侧用户交易规则的治理者。平台具有强烈的私人监管激励、独特的大数据信息优势和多样化的监管工具，可以实现更好的私人监管。数字平台成为数字经济监管体制的重要主体。其次，在数字经济中，流媒体等商业模式的发展出现了大量的生产者和消费者合一的个人，个人既是数字产品的生产者也是数字产品的消费者，甚至一些个人的消费行为本身就构成数字产品。再次，数字经济监管不仅包括生产者等主体，还包括数据要素和算法技术手段。数字经济商业模式主要是建立在大数据作为投入和人工智能算法替代人决策的基础上，数据和算法很大程度上决定了利益相关者的权益。因此，加强对数据采集利用和人工智能系统的监管成为数字经济监管的新课题。

（四）数字经济政府监管方式软性化和监管手段多元化

数字经济使传统的以强命令、硬服从为特征的政府监管方式不再有效。数字经济本质上是一种分权的体制，与传统的集权性命令控制监管政策实施体制具有明显的不同，传统的注重以行政性进入审批、价格监管、强制标准和行政处罚为核心的硬监管手段不再有效，数字经济监管需要更多地采用基于规则的监管、试验性监管和采取软监管手段。另外，随着数字经济的发展，数字商业模式引发的用户隐私保护、网络数据安全等诸多新的监管问题尚无有效的政策应对，迫切需要基于数字经济的经济规律来创新监管政策，采取包括技术、行政、经济和社会等多种手段，特别是要注重技术性解决方案在应对市场失灵和完善数字经济监管中的重要作用。

（五）数字经济政府监管影响的全球化

数字经济发展的基础是互联网，网络空间本身是全球化的。由于自然条件、经济和社会条件的差别，传统的以公用事业为核心的监管具有明显的地域性特征，因此监管分权化和本土适应性是监管体制和政策设计的基本特征，也是保证监管有效的内在要求，因此不同国家或地区的监管体制和监管政策具有明显本土特色和差别性。互联网技术和数字经济的发展本身就是全球化的，在此情况下需要加强监管政策国际协调，构建相对一致的数字经济监管治理基本规则，促进数字产品和服务的国际流动，推动数字贸易和数字经济的全球化发展，并造福国际社会。

第二节　数字经济监管体系

由于数字经济发展带来的诸多新的监管需求以及原有监管体制和政策的日益不适应和失效，迫切需要创新数字经济监管体系。正如科恩（Cohen，2016）指出，在数字经济时代，政府监管迫切需要进行重构，这既包括政府监管政策，也包括政府监管制度，以形成有效监管的制度能力。

一、数字经济监管的基本原则

（一）依法监管原则

依法行政是现代法治政府的重要制度保障，能有效防止政府行政监管权的恣意妄为，促进政府治理现代化和更好地维护公共利益。政府监管必须依照科学的法定职权和公正的执法程序，确保程序正义，以合理维护利益相关者的权益，保证政府监管实现公共利益。为此，政府监管应强化行政法治，严格公正的执法程序，确保决策透明和公众参与，赋予被监管对象必要的申辩程序保障，强化行政监督和司法监督。

（二）创新友好原则

创新是数字经济的根本动力，政府监管应突出创新优先的目标，更好地平衡政府监管与行业创新发展的关系。创新友好要求政府监管应该成为促进数字经济创新的驱动力，通过监管来营造有利于创新的政策环境，更好地释放创新要素的价值和提高微观主体的创新激励，避免不恰当的政府监管阻碍创新。创新友好的政府监管要求在政策制定中更多关注监管政策对创新的影响，重视事前规则明确来构建稳定的政策环境和促进企业合规经营，在监管政策实施中更多地采用“监管沙盒”等试验性监管政策工具。

（三）动态有效原则

政府监管机构实施的监管政策和采取的监管执法行动应该确保有效实现政府监管的预期目标，实现敏捷性监管。政府监管的有效性不仅应体现为短期的静态有效，制止违法违规的行为，消除违法违规行为造成的各种危害；而且政府监管还应确保长期的动态有效，政府监管政策设计还要考虑政策实施的长期影响，监管政策和监管执法应该具有充分的灵活性和适应性来应对动态变化的数字经济现实，从而确保政府监管动态有效。

（四）比例原则

政府监管对被监管对象设定的标准或义务要求不应该超过实现监管政策目标的必要性所要求的合理范围，以防止过度监管给企业带来不可承受的义务要求，给被监管对象带来过高的合规成本，甚至防止将政府应该承担的职责转嫁给平台企业。比例原则要求政府监管应有限的目标，针对有限数量的平台企业，针对不同类型的平台企业实行不同的监管强度要求和监管执法密度。在数字经济中，比例原则的最主要体现是分级分类监管和梯度式监管处罚。

（五）多元治理原则

数字经济监管需要改变政府一元主体的监管体制，保持政府监管的开放性，发挥平台企业、平台用户、行业组织、社会公众等多元主体的作用，建立多元主体合作治理的监管新体制。在数字经济合作监管治理中，要重在发挥平台主体责任，强化平台私人治理，实现“更好的私人监管”，并建立“政府＋平台”的合作监管体制；充分赋能消费者，确保消费者具有充分的自由选择权和决策权，提升消费者的谈判力；与此同时要完善相关制度和丰富公众参与途径，发挥多元共治在促进监管效能中的作用。

二、数字经济监管的基本导向

面对数字经济独特的发展规律和迫切的监管创新需求，数字经济监管应坚持如下的基本导向。

（一）数字经济监管应以促进数字经济高质量发展为根本目标

政府监管不能阻碍和牺牲数字经济的发展，而应成为促进数字经济创新发展的保障，最大化释放数字经济增长潜能。数字经济政府监管要合理平衡监管的非经济目标和数字经济发展的关系，既要避免监管过度也要避免监管不足。监管不足和监管过度都会带来限制竞争和阻碍创新的监管市场失灵问题，扭曲市场机制在促进数字经济创新发展中的决定性作用。首先，数字经济的快速发展及其独特的经济规律，导致传统的监管体制和政策不再有效，反而有可能成为数字经济发展的阻碍。为此，需要创新监管理念和体制机制，及时修改和废止阻碍数字经济发展的各种过时的监管政策，建立有利于数字经济发展的体制和政策环境。

其次，谨慎采取数字经济监管政策，防止不恰当的政府监管造成对数字经济发展的毁灭性打击或严重降低其国际竞争力，以及为了追求地区发展平衡、社会公平、信息安全等目标而对数字商务企业提出过高的合规标准要求乃至采取具有严重产业损害的直接禁止性规定。再次，数字经济的高度动态性与多元治理说明，传统的行政性命令控制政策具有较大的失误风险和较高的监管成本，需要采取更柔性的软监管手段，在维护和促进数字经济发展过程中实现监管公共利益目标。

数字经济监管要科学定位，监管重点是通过消除阻碍数字消费和创新发展的障碍，构建安全的消费环境和激励性创新环境，从而促进数字经济高质量发展，实现社会总福利的最大化。数字经济监管不能以牺牲高质量增长和消费者福利为代价，既不能放任不管，也不能为了少数行业或企业利益而牺牲社会公共利益，这要求数字经济监管要放弃传统的产业政策思路和保护特定行业或企业的歧视性政策做法，重在构建公平竞争的市场环境和治理有效的监管行政司法体制。同时，数字经济监管应该追求社会总福利的最大化，不仅需要合理平衡政府监管与促进数字经济发展的关系，也要合理平衡整个产业生态系统利益相关者的关系。由于数字经济发展具有典型的产业生态性，数字经济监管需要树立产业生态系统的政策理念，政府监管应该促进整个产业生态系统的协调发展，追求整个产业生态系统价值最大化而不是单个环节或单个企业的价值最大化，合理平衡产业生态系统中不同企业和利益相关者的利益。

（二）数字经济监管应始终将促进开放共享和鼓励创新作为政策基点

数字经济发展的重要基础性经济规律是“公共地喜剧”和零边际成本。数据是数字经济时代的基础性资源，与传统资源要素使用中过多人使用会导致资源枯竭型过度开发不同，越是更多的人使用数据信息，数据信息创造的价值就越大，并且由于零边际成本，更多人使用并不会带来更高的成本，由此反而带来更高的社会价值。因此，开放共享既是数字经济发展的重要基础，也是创造更大社会价值的必要条件。政府监管应消除阻碍开放共享的各种障碍，促进数据可移动性和平台之间的互操作性，培育数据要素市场和完善数据资产交易制度与治理体系，构建开放共享的经济社会体制，促进数据驱动的创新，实现数字经济高质量发展。

数字经济是高创新频率和高创新密度的产业群，但数字经济商业模式也是盗版侵权更为猖獗、假冒伪劣商品更为泛滥的领域，同时数据经济中网络爬虫等恶意盗取商业数据行为也非常普遍，这些都对企业的创新激励产生严重的伤害。这要求政府进一步完善数据权益保护和数字版权保护制度，强化对盗版侵权、商业数据盗取和假冒伪劣商品的打击，完善数字知识产权的行政执法和司法保护，为创新提供充分的激励。同时，数字经济创新往往具有颠覆性特征，通过将技术创新和商业模式创新的紧密结合来实现对传统产业和商业模式的颠覆式替代，此时政府监管就不能继续沿用原有的行业监管模式，而应及时转变政府监管体制和监管政策，规范政府行为，营造宽松有利的创新创业环境，促进新产业、新模式的发展。

（三）数字经济监管应将维护市场可竞争性作为重点

数字经济政府监管重在维护市场可竞争性，确保竞争政策的基础性地位。市场竞争机制是促进数字经济创新发展的基础，也是维护消费者福利和社会总福利的基本机制。在数字经济发展过程中，企业行为可能会伤害市场竞争，政府监管也可能伤害市场竞争，从而使市场竞争机制无法发挥促进数字经济高效率发展的基础性作用。因此，数字经济发展重在维护市场竞争机制，政府应该最小化数字经济事前监管，更多采用以竞争政策为核心的事后监管政策。即使监管机构需要采取监管政策，也要保证监管政策的制定和实施不会严重扭曲市场和阻碍创新，确保竞争中立。将公平竞争审查纳入监管政策制定的行政程序当中，确保竞争政策是促进数字经济创新发展的基础性政策地位。

竞争政策是数字经济监管政策的主体，数字经济竞争政策的重点是禁止企业严重伤害市场竞争的垄断行为。在数字经济行业，由于网络效应、规模经济、大数据优势的结合会造成市场出现“一家独大”的结构，垄断性平台有可能滥用市场垄断势力来实施各种限制竞争的滥用行为。因此，需要通过实施有效的竞争政策来维护市场竞争。数字经济竞争政策不仅需要禁止各种严重损害市场竞争的垄断行为以维护竞争机制，也要禁止各种严重伤害消费者福利和市场竞争秩序的不正当竞争行为，因此数字经济竞争政策需要综合运用反垄断法、反不正当竞争法、消费者权益保护法等相关法律，市场监管执法机关要依据上述相关法律并协同有关部门对其进行查处。

（四）数字经济监管应更突出维护社会价值目标

数字经济发展在动摇以市场准入和价格为核心的传统经济性监管需求的同时，对以安全为核心的社会性监管的需求则日益突出，政府监管也要从注重市场准入和企业定价的经济性监管为重心转向以安全为核心的社会性监管为重心。从广义的政府监管来说，政府监管所追求的社会公共利益目标并不仅仅局限在经济目标，同时也包括社会性目标。尤其是在数字经济情况下，数字经济的发展正在全面地影响一个国家的经济和社会生活的各个领域，数字商务企业的经济活动不仅影响消费者或国家的经济利益，也对一个国家的社会价值和公共安全等领域产生重大的影响。由于非经济目标的价值往往难以通过市场价格来反映和市场交易来实现，市场机制解决数字经济发展的社会性关注方面具有很大的局限性。因此，数字经济监管更突出社会性目标。与传统的安全监管不同，数字经济监管应该重点关注以下三个方面的社会性监管：

第一，夯实网络安全保障。随着整个国家经济社会的日益数字化融合，网络安全成为国家的重大安全，网络病毒、黑客、网络攻击等对网络空间安全造成的伤害会带来巨大的经济社会成本。为此，需要以总体国家安全观为统领，加强网络监管，落实分级分类监管体制，增强关键信息基础设施领域的安全保障，强化平台主体责任，督促企业建立完备的技术保障体系和组织制度保障，完善安全风险报告制度和安全责任的问责制度，加强数据跨境流动的监管和实行有效监控网络安全风险监管，以切实维护社会价值和网络安全。

第二，保护用户隐私和企业数据财产安全。隐私保护是数字经济最突出的监管新问题。数字平台企业收集了大量多维度的关于在线用户的隐私数据信息，并使用这些数据信息开展商业活动，市场中频发用户隐私信息泄露事件和大量恶意盗取买卖用户信息行为。用户数据隐私安全问题成为数字经济政府监管的重要新课题，需要建立更有效的个人数据隐私监管机构和实施体制。同时，数据保护也要合理维护互联网企业依法依规采集数据、开发利用数据、转让交易数据的权益，特别是针对利用网络爬虫恶意盗取商业数据行为加以严厉处罚，保护企业对原始数据开发后形成的数据资产，维护企业进行数据开发利用的激励。

第三，维护社会伦理价值和公平正义。数字内容产业的迅速发展，使网络空间产生海量的数字内容，同时整个社会生活日益数字化使公众的意识和行为决策很大程度上受到数字内容的影响。社交媒体平台、视频平台等往往会出现各种低俗、色情暴力、儿童侵害、恐怖主义、极端主义、邪教、虚假广告、假新闻等有害内容并对社会核心价值构成严重的危害。同时，人工智能的大量应用带来对社会伦理价值的损害风险，典型的如人工智能算法偏见所带来的社会性歧视和对个人基本权利的侵犯，人工智能应用对人类社会公平正义和伦理价值构成挑战。

（五）数字经济监管要确保监管的动态有效

数字经济具有技术创新和商业模式创新非常迅速的特征，数字经济监管面对更大的动态性和复杂性，此时政府监管面临的最大挑战是如何防止监管体制和政策落后于数字经济的发展，从而导致政府监管总是过时和无效，并阻碍数字经济的创新发展。因此，数字经济监管在实现公共利益目标的同时要防止其对动态创新造成不利的影响。为防止监管体制和政策的僵化，数字经济监管需要监管体制和政策具有充分的灵活性和动态的监管创新能力，政府监管机构和数字商务企业、消费者等利益相关者保持紧密的合作，及时对数字经济监管的现实需求做出迅速有效的政策回应，通过监管创新来应对数字经济发展提出的监管挑战，从而保证政府监管的动态有效。实现数字经济监管的动态有效需要选择更有效的监管方式，避免在动态市场采用静态的监管方式，更多地采用动态的敏捷监管。

斯图尔特（Stewart，1981）指出，实现特定的监管目标可以采取两种不同的动态监管方式："动态目标监管"和"破坏性监管"，如图2－1所示。在图2－1中，为了达到监管目标B，在初始起点A，监管机构可以逐步增加监管强度来达到监管目标B，也可以实施一次性的破坏性监管和短期迅速提升的高监管强度来达到监管目标B所要求的标准。"动态目标监管"是监管机构根据企业或行业状况来动态调整监管强度，以逐步实现监管目标。这种方式的最大好处是最小化企业合规的成本和增强监管政策的可预期性。"破坏性监管"是监管机构一次性地实施监管目标所要求的标准，由于这种方式打破了企业或行业的现有状态，因此企业或行业需要经历一定的重构过程。这种监管方式的优点是一步到位达到监管目标要求，缺点是企业或行业需要付出较高的合规成本。由于数字经济发展的动态性，显然采取"动态目标监管"方式相对更能保证政府监管的动态有效。"动态目标监管"过程实际是政府、企业和市场之间的动态协同和动态演化的过程，在市场不断完善、行业不断发展的过程中，政府监管能力和监管有效性也得到不断提升。

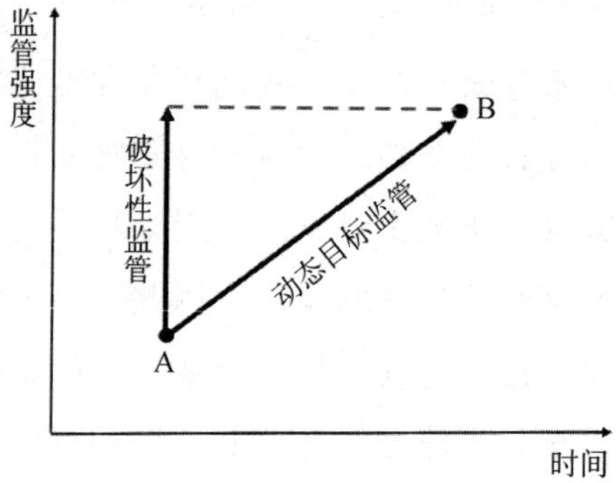

图2－1　实现动态监管有效性的监管方式

（六）数字经济监管应突出平台私人监管的基础作用

近年来，监管理论研究在对监管失灵及传统监管控制理念进行批判和反思的过程中，日益突出监管治理理念和合作监管理念，强调更加有效和更为正当的监管应该更多地发挥被监管主体的私人监管能力，建立政府公共监管与企业私人监管结合的合作监管体制。这一理论思想的发展主要是元监管理论。元监管理论认为，监管能力不仅仅存在于政府监管机构，也存在于企业、非政府组织、社会等非政府的主体中。私人监管不仅限于确保企业遵守监管规则，更在于扩展至更好地补充和替代政府科层制监管，从而提高监管体系的整体有效性。政府监管机构与被监管对象之间的关系不再是命令控制，而是相互依存和彼此合作；监管不再是一个主体简单地向另一个主体施加约束性限制，而是相互学习、相互适应、微观主体自我监管能力不断提高和政府监管体制不断完善的动态协同成长过程。

元监管主要是鼓励和促进私人自我监管，私人主体制定自己的规则并监督这些规则的实施。元监管理论主要是强调如下几点：一是监管主要是基于基本原则来形成正式的微观主体行为规则，而不是制定具体详细的行为细则和实施标准，从而使监管实践具有充分的灵活性；二是监管主要是反应性和回应性的，在采取监管行动前要开展调查研究并优先考虑私人监管；三是监管充分吸引利益相关者参与，并充分发挥第三方非政府组织的咨询建议作用；四是在监管实施过程中更加注重发挥市场治理机制的作用，如私人声誉机制的作用和社会规范的作用，当微观主体没有尽到应尽的私人监管责任并造成损害的情况下，政府监管机构则对其采取一定的处罚措施；五是强调透明度和可问责性，企业的经营行为应具有透明度，一些重点企业需要定期向监管机构提交或向社会公开企业合规报告，从而增强私人监管的可问责性。

互联网的发展使监管权力出现日益分散化的趋势，政府不再是控制经济与社会生活的唯一或主要中心而是出现了多中心（Scott，2004）。很多学者指出，平台具有了与政府相似的监管者角色，成为新的监管者（Gamito，2017；Klonick，2018）。在数字经济中，企业之间的组织关系由传统的基于市场短期交易合约的高独立性组织结构，转向以核心平台为中心的相互依赖的生态组织结构，核心平台不仅是各方合作的技术或信息中介，也是重要生态规则制定者和监管者。为了维持平台整个生态的有效运行，实现生态价值，平台会制定统一的技术标准、商业交易规则、生态行为规则、争议解决程序、声誉评价机制、违规处罚措施等，并且平台私人治理更多建立在私人自愿的基础上，是一种合作性的监管治理体制，并且平台私人监管具有基于大数据和人工智能的信息优势和规制治理手段，能够以更强的激励、更低的成本和更好的手段来实施平台生态治理。

“平台＋政府”双中心合作监管体制是实现公共利益目标的最佳选择。由于平台的私人利益目标以及平台日益突出的对经济社会的影响力，一定的政府监管仍然必要，关键是如何科学定位政府公共监管和平台私人监管者角色，形成有效的合作监管体制。因此，元监管并不是降低政府监管水平，而是重新定位政府监管角色，即政府从直接介入平台的具体运行转向制定规则来引导平台实行更好的自我规制。在合作监管体制下，平台私人治理的主导作用和政府公共监管的引导作用的结合，可以实现更有效的监管，确保平台在实现平台利益的同时要兼顾平台用户和其他第三方的利益，确保平台的经营行为不伤害社会公共利益，从而实现私人利益与公共利益的最佳结合。①

三、数字经济政府监管的重心

数字经济监管对象的基本特征是“数据—算法—平台”的三位一体关系。在数字经济中，数字平台的商业模式是典型的数据驱动的商业模式，大数据是企业获取竞争优势和实施各种垄断或不正当竞争行为的要素基础，由于大数据的价值挖掘和竞争优势的形成主要是依赖于算法，一个拥有大数据优势的平台可以利用大数据来训练算法，不断优化

---

① 合作监管也被称为“受监管的自我监管”。

算法决策，从而使其拥有基于大数据的竞争优势和垄断势力。一个具有大数据驱动垄断势力的平台为了维护市场垄断地位就有激励来实施各种数据封锁和排他行为，滥用垄断势力。因此，在数据滥用中，数据是基础，算法是工具，平台是主体。数字经济监管必须对数据、算法和平台的监管进行系统设计，从而取得最佳的监管效果。

（一）数据监管

数据是数字经济的关键要素，数据监管的目的是消除阻碍数据要素开放共享的行为性障碍，重在形成不同主体数据开放共享的激励机制，完善治理制度来降低数据开放共享的交易成本和各种不确定性风险，促进更深入更全面的数据开放共享，最大化释放数据要素的价值。首先，数据安全风险是阻碍数据开放共享的障碍，数据监管的基本目标是确保数据采集利用和开放共享建立在“数据安全”基础上。数据风险主要是在数据主体对数据进行采集和开发利用中所产生的对公民个人隐私和公共安全造成的损害。为此，数据监管强调平台企业建立数据采集、存储、传输、开发利用全流程的数据治理管控体系，保护个人数据隐私和网络数据安全。其次，完善制度促进数据开放共享。完善数据确权制度，培育数据要素市场，创新数据开放共享的多轨路径，构建促进数据开放、共享、流转、再用的制度体系。再次，在数据确权和培育数据要素市场的基础上，加强对严重阻碍竞争和创新的各种数据垄断行为的监管，创新数据开放共享激励机制，形成公平、竞争的数据市场体系。

（二）算法监管

人工智能的大范围应用正在重构经济社会行为规则和组织运行方式，其在提高生产效率、消费者福利和实现有效社会治理，但由于人工智能系统的“黑箱”模式和运行结果的不可解释性，会带来严重的经济社会损害。人工智能监管治理需要树立以人为中心的基本价值取向，坚持透明度、安全性、公平性、问责性的基本原则，建立以风险为基础的监管体制，强化使用者的治理责任，并突出技术性解决方案的治理作用，形成有效的多元治理。为此，应强化人工智能算法的程序设计、数据投入、算法运行和算法产出结果的系统治理，确保算法的可解释性、透明度、非歧视性和问责性监管。为此，需要强化算法监管，实行必要的算法代码程序设计规则监管，建立一体化人工智能系统安全监管制度，强化企业内部算法风险管理和制度建设，加强监管机构的算法审计和风险监控，提高算法违法行为处罚力度。

（三）平台监管

在数字经济中，大型数字平台是主要的数据采集和开发利用主体，是影响经济社会活动的新型基础设施，其不仅影响市场竞争和交易公平，也对社会运行和个人生活产生重要影响。因此，大型数字平台是政府监管的主要对象，平台监管的目标是确保平台经营行为合规，应重点要求支配性数字平台不能实施各种严重损害市场竞争和损害公共利益的行为。平台监管应重点强化事前规则监管和事后执法，事前监管主要是通过立法明确企业数据采集和开发利用及经营策略行为的基本规则，明确平台不得从事的禁止性行为或“红线”，实现规则监管和竞争倡导，促进企业主动合规；事后执法主要是强化监督检查，查处严重限制竞争的垄断行为、不公平竞争行为和威胁公共利益的行为。

四、数字经济政府监管政策体系

面对数字经济的市场失灵和新的监管需求，数字经济监管政策主要是由五大支柱构成的体系（如图 2 – 2 所示），具体来说：

（一）促进开放共享的数据监管政策

数据是数字经济的关键要素，但是由于数据确权、数据市场的不完善，以及数据安全、数据垄断等因素造成社会无法实现最优的数据开放接入，从而限制了数据要素促进经济高质量增长的潜力释放。数据监管政策重在通过监管消除阻碍数据开放共享的各种障碍，从而促进数据共

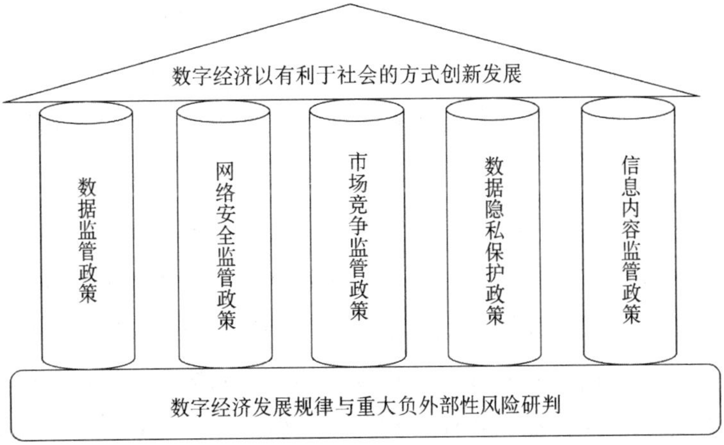

图2－2　数字经济监管政策体系五大支柱

享再用，最大化释放数据要素的价值。

（二）匹配的网络安全政策

网络与数据安全是经济社会运行发展的基本前提，数字经济发展需要以网络安全为保障。广义的网络安全既包括硬件系统，也包括网络数据信息；既涉及经济与技术安全问题，也涉及社会与政治安全。因此，网络和数据安全政策需要与经济、技术发展以及国家战略需求相匹配，在总体国家安全战略的指引下，建立执行有力和多方参与的网络安全监管体制。

（三）基础性的竞争政策

有效的市场竞争是促进数字经济创新发展和更好地增进消费者福利和社会总福利的基础。维护市场竞争，确保竞争政策的基础性地位和普遍适用是数字经济监管政策的核心。面对大型数字平台日益凸显的强市场势力和各种新型不正当竞争行为，需要强化数字经济反垄断政策和反不正当竞争政策，构建可竞争的市场体制。

（四）平衡的数据隐私保护政策

面对数字经济突出的过度采集和利用个人数据的问题，需要强化个人数据隐私保护，以构建信任的数字经济环境。个人数据隐私保护重点是保证个人对个人数据信息的自决权，明确采集和使用个人数据的基本规则。个人数据保护政策需要平衡多元主体的利益诉求和不同类型数据的独特属性，既要有效保护个人隐私，也要合理维护企业实施数据驱动创新的激励。

（五）自律的数字内容监管政策

数字经济消费主要是数字内容，而网络空间非法有害内容的泛滥对创新发展和社会公共安全产生严重的损害。数字非法有害内容包括威胁国家、社会安全的内容和数字版权侵权等诸多问题。由于数字内容产业的快速创新、迅速传播和主体多变，政府要实时监控和查处面临非常高的成本，因此需要将监管重心放在微观主体的私人治理，强调平台主体责任和内容生产者的自律。

第三节　中国数字经济监管实践

近年来，中国数字经济获得了快速的发展，一方面，电子商务、互联网金融等数字经济产业的规模已经居于国际领先地位，人工智能、大数据、云计算等数字核心技术取得重大突破，信息通信基础设施建设实现跨越式发展；另一方面，传统产业的数字化持续深入，实体经济与数字技术日益深度融合。目前，数字经济已经成为中国经济高质量增长的新引擎。中国数字经济的快速发展除了中国庞大的国内市场所形成的规模优势和有效的投融资体制外，中国政府对数字经济采取的灵活有效的监管政策也是一个重要的促进数字经济快速发展的因素。

一、数字经济监管的基本经验

（一）实行动态相机的监管强度

在数字经济发展初期，中国政府采取“包容审慎”的监管原则，为数字经济的创新发展提供了宽松的环境，是中国数字经济获得快速发展和成为世界具有非常强竞争力的重要原因。国际货币基金组织（2019）也指出，中国政府实施的鼓励数字经济创新发展的非常宽松的包容审慎监管政策是中国数字经济迅速成功发展的重要促进因素。[①]“包容审慎”监管是中国数字经济监管体制的重要创新。“包容审慎”监管原则最初是李克强总理在2017年两会《政府工作报告》中提出，为加快培育壮大新兴产业，应本着鼓励创新、包容审慎的原则，制定新兴产业监管规则。2017年1月国务院发布的《“十三五”市场监管规划》明确提出对数字经济要坚持审慎监管的基本原则，强调要鼓励创新、促进创业、推动数字经济发展为目标。包容审慎监管是在数字经济发展初期给数字经济主体、新业态和新模式更宽松的试错空间，鼓励数字经济在创新发展中不断完善。在数字经济发展出现高集中市场结构的情况下，国家及时调整监管政策和执法力度，加强对数字经济的反垄断、公平竞争、网络安全、个人信息保护等的监管，确保数字经济依法规范发展，实现数字经济发展和有效维护公共利益的平衡。2016年以来，为了加强数字经济监管国家先后制定发布了《网络安全法》《数据安全法》《个人信息保护法》《反垄断法（修订）》等基础性法律法规，强化对个人隐私、网络数据安全和平台反垄断监管。

（二）注重政府监管与行业创新发展的平衡

中国数字经济政府监管始终是促进数字经济发展的重要组成部分，将有效的监管看作是促进数字经济快速发展的重要政策手段，并与其他政策实现有机的协调。政府监管始终强调鼓励创新，允许新业务新模式进入传统产业并促进其快速发展，政府主动采取措施来放松行业进入限制并对数字经济商业发展加以支持。数字经济进入传统产业市场带来的竞争和商业模式创新，不仅极大地促进了数字经济新业态和新模式的发展，而且通过进入竞争有力地促进了传统产业在位企业的创新发展，原

① IMF，China's Digital Economy：Opportunities and Risks，2019.

有企业也纷纷通过采用数字化技术和进行商业模式创新，加快与数字经济的融合发展，从而有力推进了中国数字产业化和产业数字化。

（三）构建了坚实的网络安全监管体制

中国现行的网络信息安全监管主要是维护网络空间主权和国家安全、社会公共利益，保护公民与企业的合法权益。在总体国家安全观的统领下，强调中央集中统一领导，建立了完备有效的网络信息和数据安全监管制度。中国网络安全监管政策的核心是等级保护制度和严厉的违法法律责任制度。中国网络信息安全监管制度包括法律、行政法规、地方性法规（部委规定）、规范性文件四个层面。国家层面的法律主要是2017年6月开始实施的《网络安全法》，2021年6月颁布的《数据安全法》和2021年8月颁布的《个人信息保护法》。上述法律法规共同构成了网络安全保护法律体系。建立了网络安全等级保护、网络安全审查、网络安全认证、应急管理等网络安全监管制度，有力保障了国家网络与数据安全。

（四）重视强化平台主体责任

长期以来，中国部门行业监管体制形成了政府单一主体的集权监管体制，但网约车、互联网金融等数字经济商业模式发展所带来的监管问题以及监管行为目标约束也在促使政府单一主体的监管体制逐步发生变革，为了实现最佳的监管效果，监管机构日益重视平台私人监管者的基础作用，监管机构日益强化压实平台主体责任。2018年颁布的《电子商务法》则通过立法明确认可电子商务平台对商家的资质审查、平台信用评价、知识产权保护责任等。2021年10月，中国国家市场监管总局发布了《互联网平台分类分级指南（征求意见稿）》和《互联网平台落实主体责任指南（征求意见稿）》，对超级平台提出了更为宽泛的34条责任要求，大体分为四类：平台行为规范、数据治理规范、平台治理责任、特别利益保护，以进一步构建以强化平台主体责任为重点的事前监管体制。

二、中国数字经济监管体制存在的主要问题

（一）监管法律法规有待进一步完备

近年来，除了全国人大常委会制定出台了《网络安全法》《电子商务法》《数据安全法》《个人信息保护法》等法律外，行业管理的法规大都是由交通运输部、中国人民银行、国家网信办、文化和旅游部等行业主管部门牵头或单独组织制定的行业规定、指导意见或暂行办法。面对数字经济不断创新发展和监管问题不断涌现的现实，目前数字经济监管法律法规尚不够完备，具体体现为：首先，一些新兴领域的法律法规供给不足，典型的如数据确权、人工智能监管、商业数据保护、网络信息内容监管等还缺乏国家层级的立法，目前主要依据的是层级较低的部门法规；以及现行的反不正当竞争法、知识产权保护法等还明显不适应数字经济监管，需要及时加以修订或制定新的专门法律来做出回应；《反垄断法》《网络安全法》《数据安全法》《个人信息保护法》等规定得较为原则，有待通过配套法规制定来进一步明确有关细则，确保法律的有效落实。其次，数字经济监管法律法规不统一等问题仍然十分突出。目前的数字经济监管法规大都是行业主管部门出台的暂行规定，不仅立法层次较低，而且一些政策法规明显地具有行业监管体制和政策的延续，一些地方政府出台的细则具有一定地方保护主义的色彩，同时多头立法、部门不统一、中央与地方不一致问题还比较突出。

（二）监管机构体制尚不适应数字经济发展要求

数字经济的网络化发展、跨界经营和动态创新导致传统的行业和地区边界消失，这与传统的行业监管与属地管理的监管体制存在明显的冲突。首先，纵向条块分割体制与数字经济的网络化发展潜藏体制冲突。数字经济的发展是以平台为中心的跨行业、跨领域、跨市场的跨界融合发展和全球化经营网络，数字经济的产业边界日益模糊，传统的依据产

业边界清晰界定的行业监管体制、地方分权的属地管理体制与数字经济这种融合跨界发展模式之间存在非常大的冲突。其次，多横向部门协同监管体制有待完善。网约车、互联网金融、网络信息内容、网络安全等数字经济行业或领域的监管通常是由一个部门负责牵头协调组织多个部门分工协作来进行监管，监管机构体制是典型的“1 + X”体制。[①] 监管机构“1 + X”体制存在的主要问题是监管部门间职责交叉和权责不清问题突出，同时由于部门之间层级关系和协调机制不清楚，增加了监管协调的难度和行政协调成本。再次，多头管理体制问题依然十分突出。多头管理和政策的不统一，会显著增加平台企业经营的政策风险和合规成本。最后，监管行政过程和行政行为的正当性和规范性问题仍比较突出。有些监管政策的出台并没有经过完备的行政和社会公开程序，政府监管部门秘密制定、突然出台、迅速实施的现象非常突出，监管政策具有非常大不确定性，不利于长期稳定发展。

（三）监管机构与平台的关系尚未理顺

在数字经济中，平台是重要的私人监管者，政府监管本质上是“平台 + 政府”的双中心模式。政府监管机构应该是直接管平台，督促平台经营者履行其必要的私人监管者角色，并加强对平台履行责任的问责。但是在中国数字经济监管中，政府监管错位、越位的过度监管问题、政府缺乏对平台的科学监管问题和平台与政府缺乏协同机制问题非常突出。首先，政府监管错位、越位、缺位问题仍非常突出。在中国数字经济监管中，很多行业主管部门仍然坚持政府单一中心的监管主体体制模式，政府监管越位问题十分突出，这限制了平台私人治理作用的发挥，平台与政府的关系有待进一步理顺。其次，政府与平台之间缺乏有效的监管合作。相关政府监管部门将自己界定为高高在上的监管者，单纯地要求平台要达到的要求，甚至将政府监管应该承担的责任转嫁给平

① 典型的如互联网金融行业监管由中国人民银行牵头，涉及工信部、公安部、财政部、工商总局、国务院法制办、中国银监会、中国证监会、中国保监会、国家网信办等十个部委。

台企业，监管机构尚没有与数字平台建立起合作监管体制，依然停留在管理者与被管理者之间的命令服从关系。

（四）监管政策手段缺乏问题仍十分突出

现有的政府监管政策理念和监管政策比较落后，自上而下的命令控制式监管体制和政策手段日益失效并带来诸多负面影响，数字经济监管失灵问题比较突出，严重缺乏与数字经济相适应的监管政策体系。首先，政府监管仍然偏好行政性事前准入监管。数字经济监管仍然沿用传统行业管理方式，政府监管注重事前审核和事后问责，政府监管实施主要是放在对标准和证明文件的形式审查，缺乏有效的对动态的事中监管。其次，政府监管缺乏对大数据和现代信息技术的充分利用，仍然以监督检查的被动式行政执法和事后处罚来履行监管职责，无法做到事前防范和事中实时监测。最后，在互联网金融、网约车等行业领域还存在运动式行政执法问题。这种事前忽视规则监管，依赖事后集中整治的运动式执法，具有较高的经济社会成本，给数字经济的创新发展带来较大的冲击。

第四节　中国数字经济监管创新

一、建立更为完备的数字经济监管法律体系

促进数字经济发展需要充分发挥法律规则的指引和规范作用。数据资源的开放共享是数字经济创新发展的重要基础，为最大化释放数字经济的增长潜能，应尽快制定促进数据开放、权属保护、数据交易、跨境流动、安全保护等相关法规，同时及时有效规范企业经营行为和政府行政行为，营造促进数字经济消费和创新发展的良好环境，促进数字经济创新发展。数字经济监管立法应该主要体现为原则性规定。对于不断创

新发展中的数字经济，政府监管立法应该更加注重明确基本原则而非设定具体的行为规则。数字经济监管立法应明确企业经营应该遵守的基本原则，尤其是合法经营不能违犯的底线或红线。在数字经济监管中，监管立法应明确基本原则和企业行为边界，以有助于推进企业合规经营，降低监管执法成本。

为应对数据经济快速创新发展所带来的诸多问题，进一步的数字经济监管立法应重点包括以下几个方面：第一，研究制定更系统全面的《数字经济法》，明确数字经济发展当中的政府与市场关系，对产业政策与竞争政策、数据确权等相关基础性问题做出规定，为数字经济发展和政府监管提供基本的原则指导。第二，针对目前政府部门及公共财政支持的有关机构组织掌握的公共数据信息的对外封闭、商业企业无法接入并加以开发利用等公共信息开放不足的问题，应制定《公共信息公开法》，对公共数据开放做出更高层次的法律规定。第三，为鼓励数据驱动的创新，强化对商业衍生数据的财产权保护，建议制定《商业数据保护法》。第四，面对数字经济发展中出现的数字盗版侵权问题，需要尽快制定《数字版权法》，合理确定平台的责任与义务，维护数字版权创新激励。第五，为填补人工智能监管空白，应研究制定《人工智能法》，对人工智能系统应用应该遵循的基本原则、系统使用者的责任与义务、监管体制做出规定。第六，适时制定出台《网络信息内容法》，明确非法有害内容的类型、政府与平台的责任、监管治理程序和法律责任。

二、构建“平台+政府”双中心的合作监管体制

数字经济监管应是多元共治的监管治理体系而非政府单一主体的命令与控制系统，构建与数字经济相适应的监管体制需要改变“政府中心”主义的一元主体监管体制模式，发挥平台自我监管的主体责任和政府公共监管的保障作用。为此，需要重构平台与政府在监管治理体系

中的责任配置和协同机制，形成良好的监管生态。合作规制整合了政府监管和私人监管的积极作用，政府与企业由对抗和对立转向协商与合作。

数字经济监管需要注重发挥私人监管的基础性作用。在数字经济中，平台其实是扮演规制者的角色，对各方通过平台完成交易和构建协作的商业生态系统制定规则和建立制度保障。① 首先，平台私人治理具有更强的内在的激励一致性，不存在政府监管机构运行可能产生的与公共利益目标不一致的问题。对平台的相关交易方进行监管并构建良好的平台交易生态可以使平台企业更好地共享双边市场交易带来的价值创造，并且这些价值最大化在给平台生态利益相关者带来价值增加的同时，也大幅度增加了平台的收益，因此平台有激励制定治理规则。其次，平台私人监管具有更多的政策措施和政策手段，能够有效地实现治理目标。由于数字经济平台基本都是从事数据驱动的商业模式，平台具有政府监管机构和其他主体所不具备的大数据资源和强的人工智能数据分析能力，因此平台实施规制可以面临非常小的信息不对称约束，从而可以明显提高监管政策及时性和针对性。经济学经验研究表明并没有证据显示平台的私人规制会造成过度获取利润或损害社会福利，而是更多地显示其会提高社会福利。法瑞尔和卡兹（Farrell and Katz，2000）指出，平台私人监管在一定程度上发挥了追求公共利益的公共监管者角色。

“平台+政府”的双中心监管体制关键是合理确定平台和政府监管机构的责任和角色，建立政府管平台、平台管商家的“政府—平台—商家”新型监管层级关系。发挥平台自我监管的基础性作用并不是不要政府监管，由于平台利益主要是追求私人利益的最大化，这与政府监管追求公共利益最大化目标并不总是一致，因此政府监管仍有必要。“平台+政府”双中心监管体制也称为“政府监管下的自我监管”

① European Commission，Competition Policy for the digital era，Final report，P6.

(Schulz and Held，2004)。布莱克（Black，2001）根据企业与政府的关系程度将自我监管区分为四种：一是自愿性自我监管，企业或行业组织出于自身利益自动实施监管，此时没有政府介入；二是要求的自我监管，政府对企业提出基本的监管要求，企业或行业组织根据政府的监管规则来实施自我监管；三是制裁性自我监管，企业或行业组织提出监管规则并经政府批准，政府监督检查落实情况并对未达标企业实施处罚；四是强制性自我监管，在企业或行业缺乏实施监管主动性的情况下，政府代替微观主体来制定监管政策并强制企业必须遵守。显然，在现实的监管过程中，并不存在哪种方式绝对优于其他方式，具体方式选择只能根据个案具体情况灵活把握，以追求最佳的监管效果。

发挥平台私人监管者作用需要合理界定平台的责任，并提高平台决策的透明度和可问责性。首先，在侵权损害案件中，平台应承担的是间接的有限责任。作为一个促进交易的中介组织，政府监管部门不能要求平台承担同传统企业相同的风险保障责任。利希曼和波斯纳（Lichtman and Posner，2006）分析互联网商业模式时指出，互联网平台企业承担间接责任是符合普通法原则的，平台承担的是有限责任而非无限责任。其次，在数字商务平台中出现的假冒伪劣和盗版侵权问题，平台不应该是免责的，平台应该承担必要的合理注意义务。如在涉及数字版权侵权问题中，欧盟就要求平台建立相应的事前过滤机制和事后“通知—删除”机制。再次，为了保证私人监管机制的有效，政府监管机构应该对平台的私人治理机制（声誉机制）做出透明度要求并保持对平台的可问责。监管机构应该要求平台的声誉机制要公开透明，声誉评价机制所采用的算法应该保持“算法中立”，平台不得恶意删除消费者的评价或排名，保证客观公正，防止恶意的声誉评价操纵行为。最后，要求平台建立完善举报投诉处理机制，建立与监管机构的信息共享和重大风险报告与应急处理机制，并积极配合监管机构查处通过平台实施的非法经营行为。

三、建立治理能力高效的监管机构体制

目前，中国数字经济政府监管体制仍然是沿用传统的条块分割监管体制，对网约车、互联网金融、视频内容、在线旅游等的监管分别由运输、中国人民银行、广电总局、文化和旅游部等相应的行业主管部门分别负责，同时中央与地方分权监管，根据属地原则，地方政府负责本地区的行业监管。条块分割、职责不清的监管行政体制与数字经济商业模式的网络化具有较大的体制冲突。同时，政府监管作为一种行政行为，必须实行依法监管，政府监管必须经法律授权并遵循法定程序。为此，建立与数字经济创新发展相适应的监管机构体制，需要进一步深化政府监管行政体制改革，建立适应数字经济的监管机构职权配置体制和监管机构协同运行体制，并进一步深化行政体制改革，完善政府监管的行政程序。

（一）完善监管机构职权配置

完善跨部门协同监管体制。数字经济监管更多地涉及跨行业的一般性监管问题，如网络安全、数据隐私保护等都是涉及各个行业或领域。目前，中国数字经济监管职能分散到多个部委，国家发展改革委、中国人民银行、中央网信办、工业和信息化部、市场监管总局、公安部、商务部、文化和旅游部等相关部门分别负责。在这种分行业监管和分类监管体制没有大规模重构的情况下，为了提高监管效能，近期最现实可行的路径是进一步建立完善跨部门合作机制，形成更有效的多部门协同监管体制。长期来说，需要进一步深化机构改革，进一步整合分散在各部门的监管职能并进一步简政放权，建立职责权限定位更加科学的综合性的监管机构。

为了更好地协调中央与地方的关系，防止地方政府的属地监管突破国家统一的监管的政策底线，未来应该逐步构建超越部门和地区利益的综合性数字经济监管机构，加强对中央有关部门和地方政府部门出台有

关政策的审查监督，防止地方政府人为提高监管门槛的过度监管和扭曲市场竞争的地方保护行为，确保数字经济监管政策实施的全国统一标准和地方灵活适用的有机结合。

（二）完善数字经济监管的行政程序

尽快建立落实政府监管政策制定的影响评价制度。政府监管政策影响评价制度核心是对监管政策进行成本收益分析，确保政府监管以最低的经济社会成本来实现监管目标。数字经济监管政策影响评估的重点是对监管政策实施可能给企业带来的合规成本要进行测算。任何政府监管政策的出台都会对企业遵守有关的标准或监管要求带来一定的合规成本。如果政府监管政策的出台导致企业为了合规而支付高额业务调整成本或严重阻碍企业创新，则可能会对数字经济创新发展带来较大的负面影响。特别是对于那些处于创业初期的小规模企业来说，政府监管带来的合规成本有可能使其无法获得与在位大企业开展有效竞争的能力或合理的利润回报，从而被迫退出市场。因此，政府监管必须合理权衡成本和收益，只有在政府监管的收益明显大于成本并且监管政策不会对行业创新发展带来严重阻碍或破坏性影响的情况下，政府监管政策出台或监管执法行动才是合理的。

建立监管政策制定的公共意见征询制度。监管政策的制定和出台前都需要向社会公众公开征求意见，特别是利益相关者的意见。这里的利益相关者既包括消费者，也包括受监管的行业企业和产业生态中的其他合作企业。通过政府监管政策制定的公共意见征询制度，监管机构可以更全面地了解利益相关者的意见，更好地平衡政府监管目标和行业创新发展的关系，有助于政府制定更平衡、科学和扭曲市场风险最低的政策；同时，政府监管政策出台的公共意见征询也会为相关企业提供相对稳定的政策预期和政策出台前自我调整的缓冲期，降低政策不确定性和运动式执法带来的产业损害。

建立监管政策实施绩效评估制度。确保政府监管政策有效不仅包括制定正确的新的监管政策，也包括对过时或无效的监管政策及时加以废止。对于政府监管部门出台的监管政策必须要经过必要的政策影响评估程序，充分评估政策实施可能的成本和收益，防止扭曲市场和阻碍创新发展的负面结果的出现；对于已经出台的法规、规章和规范性文件要在一定时期后由专门机构或委托独立第三方对其有效性进行后评估，如果评估结果显示法规政策已经不再适应数字经济的新发展要求或者对数字经济发展构成不必要严重阻碍，应当及时修改或宣布废止。对于由于监管机构不作为、滥用执法权等导致监管失效并造成严重经济社会损失的要依法依规进行问责。

四、创新数字经济监管实施体制和政策手段

（一）数字经济监管应建立全过程监管体制

数字经济政府监管应该是不同阶段政策侧重点差别化的全过程监管体系。数字经济政府监管应由传统的事前审批为主转向事前、事中、事后全流程监管。事前主要是明确基本规制或原则，明确企业经营不能违犯的红线；事中主要是充分利用大数据和人工智能技术来加强市场研究和风险评估；事后主要是查处各种违法行为并利用处罚手段进行纠偏。传统的事前行政许可审批为主的监管主要是通过选择合适的经营者来降低风险，并通过事前制定的经营标准和定价方法或价格水平监管以及严厉的事后处罚来保证实现监管目标，很少实施事中监管。在数字经济动态创新发展的情况下，事前明确基本规则、事中监督和事后问责的监管动态模式则是赋予更多的微观主体更大的经营自由，并基于数字商务企业的信息透明、企业和监管机构间的信息共享来实现有效的监管。

（二）数字经济监管应更多采用试验性监管方式

为保持政府监管与行业创新发展的平衡，应采用“监管沙盒”等试验性监管政策工具。数字经济快速创新所带来的新业务、新模式和新产业的不断出现和快速发展使试验性监管的优势凸显出来。英国金融行

为监管局在 2015 年金融科技监管中采用的“监管沙盒”是重要的试验性政策。“监管沙盒”是一个安全空间，在这个特定的安全空间内，企业可以在政府监管豁免的情况下来测试其新产品、新服务等新业务和新商业模式，而不会因为试验发展过程中出现的问题而受到监管规则的约束或禁止，以鼓励新业务新模式的创新发展并促进更好的监管。当企业要开展的新业务新模式受现行监管政策的限制时，企业可以向监管机构提出监管豁免申请，如果获得批准则可以获得 1 ~ 4 年的监管豁免期，监管机构在此期间保持对企业创新的监测，并根据试点情况决定是否调整有关的监管规制和监管政策。“监管沙盒”是在可控的环境中推进创新，一方面，促进了数字经济创新发展；另一方面，也使监管机构能有效控制新业务新模式创新发展中的风险以防止出现系统性风险，并不断优化政府监管政策。因此，它是平衡创新发展与风险控制的有效监管手段，是行业创新发展与政府监管动态优化相互促进的政策机制。

（三）数字经济监管应灵活采用临时性监管政策

政府监管应谨慎并给微观主体留下自主选择的空间，保持对监管问题的快速反应和实施短期的政策措施。数字经济的新技术和新商业模式具有较大的不确定性，同时政府监管政策是否有效也具有不确定性，政府监管政策手段是否依然能有效应对特定行业的监管问题本身也是不确定的。因此，在不确定的环境下，政策需要为微观主体留下充分的试验空间，谨慎采取监管政策。政府监管应主要采取基于规则的监管，而不是通过具体的行政措施或制定详细的经营标准指标来实施监管，让微观主体可以自主地灵活选择具体的合规方式，最小化微观主体的合规成本和阻碍创新发展的风险。在特定的情况下，为了应对特定的监管问题，政府监管政策应更多地采用短期临时性监管政策。

（四）数字经济监管应更多地采取轻干预的监管政策手段

在数字经济背景下，政府监管不能主要依赖强干预监管体制，即依赖运动式执法和强硬的“命令—控制”与事后严厉处罚来进行监管，因为这种强干预监管执法具有非常高的经济社会成本，一旦出现执法错误会对整个产业造成毁灭性打击。数字经济政府监管应该采取轻干预的监管政策实施机制，更多地采取轻监管方式、软监管手段。数字经济监管的主要政策手段包括：一是市场研究。鉴于数字经济新模式新业态的不断涌现，政府监管的首要工作不是迅速采取原有的监管政策进行应对，而是首先要进行市场研究，明确市场当中不同主体的角色和市场运行规律，并基于对市场实际情况调研的事实来制定有针对性的政策。二是透明度要求。为防止平台滥用其垄断性中介地位来谋取私人利益最大化并扭曲市场竞争，监管机构可以对平台提出透明度要求，如平台对消费者个人隐私数据的收集和使用必须明确告知消费者并获得其同意，平台的交易条款或条件应该以明示的方式告知消费者或商家，平台对有关交易条款的变更也要提前告知消费者或商家，平台算法的基本功能和算法排名的依据等也要公开透明。三是加强对数字经济市场的及时监测和风险预警。使用大数据和人工智能技术，消除政府监管机构执法面临的严重信息不对称问题，以及时充分了解市场运行情况和可能的风险，并采取有信息公开的风险预警等监管政策措施，以实现对相关主体的可问责性。

（五）数字经济监管要注重发挥技术性治理的独特作用

在数字经济中，以大数据和人工智能技术为核心的数字技术为实现政府监管目标提供新的高效能解决方案，数字技术在某种程度上会补充乃至替代政府监管。为此，莱斯格（2006）提出网络空间中“代码即法律”的观点，他指出可以采用在软件或系统设计中通过代码来实现企业或网络空间主体的行为合规，从而实现监管的公共利益目标。首先，重视技术性解决方案的作用。区块链、隐私安全技术等技术在解决网络数据安全和保护个人隐私中发挥了重要的作用，在技术性方案能有效解决数字经济发展中出现的各种失灵问题的情况下，监管机构不要采用行政执法手段，应优先推广适用技术治理方案。其次，贯彻“通过设计来确保合规”的事前防范监管。鉴于数字经济中很多企业违规行为都是通过算法来实施的，因此政府监管应该事前明确算法开发设计应该遵循的基本原则或不能违犯的红线，要求在事前技术设计中就嵌入算法应用的合规问题，同时政府要加强对算法的审查，防止有害的算法设计和安装应用。再次，强化监管科技的开发和应用。数字经济监管要积极采用大数据、云计算等新型监管技术，构建智慧监管体制。监管机构应基于大数据及其分析技术，加强对数字经济重点行业或领域的分析和监控，及时监测和评估市场运行当中存在的主要风险，并及时采取有效的监管措施，实现智能监管。

五、加强数字经济监管政策的国际协调

中国是全球数据经济发展领先的国家之一，数字经济国际化发展是中国对外开放的新的重要支点。为此，中国应积极参与全球网络与数据安全、隐私保护等数字经济监管治理体系建设并发挥领导作用，推动制定一个既维护全球网络空间的安全稳定，又能让数据流动更有序的全球规范，为中国数字经济的国际化发展营造有利的国际环境。

目前世界主要经济体在关于数据隐私保护和网络安全的监管政策上存在非常大的不一致，这给数字贸易发展带来较大的风险并构成严重的阻碍。联合国贸易与发展会议（2016）警告指出，各国过度的数据隐私保护和各国数据隐私保护政策的巨大差别会影响国际贸易并阻碍全球经济增长。[①] 在新贸易保护主义的背景下，网络与数据安全保护政策甚至会成为一种新的贸易保护主义政策手段。为此，中国应该积极参与数据安全政策对话和协调，推动数字经济国际治理体系建设。推动世界各国通过对话和协调：一是注重基本原则的共识达成。目前尽管各国数据安全的相关法律差别较大，但是大多数国家在基本原则上是相同或相近

① UNCTAD, Data protection regulations and international data flows: Implications for trade and development, 2016.

的，因此国际协调应当首先力求在基本原则上达成共识，并适当保留在具体监管政策及手段上的国家差别；二是先在特定领域或行业的监管政策上达成共识。数据安全政策包括适用于所有部门的通用规则和适用于特定行业或领域的特别规则，国际协调可以优先在卫生健康、互联网金融、儿童隐私保护等领域取得突破，然后逐步寻求在通用规则上达成共识。

目前，数据跨境流动面临很大障碍，很多国家都对数据跨境流动实行了各种的限制，提出了严格的数据本地化要求。麦肯锡咨询公司（2016）报告分析指出，数据跨境流动会极大地促进就业、创新和经济增长。[①] 对数据流动的过分严格限制可通过限制生产、贸易和创新而产生负面影响，特别是一国对跨国公司提出数据本地化和服务器本地化要求会明显增加其商业成本，削弱该国对外资的吸引力。很多国家限制数据的跨境流动不单单是保护个人数据隐私安全，而是将其看作是维护国家安全战略的一个重要组成部分。为此，在有效维护数据安全的基础上，促进数据跨境流动。在数据跨境流动的国际协调中，既要在促进数据跨境流动的一般规则中达成共识，同时也要在涉及国家安全等敏感领域实行豁免，保留在国家安全问题上的自主权。

① Mckinsey and Company，2016，Digital Globalization：The New Era of Global Flows，London.

第三章　数据要素开放共享监管

相对于土地、劳动、资本要素来说，数据已经成为数字经济时代关键要素。数据正在成为数字企业商务活动中必不可少的投入品和最重要的战略性资产，并且成为促进传统要素实现倍增效应和经济高质量增长的驱动力。英国《经济学人》杂志指出，在数字经济时代“整个世界最有价值的资源不再是石油，而是数据。”[①] 2020 年 4 月 9 日中共中央、国务院发布的《关于构建更加完善的要素市场化配置体制机制的意见》明确将数据与土地、劳动力、资本、技术等传统生产要素并列，2020 年 5 月 11 日发布的《关于新时代加快完善社会主义市场经济体制的意见》对“加快培育发展数据要素市场”进行了部署，以促进数据要素资源的利用，促进经济高质量增长。为更好地助推数据要素促进经济高质量增长的效应，数据要素经济分析需要回答，数据作为新型要素的独特经济属性是什么，以及如何构建释放数据倍增效应的产权制度与要素市场体系，并建立匹配的数据监管治理体系，促进数据要素的共享再用和数据驱动的创新。

第一节　数据要素经济属性与监管需求

一、数据要素的经济属性

与土地、劳动、资本等要素不同，数据具有相对独特的经济属性。

① The Economist, “*The World's Most Valuable Resource is No Longer Oil, But Data*,” May 6, 2017.

数据作为生产要素所具有的经济属性是认识数据要素增长效应和设计公共政策的起点。数据要素的最基本特征是数据使用的非竞争性和零边际成本。

（一）强非竞争性和相对的排他性

数据具有与一般商品明显不同的独特特征，其最突出的特点是：强的非竞争性和相对的排他性。即数据具有非竞争性，但是可以排他，具有一定的排他性。数据具有非竞争性是指数据可以被多个主体在同一时间段内来使用，多一个人使用并不会降低其他人使用数据的价值。与一般实物商品不同，数据具有非常低的复制成本乃至零边际成本，便于复制和共享，可以同时被多个用户所采集、使用，并开发多种不同的产品或服务。非竞争性特点说明数据对额外用户的开放使用并不会降低原有数据使用者或数据原始持有人的数据数量或价值，更多用户使用同一数据并不会造成其他用户的利益受损。非竞争性是数据的最主要经济属性，这一属性意味着数据开放共享不仅不会带来数据价值的下降，反而会促进数据要素的重复使用和对数据进行最大化的挖掘开发，进而创造更大的社会价值。[①] 如果对数据的采集和流动加以限制，将使这种无限的数据资源变为有限，大大降低数据要素的价值创造可能。正如瓦里安（Varian，2018）所指出的，数据非竞争性意味着数据接入比数据产权更为重要。如果政府贸然介入数据产权制度设计或对数据流动进行限制，则数据产权制度和政府监管政策有可能会阻碍数据的开放共享和对数据资源要素的挖掘利用，产生数据资源无法充分利用的“反公共地悲剧”问题。

（二）数据具有零边际成本

数据与石油等自然资源的一个重要区别在于它是由人的活动所产生的，数据是人类从事社会经济活动的附属产品。消费者在使用智能终端

① Data Policy and Innovation. *Guidance on Private Sector Data Sharing*, European Commission, August, 2018.

设备、互联网浏览、在线消费、交通出行、商业交易、健康医疗、公共服务等活动中都会留下大量的个人信息数据。通常一个国家的网民数量越多并且在线活动的频率越高，则该国的数据资源就将越丰富，该国的数字化程度就越高。一个人口大国未必是数据资源大国，只有建立在数字化基础上的人口大国才真正具有丰富的数据资源优势。尽管数据技术设施建设和数据开发需要较高的固定成本，但数据技术发展和数据是消费者活动副产品特征使数字企业能以较低的成本及时收集和存储用户数据，同时数字化的数据使数据的传输和复制具有近乎零的边际成本(Shapiro and Varian，1999)。因此对于广泛存在的数据资源，很多企业都可以以非常低的成本进行采集、处理和应用。在零边际成本的情况下，由于同一数据要素资源的使用并不增加成本但会带来较大的递增价值创造，因此更多人使用并不会带来资源的过度使用问题，因此避免了公共地悲剧的出现。在零边际成本的情况下，如果数据能够被所有主体所接入，则数字经济发展将不再受传统资源要素所面临的稀缺性约束。零边际成本是数字经济具有显著规模经济和范围经济的重要基础，同时也为向消费者免费供应商品或服务提供了重要的生产成本基础，突破了非数字经济中边际成本递增所带来的消费限制，零边际成本下更多人消费商品或服务在不增加成本的同时会极大地增加消费者福利和社会总福利。

（三）数据的价值具有时间性

数据具有生命周期，新数据和老数据往往具有不同的价值，随着时间的变化数据的价值往往会迅速贬值。因此，任何企业仅仅占有大量的数据而不对其及时加以开发利用，则数据价值的迅速贬值会使其难以像占据独特的实物资产一样获得竞争优势，此时在位企业拥有的大量数据并不会构成进入者的进入障碍（Chiou and Tucker，2014）。当然，对有一些数据来说，数据的价值并不具有短期性，如一个人的姓名、性别、身份证号码、生物信息、个人消费偏好或习惯等。对于会迅速贬值的数据来说，一个企业需要的是获取大量的实时数据并快速高效地对数据进行分析利用，数据才会为其拥有者创造价值和增强其竞争优势。对于一个进入者来说，如果其采取有效的战略能够收集到足够数量的高度相关和及时的数据，其也可以有效进入市场并参与竞争。对于那些价值固定的数据来说，进入者如果无法获得足够的用户数据信息，则其将无法有效与在位企业展开竞争，从而就有可能构成一种进入障碍。

二、数据监管需求

数据是数字经济的重要资源，是促进经济高质量增长的关键要素。数据的非竞争性和再用的零边际成本显示，同一数据被更多的人使用会带来更高的价值。数据的开放接入和在不同主体之间的流动是实现数据要素价值创造、促进数据驱动的创新并实现数据赋能经济高质量增长的核心。因此，数据促进经济高质量增长倍增效应是在流动分享中实现而非在单纯的数据累积占有中实现，只有充分的流动共享，才能最大化释放数据要素的增长促进作用。

近年来，尽管数据量已经呈指数化增长，但是由于各种原因，数据要素并没有得到充分的开发利用，典型的如隐私保护不够带来的缺乏信任、大型数字平台的数据垄断、数据流转交易面临产权和市场交易制度障碍等都导致市场机制不足以最大化释放数据要素的经济价值。因此，完善相关制度和建立科学的监管体制来构建有利于数据开放共享和数据驱动创新的数据生态，最大化释放数据要素促进经济高质量增长的潜能，成为数据监管的重要目标。

三、数据监管制度体系

数据监管的目标是促进数据要素的开放共享和重复再用，从而最大化释放数据要素的经济价值，促进经济高质量增长和提高社会公共利益。数据监管的制度体系如图 3-1 所示。

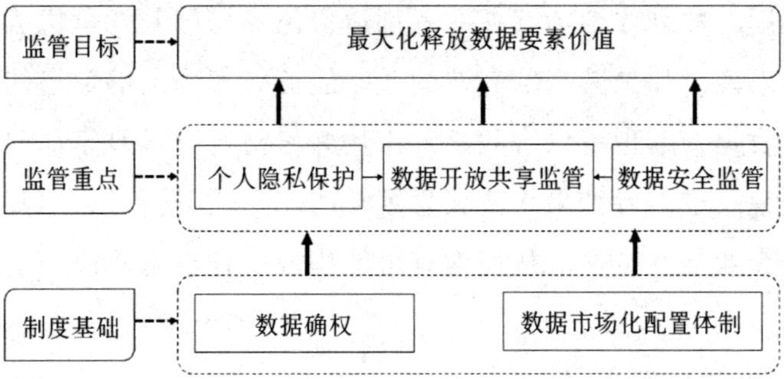

图 3－1　数据监管的制度体系

（一）数据监管的制度基础

数据要素监管需要相适应的基本制度基础，具体来说数据要素监管需要重点明确两个方面的数据基本制度：一是科学的数据确权。数据确权是数据监管的重要前提，只有明确数据的相关权益及其主体，才能明确数据监管的客体和对象、要保护的主体权益，以及有关主体应该承担的责任。数据确权既要明确个人对个人数据的隐私权，也要明确商业衍生数据的财产权，同时还要明确公共数据的公共产品属性，从而为隐私保护、数据流转交易和开放共享提供制度基础。二是数据市场化配置体制。数据监管的重要基础是市场，数据监管重点是规范市场中数据采集、开发利用和流转再用中的各类行为与利益关系。因此，数据监管重点是针对流动利用的数据，同时也是为了更好地促进数据流动与开发利用，为此数据监管要以数据市场化配置为基础，以数据要素市场化配置中的市场失灵为监管政策针对，不断推进数据市场的发展和创新数据要素市场化配置机制。

（二）数据监管的重点

数据监管的重点内容包括三个方面：一是个人数据隐私保护。政府通过个人隐私保护监管来确保私人企业和公共机构合法合规地采集和使用个人数据，确保个人隐私权不受侵害，构建信任的商业环境和公民信息隐私权受到充分保护的社会。二是数据安全监管。广义的数据安全监管，既包括维护国家的网络数据安全，也包括对个人数据和企业数据的保护。在保护个人隐私数据安全的同时，确保企业对投入资本和劳动后的商业衍生数据拥有财产权，以激励数据开发利用和数据驱动的创新，并有力地维护国家数据主权和国家政治安全，强化数据跨境流动监管，在促进数据流动和维护国家数据主权之间寻求平衡。三是数据开放共享监管。数据开放共享是数据监管的基本目标，为此需要通过政府监管降低各种阻碍数据要素开放共享的技术障碍、制度障碍和主体行为障碍，更好地促进数据开放共享和开发利用。促进数据开放共享监管政策主要包括推行促进数据开放共享的技术标准、推进数据开放共享平台建设、促进数据互操作性、规范数据开放共享的合同标准和收费机制、明确相关主体的责任和行为规范、禁止各种阻碍数据开放共享的垄断行为和歧视性做法等。

在上述三个方面的重点内容中，个人隐私数据保护和数据安全监管各自具有独立的目标，个人隐私数据保护是保护个人的数据信息自决权，保护个人权益，数据安全则主要是保护国家公共安全，更偏重保护公共利益而非私人利益。同时，个人隐私数据保护和数据安全监管也是互补的关系，良好的个人隐私保护和坚实的网络数据安全监管有助于构建安全、可信的数据开发利用和流转交易的生态，从而更好地促进数据要素的采集、利用、流转、共享、再用，进而最大化数据要素的价值。

第二节　数据产权界定与数据市场培育

数据产权界定与数据市场培育是数据要素价值释放的重要基础制度，也是目前阻碍数据要素价值释放的重要因素。同时，数据产权与数据市场也是数据监管的重要前提基础。因为只有科学界定数据产权，才能明确政府监管对象和需要平衡的利益关系，而且只有进行流转交易的数据才需要政府监管介入，并且政府监管的目的也是保证数据要素市场化配置机制更好地发挥作用，更高效地促进数据采集利用、流转交易和共享再用，从而最大化释放数据要素的价值。

一、数据产权界定

数据确权是数据要素市场有效运行的前提，是中国数字市场建设和促进数字经济发展的最重要政策问题。在数字经济中，数据是最重要的新的生产要素，也是数字企业最重要的资产。“数据权属”问题不仅影响数据资产化和数据市场交易，而且也影响数字经济的创新发展。数字商务企业收集和存储大量的用户数据，但是现有法律并没有授予其对这些数据拥有产权，影响了企业对这些数据的商业化开发和阻碍数据市场交易机制的形成，同时也影响消费者保护个人隐私信息。因此，数据确权对数据要素市场交易和个人隐私保护都构成重要的影响，是数据市场建设和促进数字经济创新发展的重要基础性制度问题。

由于数据要素的开发利用涉及数据主体、数据持有人和第三方使用人等多个主体，需要同时平衡隐私保护和数据要素开发利用、私人利益与公共利益等多层的利益关系，数据确权成为理论和政策最有争议的问题。目前，数据确权最大的争议问题是是否应该赋予消费者对个人数据以财产所有权，或者说个人数据所有权应该赋予消费者个人还是数据持有企业。一些学者支持将个人数据赋权给消费者，以促进隐私保护和数据市场交易。莱斯格（Lessig，1999）建议应该赋予消费者对其个人数据原始产权，从而使其能够基于数据市场来与数据企业进行谈判以实现数据价值最大化和合理隐私保护；施瓦兹（Schwartz，2003）、斯皮克曼等（Spiekermann et al.，2015）提出将个人数据赋权给消费者，并将其看作是一种商品并通过有组织的市场交易来实现最优的个人隐私披露；阿列塔－伊巴拉等（Arrieta－Ibarra et al.，2018）认为，应该将数据看作是一种劳动投入并据此建立以收益分享为核心的所有权制度，数据处理人使用数据主体（消费者）的数据应该付费。另一些学者则对数据确权持反对意见，特别是针对赋予消费者对其数据以产权。克伯（Kerber，2016）认为，数字经济处于快速技术创新发展过程中，政府介入确立数据产权会增加市场的不确定性，阻碍数字经济的创新发展。

（一）科斯产权理论与个人数据产权

1. 非竞争性数据与产权配置：科斯定理是有效的吗？

“产权/所有权”是包含多种权利的权力束，包括排他性占有权、控制权、处置权、收益权等，其中排他性占有权是产权的根本权利。政府授予特定主体产权的最初目的是实现经济激励，即通过产权对付出投资或进行创造性活动的主体给予货币奖励以对其进行激励。因此，从形式上看所有权主要体现为排他性占有，但是从本质来说所有权是决定能否参与收益分配及收益分配份额比例的根本因素，以及排除其他人对其财产权益的侵犯或对侵犯行为寻求赔偿救济。由此，格罗斯曼和哈特（Grossman and Hart，1986）将产权明确界定为剩余索取权和剩余控制权。

科斯（Coase，1960）提出的科斯定理指出，产权界定是市场交易的前提，只要商品的产权被合理界定和受到保护，在产权可以转让和交易成本为零的情况下，一个竞争性的市场将会实现资源最优配置的结果。格罗斯曼和哈特（Grossman and Hart，1986）进一步指出，在不完全合约的情况下，不同的产权配置体制对实现社会总福利目标是至关重要的。科斯定理实际上是将产权界定看作是商品交易谈判的前提，其更强调商品在交易流转中实现价值的最大化和相关利益主体的激励相容。根据科斯定理，对于竞争性商品来说，在商品或要素的消费或使用具有竞争性的情况下，通过市场机制将其配置给对其评价最高的人来使用将带来社会总福利最大化的结果，同时为了促进市场化配置资源和消费，竞争性商品的生产商应该被授予对其生产的竞争性商品拥有基于产权的排他性权利。显然，根据科斯定理，对于具有绝对竞争性使用的商品，应该由使用价值最大的人对该资产进行使用或赋予对要素最大化开发利用的人来使用，产权界定基础上的市场交易机制可以实现对资源的最优配置和租金的最优分配。因此，对竞争性私人产品来说，在市场机制下明确界定的产权会促进实现资产的最佳使用和社会资源的最优配置，从而实现社会福利最大化。

数据具有的一个最重要的经济特征是数据使用时存在非竞争性，即更多人使用同一数据并不会造成或加剧数字资源的稀缺性并降低其他人使用该数据的价值，其他人同时使用该数据资源不仅不会带来不断快速增高的边际成本而是面临零边际成本。数据的非竞争性说明，数据可以同时被多人使用或同时被用于多种目的，并且这不仅不会降低每个人的使用价值，反而可能会增加社会总价值。在数据要素具有非竞争性的情况下，实现数据要素开发利用的社会价值最大化的根本是促进数据的开放共享和重复再用。

从经济学的意义上来说，任何一种有效的制度安排都应该是有助于实现经济效率。财产权制度设计的根本目的是实现资源的最佳配置和最有效率的开发利用，违背资源要素最佳配置和开发利用的产权制度安排一定不是好的产权制度。由于数据的非竞争性使用特征，适用于具有竞争性和排他性特征私人物品的科斯产权理论不再充分有效。弗里希曼（Frischmann，2012）强调指出，在资产或产品具有非竞争性时，仅仅将资产的排他性使用赋予价值最大的那个人，并不会带来社会总福利最大化的结果。由于数据对很多人都具有价值，对于非竞争性数据来说，更多的人使用同一个数据并不会增加成本，而是创造更多的价值，因此让每个使用数据会创造价值的人都能接入和使用数据，会实现社会总福利的最大化。

我们通过一个假设的数值案例来加以说明。假设一种经济物品 A，对该物品的潜在使用者共有 10 家企业，企业 1 至企业 10，这些企业使用该物品的潜在价值创造分别为 10，9，8，……，1。为简化分析，假设物品开发利用的成本为 0。经济物品 A 的持有人和潜在使用者之间的交易通过市场谈判确定的竞争性出价来实现。具体分析结果如表 3－1 所示。

表 3－1　科斯产权逻辑下竞争性物品与非竞争性物品产权配置结果

物品性质	物品所有人剩余	企业剩余	市场均衡社会福利	社会计划者总福利
竞争性物品	5	5	10	10
非竞争性物品	5	5	10	55

情况 1：物品 A 为竞争性私人物品。假设物品 A 的持有者拥有对该物品的排他性产权，则通过市场交易，竞争性私人物品的市场交易会体现“价高者得”规则，其一定会被利用价值最大的企业 1 获得。根据标准的对等谈判双寡头博弈均衡，产权明晰下 A 物品持有人和企业 1 之间的剩余分配为（5，5）。此时，社会总剩余为 10，等于 A 物品所有人剩余加上企业 1（生产者）剩余。对于社会计划者来说，社会总福利最大化的社会总剩余也为 10。因此，这种产权安排及其效率结果是符合资源最优配置目标的。

情况 2：物品 A 为非竞争性数据。非竞争性使用特征说明，一家企业使用物品 A 的价值并不会因为其他企业也同时使用该物品而下降。此时如果采用科斯的产权界定逻辑，则产权明晰下的市场交易“价高者得”规则会使该资产的排他性使用权被企业 1 获得。此时，A 物品所有人剩余加上企业 1 剩余的社会总剩余为 10。对于社会计划者来说，社会福利最大化要求充分挖掘非竞争性数据资源的潜力，同一数据应该为所有企业所使用，开放共享下社会中总福利最大化的总剩余为 10 家企业都能同时使用 A 物品的总剩余，即为 55。通过对比可以发现，社会福利最大化的总福利远远大于科斯产权逻辑的社会总福利，非竞争性物品的绝对产权逻辑会造成数据要素有 45 的价值无法实现，因此存在非竞争性数据资源利用不足的问题。

数据要素的非竞争性说明，仅仅赋予对其评价最大的使用者以排他性权利并不是最优的。对非竞争性商品应该让更多的人接入和使用，因为额外使用带来的收益远高于零边际成本，更多的人使用和消费会带来更大的社会总价值。对使用非竞争性的数据要素赋予排他性产权，会使数据仅被使用价值最大的那个人所使用，这排除了更多其他人重复再用同一数据要素的可能，因而封锁了数据倍增经济增长和实现最大价值的可能。正如德雷克斯勒（Drexl，2016）所指出，应该谨慎将传统民法中的产权观念运用到数据产权所有权界定中，这是因为数据具有很多与传统实物资产明显不同的特征，特别是数据的非竞争性特征。我们不能将适用于竞争性私人物品的产权逻辑应用到非竞争性的数据要素中。

2. 大数据多元主体下科斯产权的反公共地悲剧

根据法经济学的观点，产权制度的创立是为了促进人与人之间达成帕累托改进的谈判合作解。即“谈判者的权利明确，他们合作的可能性就越大，而谈判者的权利模糊，则其合作的可能性就小。”因此，在合作创造价值的经济活动中，财产权制度的设立是为了促进不同主体之间的合作，消除私人主体之间的合作障碍，实现资源要素开发利用的最大价值。从这个意义上来说，产权制度设计不应该增加私人主体之间的合作障碍，阻碍实现资源要素价值最大化的合作解的实现。

劳顿（Laudon，1996）等学者指出，为了实现消费者隐私保护和数据开发利用的平衡，可以通过将数据所有权赋予消费者用户，然后通过消费者与数据企业之间的市场化谈判交易，可以实现最佳的隐私保护和数据资源的利用。琼斯和托内蒂（Jones and Tonetti，2018）进一步论证指出，如果将个人数据产权分配给企业，则企业并没有充分的激励来保护消费者隐私，同时由于担心其他企业接入数据后会构成自己的竞争威胁，企业也会排斥其他企业接入数据，从而导致具有非竞争性特质的数据资源配置出现非效率。相反，如果将个人数据产权分配给消费者，消费者会合理平衡隐私损失和数据销售收益之间的关系，能够产生近乎最优的数据资源配置结果。上述观点认为，个人隐私数据产权可以实现两个目标：一是可以促进个人数据的市场交易，促进资源利用和保证数据主体获得一定的数据租金；二是产权明确基础上市场交易的价格机制可以实现个人数据采集和流转应用中隐私负外部性的内部化，即建立一个个人数据市场可以让消费者根据自己的隐私偏好来决定在何种情况下销售个人数据以及哪些类型的个人数据。

但是上述基于科斯产权定理的观点有一个重要的前提假设，即市场谈判的交易成本为0。在数据经济背景下，数据与传统劳动、资本等实物资产的一个重要的不同是，单个原始数据是没有价值的，只有很多数据集中在一起并达到一定的规模，即构成大数据才具有商业开发的价值，因此数据之间是互补性的，大数据具有整合效应。在大数据多主体情况下，如果为了保护消费者用户隐私而赋予其对个人数据所有权，则数据企业要采集、利用和交易数据必须与每个消费者用户进行谈判，大数据的众多数据主体会带来非常高的谈判交易成本，由于任何一个数据主体的决策都对其他主体产生外部性，每个数据主体的个人利益最大化决策会产生数据要素资源利用“反公共地悲剧”问题，即很多人对稀缺资源拥有排他性产权但任何人都不具有对资源使用的优先权，从而出现资源利用不足的现象。

为了进一步解释，我们仍然采用与上面数值案例相似的基本假设。进一步假设此时市场当中有 n 个消费者用户，即有 n 个原始数据所有人，m 个数据商务企业为获得原始数据需要与每个消费者进行谈判以获得接入许可，则市场当中总的谈判次数为 $10n$ 次，假设交易谈判单位交易费用为 t。在原始数据市场交易谈判中，假设最终的成交价为 P，这一价格实际包含了数据商务企业使用消费者数据所给单个消费者带来的负外部性 α，即成交后的消费者净剩余为 $P-\alpha$。在表 3-2 中，显然，在单位交易费用为0的情况下，涉及有 n 个原始数据所有人的大数据接入谈判并不会扭曲资源最优配置，会实现隐私保护和数据利用的平衡。但是，当单位交易费用为 $t>0$ 时，单个企业的交易收益变为 $R-P-nt$。显然，在交易谈判中，如果单个消费者的要价 P 太高或总交易成本 nt 太高导致 $R-P-nt<0$，则单个企业会选择退出市场。显然，由于大数据的最基本特征就是巨大的数量，因此大数据会涉及数量巨大的数据所有权人，这会导致数据商务企业在数据采集和应用谈判的总交易成本 nt 大幅提高；在企业数量为 m 的情况下，社会总谈判交易费用为 mnt，消费者所有权人数量和企业数量的增长会导致社会总交易费用呈现指数化

表 3-2　　大数据下交易成本与产权配置的结果

交易成本	单个消费者收益	单个企业收益	要素配置结果
$t=0$	$P-\alpha$	$R-P$	利用充分
$t>0$	$P-\alpha$	$R-P-nt$	利用不足

增长，高交易成本导致非竞争性的数据要素无法实现最大化利用。因此，在大数据单个数据之间的互补性和涉及众多数据主体的情况下，赋予众多原始数据主体对个人数据所有权会出现产权碎片化，产生资源利用不足的“反公共地悲剧”问题。在数据交易的一对一谈判过程中，大数据涉及的众多单个消费者的要价会导致整个社会的要素利用成本大幅增加，降低了数字商务企业对数据开发利用的利润回报，提高了数字商务的发展成本，从而阻碍了数字经济的创新发展。

所有权及其附属权利为对资产的控制提供了强有力的基础，一个数据所有者可以允许数据接入或部分以及完全限制接入，或者对数据接入提出条件要求。但是这种对数据信息的完全控制也具有一定的局限性。产权制度的一个重要激励是经济回报或能够获得合理的要素开发利用的租金分配，即剩余索取权。在个人拥有数据产权的情况下，企业要收集个人数据信息需要获得个人数据主体的同意，数据主体会向数字商务企业索要货币补偿。单个人的原始数据并没有商业价值，只有经过深度挖掘的众多个体原始数据才具有商业价值，数据价值创造是由数字企业通过研发与创新实现的。根据哈特（Hart，1995）不完全合约产权理论，将所有权配置给对资产剩余价值创造没有贡献的一方会阻碍社会资源最优配置结果的实现。由于单个消费者的原始数据并没有经济价值或租金创造，或者说消费者用户并没有对数据的价值创造做出贡献，其参与数据价值创造分配会降低资源配置效率，不利于最大化数据价值的开发利用。

消费者数据产权会对数字经济双边市场商业模式造成伤害。数字经济平台商业模式的核心是基于大数据和交叉网络效应来维持对消费者的免费提供，消费者之所以获得免费是因为其免费提供了个人数据，交叉网络效应和精准广告吸引了更多的广告商并增加平台和广告商的收益，从而分担了免费向用户提供服务的成本。完全的用户产权会增加收集和处理用户数据的成本，为维持平台商业模式这会导致平台向广告商收取的费用增加，这不仅降低平台商业模式对各方的吸引力也推高了商业运行成本，既恶化消费者福利也恶化社会总福利。如果从事数据密集商业模式运营的数据控制者要向原始数据人付费或给予补偿，则这些平台企业的商业模式将不再是有利可图的，其为了盈利可能会转而向消费者用户收费。

数据的非竞争性说明，有效地保护数据信息的权利并不必然要求采用排他性的产权，个人拥有个人数据或者保护个人对其数据的权益并不一定要采用排他性的产权方式。即个人拥有其个人数据不等于其对个人数据拥有所有权，个人数据保护不等于必须采用产权方式。对于具有非竞争性特征的数据来说，排他性的产权并不一定是保护个人数据的最佳方式。

（二）数据确权：情景依存的有限产权结构配置

1. 绝对的排他性数据产权不会产生有效率的结果

数据确权面临的一个重要挑战是要同时满足数据隐私保护和数据要素高效率利用的目标。消费者或企业任何一方对数据拥有排他性产权都不会带来有效的隐私保护和数据资源开发利用。如果企业完全拥有数据产权，出于利润最大化目标，其会有激励对数据要素资源进行充分的开发利用，但是由于数据隐私负外部性，其会过度开发利用和披露个人数据信息，带来数据过度使用的隐私侵犯问题。如果消费者完全拥有数据产权，在市场完全的情况下，个人数据产权会有利于实现最佳的消费者个人隐私保护和隐私补偿，但是由于高交易成本、信息不对称等个人数据市场内生的市场失灵，个人数据产权的市场交易会带来数据开发利用的高成本，阻碍非竞争性数据要素的共享再用，带来数据使用不足的资源浪费问题。

对于数据要素来说，绝对的排他性产权会产生资源配置利用的效率悲剧。首先，产权的一项基本权利是排他权，数据产权及其对数据采集与分享的限制会降低市场运行效率。市场机制的有效运行很大程度上取决于信息完全性。波斯纳（Posner，1981）强调指出，过度的隐私保护会降低和扭曲市场的信息，带来市场运行的效率成本。其次，数据作为一种非竞争性的要素资源，绝对的排他性产权会阻碍数据要素的最大化开发利用和数字经济创新发展。数字经济本质是数据驱动的经济，消费者绝对私人产权的反公共地悲剧和数据企业为排斥竞争对手的数据垄断都会阻碍数据的开放接入、流动交易与重复再用，严重阻碍数据驱动的创新。正如希尔蒂（Hilty，2018）所指出，通过立法对数据确定排他性产权会带来糟糕的结果，会扭曲而非促进数字经济增长，一些特定的商业模式的发展甚至会被阻碍。综上，排他性产权会使非竞争性和公用品性的数据变成私人品，个体出于私人利益的行为会造成反公共地悲剧和阻碍数字经济创新发展。因此，对非竞争性数据要素赋予绝对的产权是资源有效配置的效率悲剧。

在一定意义上，数据作为一种具有公用品性质的资源要素，任何人都不应该排他性拥有数据产权。萨缪尔森（Samuelson，2000）指出，数据本质是一种信息，法律长期坚持的一个基本观点是信息不能被任何人所拥有，即法律不应授予任何人对信息拥有产权。迪特曼（Determann，2018）对世界各国的产权法进行梳理分析后指出，各国产权法都将数据排除在产权保护的范围，目前没有一个国家的法律明确将数据产权授予任何经济主体。法律不应该授予任何人对数据拥有产权的观点有两层含义：一是对个人数据强调隐私权保护而非产权保护，即个人对其个人数据信息拥有人格权意义上的隐私权权益，法律保护的是附着在数据上的隐私权。二是对商业数据来说，法律保护的不是数据企业对个人原始数据的拥有权，而是保护为采集、开发利用原始数据进行的投资和创造性智力活动，以维持数据开发利用和创新的激励。因此，法律保护的不是单个数据要素，而是数据资产，只有当数据包含了资本投入或创造性智力活动时，数据持有人才能获得法律对其资产（特别是收益权）的保护。

2. 数据确权的现实路径：情景依存的有限产权

从实现资源要素最佳开发利用来说，产权是手段，促进数据资源要素共享利用和大数据驱动的创新是目标，手段应该服从于目标。Dagan（2003）指出，“产权是一个人造物，是人类根据需要和价值目的所创造的，当然也可以据此对其进行修改，并且其已经被多次修改。”在数字经济时代，数据成为一种最重要的经济资源并且正在被大规模商业化开发利用而成为有价值的资产，由于依据绝对产权观念确立数据产权会阻碍个人数据信息的接入、流转和共享利用，因此赋予单个主体绝对的排他性产权不应成为一种政策选择。数据确权需要根据数据经济发展的现实需要构建与数据经济属性相适应的产权配置体制。

数据确权必须有助于数据要素的开发利用。数据产权必须具有促进数据要素开发利用的效率激励。数据是数字经济的第一要素，大数据的开发和使用会极大地促进经济高质量增长。数据确权应促进最佳配置数据资源以最大化释放数据增长潜能，促进数字资源的利用和数字经济创新发展。从激励意义上来说，数据产权安排一定要服从于价值创造，产权安排不能以牺牲价值创造为代价。对数据价值创造贡献最大的一方应该拥有以剩余控制权和剩余索取权为核心的财产权益，以激励其投资于数据开发利用和大数据驱动的创新。

数据确权应该实现不同利益主体激励相容。数据确权本身不等于一定要赋予相关主体以排他性所有权，进一步来说不是所有与个人数据有关的权利或利益都属于所有权，或者一定需要通过产权来保护。数据确权需要解决的是附着在数据的权益归属而非单纯的所有权归属，数据确权的核心是确定哪些利益应该受到保护，即数据确权保护的应该是利益而非所有权。数据确权必须考虑不同主体在数据价值链不同环节的价值贡献和利益关切，实现不同主体之间对数据要素开发利用的激励相容。数据确权要合理平衡数据价值链中各参与者附着在不同类型数据上的权益，既合理保护用户隐私也促进数据开放共享与开发利用，实现在用户隐私合理保护基础上的数据经济创新发展的目标。

数据确权需要合理平衡数据开发利用中的公共利益与私人利益。数据本身既具有私人利益，也具有公共利益。数据确权既要保护个人隐私权和企业投资创新激励，也要鼓励数据开放共享，促进数字经济创新发展。对非竞争性的数据来说，共享再用是最大化数据价值创造的根本。在这个意义上来说，数据接入问题是比数据排他性所有权更为重要的问题。对数据要素来说，最重要的问题不是谁应该获得产权而是应该谁有权以及如何使用资产。数据确权重要的不是将数据产权赋予谁，而是不同的权益如何在消费者和使用者之间最佳地配置，从而既促进隐私保护也促进数据驱动的创新。因此，最大化数据的社会总福利要求在数据权益保护和数据接入权之间维持平衡，对于涉及私人利益的数据权属给以有利保护，对于涉及公共利益的数据则避免使其成为私人品，为了公共利益任何数据确权都应当包含例外的情况。

根据上述原则，数据确权应该采用情景依存的有限产权。消费者数据具有非常大的异质性，其私人价值和社会价值取决于具体的应用场景并随价值链中不同主体的变化而变化（Acquisti，Taylor and Wagman，2016）。首先，数据的价值创造及引发的激励问题很大程度上取决于不同应用情景，具有明显的“情景依存”特征。数据产权不应采用一刀切的方式，数据产权配置必须基于特定的数据开发利用情景，依据不同类型数据的经济属性、数据的使用目的、数据的价值创造、数据的时效性等情景因素来具体分析。其次，数据确权必须放在数据开发利用的动态价值链当中来进行设计，在数据价值实现和价值递增的过程中，不同的经济主体处于不同的位置，具有不同的价值贡献和不同的权益诉求，数据产权配置必须考虑这种动态性激励差别。再次，数据确权既要保护相关主体的个体利益，也要促进数据开发利用实现公共利益。为此，数据产权不是绝对的产权，数据产权的范围和时间应该是有限的。最后，数据产权制度并不是一成不变的固定模式，它将随着技术创新和制度创新带来的数据价值变化、数据利益分配制度创新和数据产权制度实施成本的变化而改变。

情景依存的有限产权实际上采用的是同知识产权保护制度相似的产权设计理念。知识产权制度的设计就是针对不同类型的创造性活动分别采取了专利、版权、商标、商业秘密等不同的形式及差别化的保护政策，并且随着经济社会发展动态调整相应的产权制度，体现出明显的量身定做的产权制度特征。知识产权制度设计的初衷是通过赋予创新人有限的对创新成果拥有所有权来保证其获得充分的创新激励，并在一定时期后该创新成果就成为一种社会公共品，从而促进创新成果的社会性普遍使用。因此，知识产权制度设计就是为了应对创新成果使用的非竞争性问题，实现创新激励和创新扩散的平衡。知识产权法创造了公共利益和私人利益的平衡，在赋予排他性所有权的同时也促进了开放共享。因此，标准的知识产权模型已经揭示对于具有非竞争性使用特征资产的产权保护需要平衡产权保护带来的静态福利损失和产权保护激励创新的动态福利收益之间的关系。政策制定需要在最大化动态收益的同时最小化社会福利无谓损失，实现短期损失和长期收益之间的平衡。为此，对知识的产权保护不是追求最高强度的保护，而是适度的有限保护。

3. 数据价值链中多元主体的权益配置结构

作为数字经济的第一要素，数据的价值是在动态的开发利用过程中实现的。数据价值实现具有明显的动态性和多元主体性，并具有更复杂地附着在数据要素上的利益诉求。数据价值链包括原始数据采集、数据加工处理、数据的开发利用与流转交易，原始数据也称为个人数据，经过加工处理、开发利用并流转交易的数据被称为商业衍生数据。数据价值链的数据价值实现过程分别涉及数据主体、数据持有人和第三方使用人。对于一个社会计划者来说，为了实现数据要素资源开发利用和个人数据隐私保护的平衡，需要在合理保护消费者隐私关注的同时保证原始数据的接入，促进数据采集和保证企业对数据要素资源开发利用的充分激励。因此，总体思路是对个人原始数据突出人格权，强化个人信息的隐私保护，对数据企业对原始数据采集与开发的衍生数据突出财产权，强化产权保护，如图 3－2 所示。

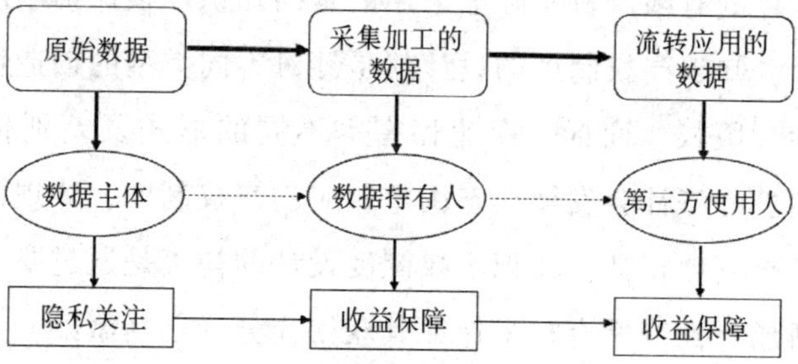

图 3－2　数据价值链中的利益主体

对于原始数据主体的消费者来说，其拥有的原始数据仅仅是一种具有潜在价值的资源，原始数据本身并不包含任何的价值创造，数字经济中的数据要素主要是个人在线活动的副产品或痕迹。作为数据主体的消费者主要关心的是数据隐私保护，这是因为数据商务企业出于经济利益动机有激励过度收集和利用消费者个人信息，这会给消费者带来负外部性。因此，对数据主体的个人来说，法律强调的是隐私权保护而非财产权保护。个人隐私保护是保证个人对他人使用和披露个人数据的控制能力或自决权。个人隐私保护本质上是如何加强个人对隐私数据的控制而非如何参与数据价值创造的租金分配。对个人消费者来说，保护隐私的政策重点是赋予其对数据信息的控制权，而非赋予其对数据信息的产权。隐私保护问题首先应该明确谁有权收集何种类型的数据、谁有权处理和使用这些数据、企业是否有权与其他人进行数据交易或数据共享，以及在何种程度上这些企业需要告知用户并获得用户的同意。欧盟和美国关于隐私保护的法律确定的消费者隐私权都是关于数据在采集、加工处理和流转使用中消费者对个人数据信息的控制权，是数据应用中的权利保障，是一种情景依存的权利保护。2016 年北京市海淀区人民法院在新浪/脉脉案的裁决中提出“三重授权”的路径，即“用户授权＋平台授权＋用户再授权”，也是遵循同样的思路。

对于数据持有人和第三方使用人来说，其对数据资源的开发利用和交易投入了资本和创造性的智力劳动，衍生数据成为一种具有价值创造的数据资产，数据持有人主要关心的是数据开发利用投资回报的保障问题，防止数据盗取等侵权行为对其造成伤害或者在侵权发生后能获得相应的赔偿。因此，对商业衍生数据来说，数据确权重点是保护数据企业的财产权，承认其对数据资产的经济利益并保护其投资和创新的激励，从而促进数据资源要素的开发利用和流转交易。因此，数据产权是建立数据市场和分配数据收益的前提条件，有利于促进数据流动和分享。商业衍生数据确权需要平衡两个目标：一是促进数据被更大范围地接入与应用，从而促进对数据的商业开发和数据驱动的创新；二是为企业或个人投资于数据采集和分析提供激励。对商业数据也不能授予绝对的排他性产权，而应是有限制地平衡各种利益的相对产权。商业衍生数据的共享使用应更多地通过市场机制，创新数据交易市场并完善交易规则，促进各方通过合约谈判来达成交易。

二、培育数据要素市场

（一）市场交易规模是数据市场发展水平的重要衡量指标

目前数据市场的发展规模已经成为一个国家数字经济发展水平的重要衡量指标。IDC 和里斯本理事会（2018）采用“欧盟数据市场精度工具”的研究方法分析发现，美国在全球数据市场中居于领导地位，在数据专业人员数量、数据公司数量、数据市场交易值和数据市场价值占 GDP 比重这四项指标中，美国都是全球第一。① 数据技术分析公司 OnAudience（2020）对 2017 ~ 2019 年全球数据市场的研究报告指出，2019 年中国已经成为全球第二大数据市场，尽管中国数据市场交易值位于美国之后，但中国数据市场交易值的增长率为全球第一，2014 年以来中国数据市场规模年均增长率都保持在 30% 以上，成为全球增长

---

① IDC and Lisbon Council. *The European Data Market Monitoring Tool Report*, 2018.

最快的数据市场。[①] 如果中国在数据市场培育中能进一步创新交易制度，释放数据市场的巨大资源优势，则中国数据市场有可能成为全球规模第一。

（二）数据要素市场的体系构成

1. 数据中心是数据市场的重要基础设施

在数据市场运行中，数字化数据和在线交易使数据市场具有显著的虚拟市场特征，此时数据中心就成为数据市场最重要的基础设施。数据企业在采集大数据后依据一定的技术结构将这些数据整合在一起形成数据库，然后存储在依托云平台的数据仓库中。因此，云平台数据仓库组成的数据中心成为数据市场最为重要的基础设施。相对于中国巨大的数据需求和未来数据市场交易规模的快速增长，数据中心的交易规模仍将会持续高增长。目前，国家已经将数据中心建设列为新基建的重要内容，将成为促进数字市场和数字经济发展的重要推动力。但是需要防止各个地方政府盲目建设数据中心的重复建设问题，应强化数据中心建设与数据需求和应用场景的结合，切实提高以5G、大数据中心、人工智能等新基建对促进数据市场高效率发展的推动作用。

2. 数据市场的主体

数据市场的发育本质上是数据市场主体的逐步形成及其交易行为的规范化过程。数据市场主体主要是数据持有人、数据使用者、数据中介与第三方服务机构。首先，数据持有人是数据的供给者，主要是数字商务企业，其采集了大量关于用户的数据，并进行一定数据处理，形成结构化的数据库。其次，数据商务企业收集大量的用户数据并不是仅仅局限在自己使用，有时会与第三方共享或出售给第三方，这些第三方也称为数据使用者。再次，在数据市场运行中，数据经纪人或中间商发挥了重要的作用，它们主要是从公共和私人渠道来收集和汇总各种不同的数据，协调数据供需双方的数据交易，同时也会提供一些增值服务，如对

① OnAudience. com，Global Data Market Size 2017 - 2019.

数据的进一步加工处理以方便特定使用者的应用、支付服务、信用查证等。数据中间商在降低交易成本和克服数据市场交易障碍中发挥了重要的作用，但众多不同交易环节数据中间商的存在也加大了个人数据隐私风险和提高了个人数据隐私保护的难度。最后，第三方数据服务机构主要是为数据市场交易提供附属服务的机构，如数据价值评估机构等。

3. 数据市场的多层市场体系

数据要素市场分为初级市场和二级市场。首先，原始数据或初级数据市场。这些数据是关于特定人的非汇总数据，是企业在提供交易或服务过程中产生的大量关于个人行为的数据。初级数据市场中的个人化数据应特别强调隐私保护基础上的数据接入，对于通过传感器等机器产生的非个人化数据应在合理平衡数据占有企业的利益和公共利益的基础上确保最大化开放接入，以促进市场竞争和数据驱动的创新。其次，资产化数据或二级数据市场。企业对原始数据进行汇总编辑（数据结构化）形成数据库。在二级市场企业对数据的加工处理和数据存储进行了较大的投资，数据库通常包含一定的智力活动成果。在二级数据市场，资产化数据需要保护其投资和创新激励，不能贸然要求其开放接入，强制接入会降低企业的投资与创新激励。因此，二级市场数据开放接入义务必须权衡成本与收益，应充分尊重资产性数据财产权，即使提出开放接入要求，也要有合理的接入补偿机制，以维护投资创新激励。

（三）数据要素市场失灵与培育基本路径

1. 数据要素市场不完善

目前，个人数据的市场交易仍然面临诸多市场制度障碍，商业数据是数据市场交易主体。由于个人数据市场交易面临隐私保护、数据产权不明确、个人数据价值不确定、信息不对称与高交易成本等障碍问题，目前个人尚不能进入市场从事个人数据的销售或回购。总体来说，目前数据要素市场发展严重滞后，市场机制尚不足以保证会提供最优的数据流动和开放共享，需要在数据市场建设中主要解决。数据市场的不完善主要体现在以下几个方面。

第一，数据市场仍然面临很多的交易障碍。一方面是数据市场机制本身的问题，如个人消费者的非理性决策问题、市场交易的信息不对称问题等；另一方面是数据市场制度发育不完善的问题，如个人原始数据的隐私保护问题、商业数据的所有权保护问题、市场交易辅助制度完善（数据交易标准化、数据价值评估等）问题等。这些问题都需要通过数据市场建设试点中的制度创新来逐步加以解决。

第二，数据要素交易的价格机制尚未形成。价格机制是数据市场的核心机制，数据不同于其他资源要素的一个重要特点是其交易价格主要不是由供给方的供给成本所决定的，而主要是由需求方使用数据的价值所决定的。由于不同人对数据的价值判断和数据挖掘价值不同，因此数据对不同人的要价可能存在不同，这会增加市场价格达成的交易成本。

第三，隐私保护问题制约了数据市场的发展。数据市场可能会带来过度采集和公开个人数据信息，从而带来严重的数据隐私信息侵犯问题，对数据市场造成毁灭性影响。现实当中由于消费者面临严重的信息不对称问题，其并不知道何时个人数据被采集、哪些个人数据被采集以及这些数据被如何使用。因此，市场机制可能产生滥用消费者数据问题。过度隐私泄露会使消费者失去对在线消费的信任从而退出在线交易，而过度隐私保护则会限制和阻碍数据要素市场发展。因此，如何平衡隐私保护和促进数据流转交易就成为隐私保护政策设计的重要问题。

第四，数据垄断阻碍数据开放流动和数据市场健康发展。由于数据开发应用中的强网络效应和正反馈强化机制，数字经济中的数据资源往往被少数支配性平台企业所掌控。为了保持竞争优势和维持高的利润，支配性平台企业有激励通过技术手段或合约安排来实行对现实和潜在竞争对手接入其数据的封锁，实施数据垄断，拒绝其他企业的接入。因此，尽管数据被全社会更广泛的使用具有合意性，但由于私人激励和社会激励不一致会带来数据垄断，数据市场并不一定会实现最优的数据共享。数据垄断不仅扭曲数据市场发展，还会限制数据要素促进高质量经济增长的倍增作用。

2. 完善数据要素市场的路径

目前上述要素市场发展的制度性障碍问题尚没有明确的解决方案，需要通过数据要素市场培育发展中的制度创新来逐步加以解决。在应对数据要素市场上述问题时，政府不应取代市场，而应重在发挥市场机制自我完善和市场机制内在的制度创新活力，政策制定者需要避免采用一刀切的行政政策，应重在鼓励市场主体的创新，政府主要是为微观主体基于市场机制的制度创新提供基础性制度供给。

第一，营造有利于市场创新的制度环境。政府需要营造良好的创新创业环境，赋予市场主体充分的试错空间，允许和鼓励市场交易机制创新，通过市场创新来化解交易制度障碍。为培育数据市场，国家应该进一步放松市场准入限制，优化营商环境，创造更宽松的创新创业环境，尽快形成多元的数据市场主体，并重点培育数据中间商的发展。

第二，推动数据要素市场基本制度的形成。政府应积极推动市场交易规则的创新和形成，创新数据确权、资产定价和数据交易价格机制，形成统一的国内数据要素市场交易规则与制度体系。应积极进行数据开放银行、数据信托、数据竞价交易等数据商业模式创新，通过市场创新和政府制度供给来逐步解决数据要素市场发展中出现的各种问题。

第三，积极推进数据要素市场改革试点。近年来，美国数据市场一些企业开始提供个人数据管理业务，这些公司的业务包括向消费者付费来使用个人数据以及向消费者收费来避免其个人数据信息被过度使用。为了构建个人数据市场，英国正在尝试建立个人数据交易的“数据信托”制度，由数据信托代表众多消费者用户参与个人数据的市场交易，以避免自然人直接与数据企业进行个人数据交易谈判所面临的高交易成本。借鉴国际经验和基于中国现实，国家也要鼓励地方积极进行数据要素市场的制度创新，完善市场交易的价格机制、交易规则、交易模式等交易制度。

第三节　数据开放共享监管政策

数据开放共享是数据监管的基本目标，为此需要通过政府监管降低各种阻碍数据要素开放共享的技术障碍、制度障碍和主体行为障碍，更好地促进数据开放共享和重复再用。从政策层面来说，数据开放是指数据能够在没有技术、法律或组织性限制的情况下被第三方接入和再用；数据共享则是指数据占有人自愿地向第三方提供数据接入。

根据数据经济属性和各国数据开放共享实践，公共数据开放共享主要是通过政府的行政手段来加以推进，非公共数据则主要是通过市场化方式来实现开放共享。公共数据开放共享监管政策的重点是完善制度来推进政府部门间的数据共享和政府数据向社会的开放，并加强公共数据开放共享的安全监管；私人数据开放共享监管主要是加强个人数据保护和维护网络数据安全，并重点防止大型数字平台实行阻碍数据开放共享和扭曲市场竞争的数据垄断行为。

一、数据开放共享的经济社会价值

（一）数据开放共享是释放数据增长促进潜能的核心

数据的非竞争性和再用的零边际成本显示，同一数据被更多的人使用会带来更高的价值。数据的开放接入和在不同主体之间的流动是实现数据要素价值创造、促进数据驱动的创新并实现数据赋能经济高质量增长的核心。因此，数据促进经济高质量增长倍增效应是在流动分享中实现而非在单纯的数据累积占有中实现，只有充分的流动共享，数据才能实现最大的增长促进作用。OECD（2018）研究指出，对一个国家来说数据开放共享会使数据的价值放大 20～30 倍；基于对 OECD 国家数据开放共享政策效应的估计结果显示，公共数据开放产生的收益大约为一国 GDP 的 0.1% ~ 1.5%，私人部门数据开放产生的收益大约为一国 GDP 的 1% ~ 5%。[①] 在现实经济中，数据占有者会出于各种目的而不愿意自愿共享数据，因此政府的数据开放政策就有必要。数据接入开放政策是指政府通过有效的制度设计和采取有效的政策手段，在有效保护隐私和数据安全的基础上，最大化数据大范围和更有效使用所产生的社会和经济收益。

（二）数据开放接入程度是反映数字经济发展质量的最重要指标

数据接入共享程度是决定一个国家数据要素利用效率和数字经济发展质量的关键因素。查克拉沃尔蒂等（Chakravorti et al.，2019）指出，新的全球数据版图的重心是数据接入，他们从全球数据经济竞争力和发展潜力的角度提出系统评价一个国家数据经济竞争力的四个指标：（1）数据流量，反映一个国家在线消费的总量；（2）互联网使用量，采用一个国家活跃用户量来反映；（3）数据接入程度，反映一个国家的数据开放共享程度；（4）在线活动的复杂性，采用一个国家人均在线消费量来反映。根据这四个指标的全球排名，中国位居全球第三，仅次于美国和英国。在这四项具体指标中，中国得分最低的是数据接入程度，位于 30 个样本国家中的最后一名。

（三）数据开放共享是各国数字战略的重点

促进数据开放接入，实现数据流动共享已经成为各国数字经济战略的重点。如英国数字竞争专家组 2019 年提出的政策报告《解锁数字竞争》和欧盟委员会提出的“欧洲数据战略”都重点提出数据开放流动政策[②]。一般来说，数据开放具有四个层次：一是政府数据向商业企业开放（G2B）；二是私人企业之间数据共享（B2B）；三是政府使用商业

① OECD. Enhanced Access to and Sharing of Data; Reconciling Risks and Benefits of Data Re - use Across Societies, 2018.

② Digital Competition Expert Panel. *Unlocking digital competition: Report of the Digital Competition Expert Panel*, UK, 2019. European Commission. *A European strategy for data*, *Brussels*, 19.2.2020, COM (2020) 66 final.

企业数据（B2G）；四是公共部门之间数据共享（G2G）。从方式来说，数据的开放共享主要通过数据接入和数据流动来实现，具体的方式包括市场化的私人数据接入协议、通过数据市场的私人数据交易、公共数据的社会开放、个人数据携带权、国家间的数据跨境流动协议等。从中国数据要素资源开发来说，最重要的是积极促进政府公共数据的社会开放，完善数据市场化开放流动机制来促进私人主体之间的数据开放共享。为保证数据开放共享，最重要的制度障碍是保护个人隐私、私人数据资产权益和国家数据安全。

二、重点强化政府公共数据开放

（一）公共数据开放的价值与战略重点

公共数据是指政府机构在提供公共服务过程中所采集的各种数据，如经济统计数据、交通、能源、环境等相关的行业数据；同时政府财政支持的研发和学术活动产生的数据信息也属于公共信息。公共数据对促进社会创新和知识共享具有重要的意义，同时对促进公共健康和安全，以及提高公共治理能力都具有重要的作用。公共数据是使用公共资金所形成的，公共数据本身属于公共产品，只要不涉及自然人隐私、不涉及保密要求或公开不会影响公共安全的公共数据应该向社会免费开放或成本价接入。

公共数据开放目前是各国发挥数据要素增长潜能和数字经济战略的政策重点。2019 年美国的《开放政府数据法案》和欧盟的《开放数据指令》先后生效，两部法规都对政府公共数据开放提出了明确的要求。[①] 为促进公共数据开放共享，欧盟提出了“公共欧盟数据空间”设想并被纳入“欧洲数字战略”，其主要整合成员国政府数据、产业数据和科学数据组成一个无缝衔接的公共数据空间，以促进基于数据的创新

① 根据欧盟《数据开放指令》，公共数据开放实行边际成本收费。

和公共治理。[①] 2019 年 4 月中国国务院公布修订后的《政府信息公开条例》第五条明确规定，行政机关公开政府信息，应当坚持以公开为常态、不公开为例外，遵循公正、公平、合法、便民的原则。

根据国际经验和中国的公共数据开放实践，中国公共数据开放战略应重点集中在以下三个方面：一是打破横向部门之间、纵向中央与地方之间的信息孤岛，消除信息共享的制度和技术障碍，实现各级政府部门之间的信息共享；二是在保证数据隐私安全和有效数据治理的基础上促进政府部门公共数据向社会开放；三是政府财政资金资助的公共组织（大学、研究机构等）的数据向企业或社会开放。为推进中国公共数据开放，需要尽快完善公共数据开放的立法和构建统一的政府数据共享开放平台，实行公共数据开放负面清单管理，除不能公开的数据外，其他数据都应向社会公开。

（二）公共数据开放的制度路径

第一，完善公共数据开放共享法律法规。推动形成与全面建设数字政府相适应的法律法规体系，依法依规推进技术应用、流程优化和制度创新，加强数据治理，依法依规促进数据高效共享和有序开发利用，充分释放数据要素价值。根据政务数据开放共享的现实需要，及早制定出台《公共数据公开法》，对公共数据开放共享做出更高层级的法律规定，以进一步规范公共数据开放共享行为，促进公共数据的开放共享。

第二，创新政务数据开放共享治理体制。强化政府部门数据管理职责，明确相关部门数据归集、共享、开放、应用、安全、存储、销毁等责任，鼓励各部门采用负责任的数据治理行为，形成推动公共数据开放共享的治理体制。推进政务数据标准化，建立统一的数据格式标准、数据库建设标准、数据开放共享协议标准和数据开放共享处理流程标准。建立有效的政府数据资产管理制度，明确政府数据目录和应该公开的数

① European Commission. *Towards a Common European Data Space*, *Communication to the European Parliament and Council*, 2018.

据目录，并向社会公示。建立健全政务数据质量管理机制，完善数据质量标准和数据治理标准规范，制定数据分类分级标准及相应的管理职责要求。基于整体政府理念，强化政务数据开放共享的统一领导和行政问责，完善政务数据开放共享的协同机制。

第三，建设政务数据开放共享平台。充分利用现有政务信息平台，整合构建结构合理、智能集约的政务数据开放共享平台，增强政务数据开放共享的平台支撑。依托全国一体化政务大数据体系，统筹整合现有政务云资源，构建全国一体化政务数据云平台，实现政务云资源统筹建设、互联互通、集约共享。充分发挥全国一体化政务服务平台的数据共享枢纽作用，持续提升国家数据共享交换平台支撑保障能力。有序推进国家行政部门垂直管理业务系统的数据整合，实现中央与地方的双向共享。

第四，提升数据安全保障能力。公共数据具有更为显著的公共安全影响，需要强化安全监管，提升公共数据安全保障能力。要完善公共数据安全主体责任，强化各级政府部门的安全保障主体责任，明确数据开放共享和确保数据安全的权责关系，建立全生命周期的机构内部安全监管制度，并增强透明度和问责性。要加强数据安全技术创新与应用，强化数据安全技术保障，充分利用现代安全技术来防范各种安全风险。

三、创新商业数据开放共享机制

由于数据要素的特殊性，数据要素开放共享制度设计不应采用传统的土地、资本等实物要素主要通过价格机制实现流转配置，数据要素市场化配置不等于所有数据都要进入市场，而且也不是所有数据开放共享都要通过价格机制来实现，一些类型的数据并不适合通过价格机制来实现开放共享再用，有时基于价格机制的数据开放共享会面临更高的交易成本，数据要素市场化配置不应将市场价格机制看作实现数据开放共享的唯一路径，更不应简单地将建立数据交易市场等同于数据要素市场化配置。数据要素开放共享应采取多轨并进的促进路径，重在发挥市场主体的制度创新作用，政府政策重点是完善基础制度和监管治理体系来降低数据开放共享的交易成本和各种不确定性风险。

（一）重点发挥市场机制在促进数据交易流转中的基础作用

市场机制是促进数据要素实现开放共享的基础，数据开放共享战略重在培育数据市场促进私人主体之间通过数据要素的交易来实现流转交易、开放接入和重复再用。也就是说，对于私人之间的数据开放接入和共享则主要依靠市场化的私人合约来实现，在保护隐私权的同时实现数据接入采集和合法应用，同时大力培育数据市场来促进私人企业之间的数据交易和数据流动共享。数据要素市场的数据主要是个人数据和商业数据开放共享。

个人数据是一个国家数据要素的资源基础。由于个人数据市场交易面临隐私保护、数据产权不明确、个人数据价值不确定、信息不对称与高交易成本等障碍问题，目前个人尚不能进入市场从事个人数据的销售或回购。个人数据应主要是在强化个人隐私保护的同时积极进行个人数据市场化交易的信托制度试点，消费者通过授权委托人（信托人）来处理个人数据的使用，缓解单个消费者参与数据市场交易的各种障碍，推进个人数据的开放接入和市场化交易。商业数据主要是数据企业对数据采集和处理付出了较大投资并包含智力活动的数据，是对个人原始数据经过加工处理后的衍生数据，是资产化的数据产品。商业企业之间的数据开放共享则主要依靠市场化的私人合约来实现，通过培育数据市场来促进私人企业之间的数据交易。目前由于商业数据市场交易面临的障碍相对较少以及交易机制相对成熟，因此成为数据市场的主体。

（二）鼓励私人主体之间基于合约的数据开放共享

第一，基于互补性的生态内数据共享路径。在数据生态中，数据占有企业与其合作伙伴基于数据或业务的互补性，出于共同利益而实施的主动性数据共享。典型的如平台商业生态中的核心平台主动向互补性第三方应用软件开发者开放数据接入，实现数据共享。在这种路径下，数据开放针对的第三方主要有两种形式：一是第三方提供互补性服务会增加平台生态对用户的吸引力，如在线零售平台与物流、支付企业之间的数据接入；二是第三方提供的增值服务可以增强核心平台的用户黏性和数据资产的商业价值。在此路径下分享的数据既包括经过授权的个人数据，也包括匿名化处理后的原始数据集和衍生数据，核心平台与第三方之间的数据共享应具有非歧视性和竞争中立，不应歧视性对待特定企业，不应扭曲平台内的市场竞争。

第二，基于私人协议的平台间数据开放接入路径。数据企业占有的商业衍生数据、投入巨额成本采集汇聚的数据以及企业基于机器产生的非个人数据，更多地具有私人物品属性。在此情况下，企业之间可以基于私人协议在利益相关企业之间实现数据开放接入。在基于私人协议的数据开放接入路径下，多个企业或平台相互开放数据，组建数据共享联盟或共建“数据池”来实时共享数据，此时数据成为一种俱乐部产品。在此路径下，数据接入共享要遵守共同的隐私保护和数据安全义务，接入收费要遵循“公平、合理、无歧视”（FRAND）的基本原则，不能扭曲平台企业之间的市场竞争。

（三）消费者授权下的数据接入

消费者授权的数据接入是指企业 B 在获得消费者同意授权其接入消费者在平台 A 在线活动中所产生的原始数据后，平台 A 就向企业 B 开放接入消费者的原始数据，企业 B 则可以使用这些原始数据来实施数据驱动的创新和商业决策，并为消费者提供更好的服务和促进市场竞争。消费者授权下的数据接入需要解决两个问题：一是通过制定法律来确立消费者对个人数据信息拥有允许第三方接入权，为消费者授权第三方接入提供法律保障。二是协调隐私保护和市场竞争关系。隐私保护要求数据接入需要获得消费者同意，由于消费者惰性和平台缺乏激励，一个新进入企业要获得足够数量消费者授权同意有时会面临较大困难，支配平台会以此为理由而拒绝竞争者或第三方数据接入。由此，由于支配平台具有在位者先动优势，隐私保护可能会强化支配平台数据封锁，扭曲数据开放接入和市场竞争。

第四节 反“数据垄断”监管政策

数据垄断是影响数据共享再用的主要障碍，数据开放共享需要实施有效的反数据垄断监管政策。

一、数据是否会导致垄断

数据已经成为影响和决定互联网企业竞争优势的重要因素，但是对于数据是否会导致垄断还存在非常大的争议。兰布雷希特和塔克（Lambrecht and Tucker，2015）指出，大数据并不会导致非竞争的市场。因为大数据是非竞争性和零边际成本，而且现实当中具有有效的数据交易市场，数据市场的数据交易也可以使企业能够获得和接入有关的数据；而且企业采集的原始数据和市场交易的非结构性数据库并不能为企业提供独特的信息知识并构成企业的竞争优势。因此，仅仅拥有大数据并不会使企业获得竞争优势并实现市场垄断。反垄断意义上的“数据垄断”并不是指单个企业垄断数据资源，而是关注于企业对数据资源开发利用中所产生的基于大数据的市场势力及其滥用行为。

数据是数字经济企业获取市场势力的重要基础。尽管一个平台企业仅仅拥有大量的数据本身并不必然意味着其具有市场势力，但在数字经济的背景下，由于数据具有显著的规模经济、范围经济和网络效应，以及和人工智能的结合，一个企业拥有大数据就有可能带来市场冒尖的“一家独大”的市场结构和拥有较高的市场势力。数据垄断问题在个案中确实会出现，需要基于个案来分析确定。在数字经济中，数据垄断主要体现在四个方面：一是数据是一种重要的进入障碍；二是大数据会带来算法合谋；三是支配企业会实施数据滥用行为；四是支配企业实施数据垄断为目的的并购。

二、反数据垄断的监管政策选择

在数字平台市场，确保用户多属和较低的平台转换成本是维持市场竞争的重要政策着力点。在搜索引擎、社交媒体等数字经济市场，大数据是赋予在位支配平台市场势力的重要因素，支配平台可能会实施各种数据垄断行为。由于现有的经济学理论分析和经验证据显示，大数据并不必然带来损害市场竞争的数据垄断问题，因此针对数据的反垄断执法应该谨慎。针对数据垄断的反垄断政策应该既重视事后的对数据垄断行为的反垄断执法处罚，同时更重要的是采取有效的事前反垄断规制政策，通过数据跨平台转移与共享政策来削弱支配搜索平台基于大数据的市场势力，消除数据垄断势力，从而维护和促进市场竞争。目前，用户数据可携带权和强制性数据接入是主要的政策选择。

（一）保护个人数据可携带权

数据可携带权是指平台用户有权将自己的个人数据从一个平台转移到另一个平台。欧盟《通用数据保护条例》（简称 GDPR）确立了消费者用户的个人数据可携带权，及用户有权拿回属于自己的数据并有权在不同平台间转移个人数据信息，对此数据控制者不能加以限制。GDPR 第 20 条确定的消费者个人数据可携带权是“数据主体有权以结构化、通常使用和机器可读的格式接收与其自身有关并且是自己向数据控制者提供的个人数据，并有权将这些数据无障碍地转移到另一个数据控制者。”中国《个人信息保护法》第 45 条明确指出“个人请求将个人信息转移至其指定的个人信息处理者，符合国家网信部门规定条件的，个人信息处理者应当提供转移的途径。”

数据可携带权具有三个突出的政策价值：一是数据可携带权是一种获得信息自决的方式。个人隐私保护关键是提高个人对自己数据的控制，个人数据可携带权可以有效提高个人对其数据的控制能力。二是数据可携带权也是一种促进市场竞争的重要方式。数据可携带权可以降低消费者的转换成本并促进消费者的平台多属，从而打破支配平台基于大数据的市场势力，促进平台之间的竞争。三是数据可携带权会促进数据驱动的创新。数据可携带权会促进数据的开放接入，让新进入企业或第三方接入消费者数据，有利于数据要素的重复再用和促进创新。据此，政府监管机构应该对大型数字平台提出明确的保障个人数据可携带权义务要求，不得限制个人用户跨平台转移数据或授权第三方接入个人数据。欧盟《数据市场法》和美国国会正在讨论的《通过增强服务转换来促进兼容与竞争法案》（简称《接入法案》）都对守门人平台明确提出数据可携带要求。

尽管数据可携带权为促进平台之间的竞争提供了重要的基础，但数据可携带权并不足以保证市场的可竞争性。因为数据可携带权只是赋予了用户在不同平台之间转移数据的权利，用户是否转移完全基于个人自愿。用户数据转移其实面临两个障碍：一是支配平台对用户数据的技术性锁定；二是支配平台对用户数据的非技术性锁定，如由于网络效应或范围经济等经济因素对用户的锁定，造成用户不愿意离开支配平台，从而成为单属用户。数据可携带权要求消除了技术性障碍，但没有消除非技术性障碍。另外，数据可携带权要求仅针对个人数据，非个人数据则并不受其限制。由此，数据可携带权并不必然促进市场竞争。由于数据可携带权是对所有规模的平台都采用相同的本身违法原则，而不是竞争法通常适用的重点针对支配企业的合理推定原则，这可能更不利于小规模平台的竞争发展并可能会阻碍创新。因此，斯维尔和拉各斯（Swire and Lagos，2013）认为数据可携带权更可能会产生伤害消费者福利的结果。

（二）实施数据互操作政策

实现数据互操作是促进数据开放共享和重复再用的重要基础。数据互操作政策的基本目标是在数据存储阶段实现不同平台或系统之间以技术为基础的兼容，促进不同系统之间数据信息的接入和交换。互操作主要是降低或消除在位者用户基础或大数据给进入者带来的进入壁垒，促进竞争者的市场进入并强化市场竞争；互操作不仅会使消费者实现平台多属，商家也实现平台多属，更大地促进竞争者实现交叉网络效应，促进市场中现有竞争者之间的竞争。总体来说，互操作既可能促进平台/生态间竞争，也可能促进平台内竞争。因此，欧盟《数据市场法》和美国国会提出的《接入法案》都对大型数字平台提出了明确的互操作性要求。

但是不恰当实施的互操作政策也会产生扭曲竞争、阻碍创新和带来隐私安全风险等负面风险。因此，对互操作政策应进行科学设计，并完善配套的技术、经济和治理制度。具体来说：首先，互操作应该主要针对守门人平台，由于守门人平台具有非常大的经济规模、较强的市场势力以及重要的交易中介，守门人平台拒绝互操作会对市场竞争和社会福利产生严重的负面影响。因此，守门人平台应该成为政策关注的重点对象，非守门人平台则不应提出互操作性义务要求。其次，为了降低隐私侵害风险，互操作政策应该仅限于企业收集的个人非敏感原始数据，并需要获得消费者的授权同意；并建立接入企业安全许可制度，只有达到必要安全标准的企业才能接入数据。再次，明确提供接入要遵循公平、合理、无歧视原则。支配平台不能利用接入技术或规则设计来实施歧视性行为，并应实行基于成本的公平接入费制度，以确保数据持有人投资于数据采集利用的激励。

（三）强制性数据共享救济政策

一种激进的观点提出了对支配数字平台实行强制数据共享的政策主张，即要求具有支配地位的平台企业应向竞争对手开放数据接入，从而彻底消除新进入企业面临的大数据壁垒，消除支配平台的数据垄断，以促进平台间竞争。但目前关于是否应该对数字平台提出强制共享或数据开放要求仍存在较大的争议，具体来说主要集中在以下几点：一是缺乏有效的数据共享规则的情况下，数据共享会引起较大的数据安全风险，数据隐私泄露会同时在多个平台大范围扩散，会对用户隐私和数据安全造成较大的损害。二是数据共享将会带来非常高的政府监管行政成本，增加政府监管负担。由于大数据具有明显的4V特征，并且数据实时采集和利用，因此政府监管要求大量的技术投入成本和监管行政成本支出。三是强制性数据开放共享可能会阻碍平台企业的创新。由于数据算法是平台企业的核心竞争优势，如果要求数据平台向竞争对手开放数据，则会降低平台企业基于大数据创新的收益，带来事后对企业投资收益的侵占，从而降低事前投资和创新激励。

鉴于强制数据共享政策的上述问题，其不应成为普适的政府监管政策或平台企业必须承担的义务要求，但是在支配性平台企业基于大数据形成市场势力并且对竞争对手或互补业务企业实行拒绝接入行为，该拒绝行为产生了限制竞争、阻碍新的商业模式或互补性商业发展、降低市场透明度、损害消费者利益等严重伤害竞争效应，并且数据接入是竞争者参与市场竞争所“不可或缺的”时，反垄断机构可以在个案中采取开放数据接入救济措施。显然，强制性数据开放接入救济政策仅限于支配数据平台企业拒绝接入数据且严重伤害竞争的少数个案。更可行的政策目标应是将平台之间的互操作性作为重要的政策目标，消除阻碍平台互操作性实现的技术性障碍和行为性障碍，实现数据、商家和商品的跨平台流动。

第四章　网络与数据安全监管

第一节　网络与数据安全监管需求

网络安全是指确保网络系统免受任何外部的威胁与侵害，能安全地实现系统运行和数据信息传输。它包括系统连续、可靠、正常地运行，网络服务不中断，系统中的信息不因偶然的或恶意的行为而遭到破坏、更改或泄露。广义的网络安全包括网络系统安全和网络数据安全。数据安全是指保护数据在其整个生命周期中免受未经授权的访问和数据损坏。数据安全意味着保护数据免受破坏性力量和未经授权用户的不良行为攻击，其重点是防止外部攻击等对数据保密性、真实性和完整性造成破坏。

随着数字经济的发展，网络空间成为国家经济社会运行的新空间，是国家主权的新的重要组成部分，同时数据资源日益成为世界各国争先抢占的战略重点，数据安全成为数字经济发展和国家安全的重大问题。在日益严峻的国际网络与数据争夺战背景之下，中国迫切需要加快构建网络与数据安全监管体系，全面提升网络数据安全保障能力，维护国家安全，更好地促进数字经济发展和人民福祉。

一、网络与数据安全是维护国家主权的需要

在数字经济时代，网络空间已经成为与陆地、海洋、天空、太空同

等重要的人类活动新领域，国家主权自然拓展延伸到网络空间，网络空间主权成为国家主权的重要组成部分。2013 年北大西洋公约组织出台了《塔林手册：适用于网络战的国际法》和 2017 年 2 月出台的《塔林手册 2.0》都以主权概念作为基础，明确规定“国家主权原则适用于网络空间”，即一国不得从事侵犯他国主权的网络行动，并基于主权原则衍生出管辖权、尊重他国特定豁免义务、审慎原则等基本原则规则。习近平总书记指出，《联合国宪章》确立的主权平等原则是当代国际关系的基本准则，覆盖国与国交往的各个领域，其原则和精神也应该适用于网络空间。各国自主选择网络发展道路、网络管理模式、互联网公共政策和平等参与国际网络空间治理的权利应当得到尊重。中国《网络安全法》第一条指出“为了保障网络安全，维护网络空间主权和国家安全、社会公共利益，保护公民、法人和其他组织的合法权益，促进经济社会信息化健康发展，制定本法。”

在数字经济时代，数据是关键生产要素，整个国家的产业经济发展和社会运行都建立在大数据的基础上。数据的开发应用不仅会极大地促进技术变革和产业升级，而且还是一个国家经济社会发展的重要战略资源。在数字经济背景下，一个国家数据资源的拥有量和掌控能力成为决定数字经济国际竞争力的重要因素，特别是对于中国这样的数据资源大国和数字经济发展强国来说，保护本国的数据资源成为国家战略的重要内容，对维护国家经济安全和保持数字经济国际竞争优势具有特别重要的意义。为此，2015 年国务院印发的《促进大数据发展行动纲要》中明确表示，大数据已类似石油和电力，成为世界上关键的战略性基础资源。2020 年 12 月出台的《关于加快构建全国一体化大数据中心协同创新体系的指导意见》明确提出了数据是国家基础战略性资源。因此，数据成为国家主权新的重要组成部分。数据主权是一国享有对本国数据进行独立自主管理和利用的权力，享有对内和对外双重效力。《数据安全法》第一条指出“为了规范数据处理活动，保障数据安全，促进数据开发利用，保护个人、组织的合法权益，维护国家主权、安全和发展利益，制定本法。”

二、网络与数据安全关乎国家公共安全和政治安全

在数字经济中，网络信息系统已经成为经济社会运行的关键基础设施。网络是数字经济发展、公民生活和社会有效运行的重要基础，网络空间是国家安全和经济社会发展的关键领域。在数字经济时代，网络安全与国家安全同许多其他方面的安全都有着密切关系，涉及广泛的国家公共利益。数据与国家经济运作、社会治理、城市管理、公共服务、军工国防等方面息息相关，数据采集、处理和分析技术的迅速迭代发展，以及大量的网络攻击和违法犯罪行为，都增加了网络信息系统的安全风险，数据泄露或滥用将直接威胁国家经济利益、国家安全、社会稳定和文化价值。

网络与数据日益成为影响国家政治安全的因素。国家网信办在2016年12月发布的《国家网络空间安全战略》指出“政治稳定是国家发展、人民幸福的基本前提。利用网络干涉他国内政、攻击他国政治制度、煽动社会动乱、颠覆他国政权，以及大规模网络监控、网络窃密等活动严重危害国家政治安全和用户信息安全。”为了维护政治安全，《网络安全法》第十二条指出，任何个人和组织使用网络应当遵守宪法法律，遵守公共秩序，尊重社会公德，不得危害网络安全，不得利用网络从事危害国家安全、荣誉和利益，煽动颠覆国家政权、推翻社会主义制度，煽动分裂国家、破坏国家统一等活动。

三、网络与数据安全关乎个人隐私和企业财产安全

个人隐私数据是人格权重要的组成部分，对维护个人尊严和财产安全具有重要的意义。近年来，很多企业非法采集和销售个人数据，一些组织滥用个人隐私数据，以及黑客攻击等导致的大量隐私数据泄露事件频发，这都要求加强个人隐私数据安全监管。在数字经济中，数据成为

企业重要的竞争战略性资产，数据不仅会给企业带来商业价值，也会显著提升竞争优势。在此情况下，一些企业或组织采取不正当的手段或方式来恶意盗取其他企业的商业数字资产来谋取利益。一些组织甚至恶意攻击特定企业的商业数据，盗取商业数据或商业机密，从而对企业利益造成严重损害，阻碍了数据驱动的商业创新。因此，迫切需要强化对个人数据和商业数据的保护。面对层出不穷的数据安全事件，我国陆续出台了《网络安全法》《数据安全法》《个人信息保护法》等法律法规来保障个人隐私安全和企业数据资产安全，各级法院也判处了多起恶意采集使用个人数据和盗窃企业商业数据的违法案件，安全、信任的网络环境成为促进数字经济发展的重要驱动力。

四、网络与数据安全事故高发潜藏的高风险

网络和信息系统已经成为关键基础设施乃至整个经济社会的神经中枢，其遭受攻击破坏、发生重大安全事件，将导致能源、交通、通信、金融等关键基础设施瘫痪，将造成灾难性后果，严重危害国家经济安全和公共利益。计算机病毒、木马等在网络空间传播蔓延，网络欺诈、黑客攻击、侵犯知识产权、滥用个人信息等不法行为大量存在，一些组织肆意窃取用户信息、交易数据、位置信息以及企业商业秘密，严重损害国家、企业和个人利益，影响社会和谐稳定。从全球范围看，2020 年全球数据泄露超过去 15 年总和，政务、医疗及生物识别信息等高价值特殊敏感数据泄露风险加剧，云端数据安全威胁居高不下，数据交易黑色地下产业链活动猖獗。随着工业互联网的快速发展，大量企业的数据存在云端，虽然技术的发展使得“云”本身的安全性在不断加强，但接入云端的第三方应用软件、系统和接口的安全性都可能存在隐患，可能导致企业的系统漏洞和数据泄露事件。网络与数据安全事件的高发及其可能带来的巨大经济社会损失，显示迫切需要全面加强网络与数据安全监管。

第二节　网络与数据安全监管框架

一、网络与数据安全监管基本理念

第一，坚持总体国家安全观统领。总体国家安全观为网络安全和数据安全的立法和执法工作提供了根本指引。总体国家安全观是习近平总书记于 2014 年 4 月 15 日在中央国家安全委员会第一次会议上提出的，它是新时代国家安全工作的总思想指导。中国《数据安全法》第四条明确指出“维护数据安全，应当坚持总体国家安全观，建立健全数据安全治理体系，提高数据安全保障能力。”

第二，坚持维护网络数据安全与促进创新发展并重。网络与数据安全监管要正确处理发展和安全的关系，坚持以安全保发展，以发展促安全。安全是发展的前提，任何以牺牲安全为代价的发展都是国家和社会所不能承受的。发展是安全的基础，不发展是最大的不安全。没有创新发展，网络安全也就没有保障，已有的安全甚至会丧失。维护网络数据安全既是为了促进创新发展，同时创新发展会显著增强网络数据安全保障能力。因此，网络数据安全监管应统筹发展和安全，坚持以网络技术创新和数据开发利用来促进和提升网络数据安全，以网络数据安全来保障数据开发利用和产业创新发展。

第三，坚持网络系统安全和网络数据安全相统一。网络运行安全是重要的技术基础保障，网络信息安全是重点内容。网络安全运行是数据信息安全的基础，网络安全才能保证数据信息安全。网络安全是为了促进数据信息更好地传输，从而促进数字经济发展和社会和谐。网络数据安全应该坚持国家数据安全、企业数据安全、个人数据安全的统一，网络安全监管应实现保障国家安全、企业安全和个人安全的统一，由此才能形成利益相关者多元参与的网络与数据安全监管治理体系。

第四，坚持政府主导与多元治理相协同。网络数据安全监管要充分保障政府监管的主导作用，制定科学的国家网络数据安全战略规划，完善网络数据安全监管体制。为更好发挥政府监管的作用，需要坚持依法监管的基本原则，全面推进网络空间法治化，明确网络空间有关主体的行为规则和承担的责任与义务。与此同时，要构建利益相关者参与的多元治理体制，鼓励利益相关者参与治理。在具体的监管实施中，要协同运用行政、司法、经济、技术、标准、伦理等多种政策手段，以实现最佳的监管。

第五，坚持维护国家主权与推进国际合作相结合。网络和数据是国际合作交流的新纽带，是商品、资本、劳动、知识信息等国际流动的新渠道。重视国家网络与数据主权保护，强化网络与数据安全监管，不是搞自我封闭，而是在保障安全的基础上促进更大范围和更深层次的国际合作交流，推动各国和平利用网络空间，促进数字贸易的发展，造福人类社会。

二、网络与数据安全监管的总体框架

网络与数据安全监管的总体框架由四个部分构成，如图 4－1 所示。

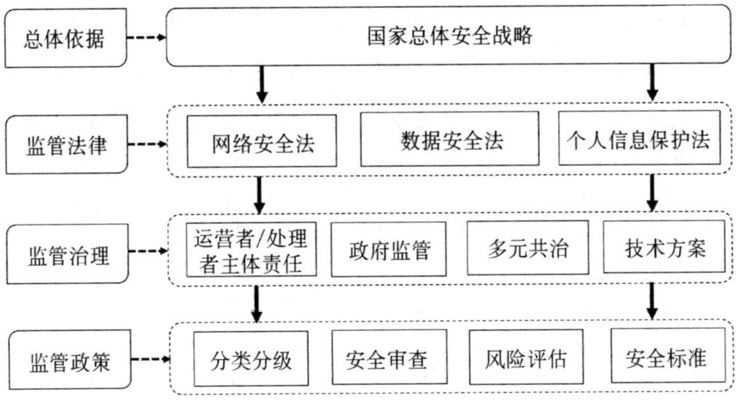

图 4－1 网络与数据安全监管框架

（一）网络与数据安全监管的总依据

网络数据安全是国家总体安全战略的重要组成部分，网络与数据安全监管应该在国家总体安全战略的指引下来进行，国家总体安全战略是网络数据安全监管的根本指导。

（二）网络与数据安全监管的法律法规

网络数据安全监管作为一种行政执法体制必须遵循依法行政，体现法治思想，同时完备的法律法规也有利于构建稳定可预期的政策环境，促进企业和公共机构合规运行网络和采集使用数据。网络与数据安全监管的基本法规主要对网络与数据安全监管的基本目标和基本体制、相关主体责任、监管体制和法律责任等做出基本规定，在基本法律规定的基础上还要进一步制定针对特定行业的监管法规、法规细则、行动指南、标准等，构建完备的法规政策体系。

（三）网络与数据安全监管治理体系

网络数据安全监管目标的实现需要以科学有效的监管治理体系为保障。网络数据安全监管治理体系主要是网络运营者或数据使用者的自我监管，政府监管机构的行政监管，多元主体参与的共同治理，以及技术性治理方案，从而形成多轨的监管治理体系。

1. 高效的政府监管体制

政府监管始终是维护公共利益的最重要政策，高效能的政府监管机构体制始终发挥关键的作用。为了提高政府监管的效能，需要建立职权配置科学、定位合理、能力充足、决策科学、政策精准、执法有力的监管机构；建立跨部门协同监管体制，提高监管机构运行效能，实现高效能执法；强化依法行政，建立执法有据、程序公正、公开透明和可问责，实现公正执法。

2. 科学配置的主体责任体制

国家重要领域或关键信息基础设施的运营者是具有信息、技术等相对治理优势的微观治理主体，其自我治理是维护网络数据安全的重要基础。因此，网络数据安全监管应该充分发挥网络运营者和数据处理者自我治理的基础性作用，建立责任明确、责任配置合理的主体责任体制。

3. 多元利益相关者参与的监管治理体制

网络数据安全的政策供给涉及多个利益相关主体，需要通过多元主体间的协同共治形成一套完善的、覆盖多个维度的网络与数据安全监管治理体系，要明确并合理配置不同利益相关者的责任，明确相关主体在网络空间和数据采集利用的行为规则，鼓励利益相关者参与并积极发挥各自独特的作用和履行相应的社会责任，推动政府机关、行业组织、科研机构、企业、个人等共同参与和良好合作，形成全社会共同维护网络与数据安全的良好生态。

4. 加强创新能力为基础的安全技术保障

网络与数据安全监管必须发挥技术创新的独特作用，通过加强网络与数据安全技术创新和技术应用，全面提升网络与数据安全技术保障水平。具体来说：一是鼓励网络数据安全技术创新。区块链、可信学习等网络数据安全技术的开发与应用能极大地提高网络数据安全保障能力，在一定程度上替代政府监管职能；二是提升政府监管中大数据人工智能技术的应用，通过现代技术手段的应用来提高政府监管的效能。为此，需要大力发展网络与数据安全产业，加大网络与数据安全技术研发投入，提升网络与数据安全创新能力，实现对网络与数据安全技术的自主控制，确保网络与数据安全技术的全球领先，全面提升网络安全技术保障能力。

（四）网络与数据安全监管政策工具

网络数据安全监管需要灵活有效的监管政策工具，具体来说主要包括分类分级监管制度、安全审查制度、风险评估制度、风险监测与预警、安全认证制度、安全标准、安全治理报告、违法违规处罚制度等。在网络安全监管中，需要综合运用多种政策工具来实现全周期、全方位的监管，通过有效的监管政策实施来形成具有复原能力、防御能力和威慑能力的网络安全体系。

第三节　数据跨境流动监管政策

一、数据本地化政策及其代价

（一）数据本地化政策

伴随着信息技术的发展和国际贸易往来，更大规模和更复杂的数据跨境流动越来越频繁。出于数据隐私保护、国家主权完整性及国家安全等公共政策目标考虑，各国不同程度地对跨境数据流动加以政策或法律法规的限制，实施数据本地化政策。数据本地化政策是指一个国家政府要求在本国市场经营的企业将数据保存在其本国境内。

根据数据本地化政策的严格程度，其可以划分为四种类型：一是完全禁止本国数据出境，国内企业和跨国公司在本国境内产生的数据必须存储在国内，不得出境；二是禁止本国特定数据出境，国家立法明确特定类型的本国数据必须存储在国内，不得出境；三是有条件的本国数据出境，本国数据出境必须满足相应的数据安全要求，或者政府之间、企业之间签署了符合法律要求的数据流动协议；四是本国数据境内备份下出境，国家要求本国数据必须在境内备份，而不对数据跨境流动施加各种限制。

（二）主要国家数据本地化政策

1. 美国数据本地化政策

美国目前主要通过双边和多边贸易协定制定来推行数据本地化政策。2020 年 7 月生效并取代了北美自由贸易协定的“美国－墨西哥－加拿大协定”，禁止数据本地化并正式确定成员国之间的数据自由流动。相对于欧盟审慎的数据本地化监管态度，美国总体上对数据本地化持反对态度，支持数据自由流动，但这不代表美国对数据跨境流动完全不加以限制，相反美国对一部分重要数据采取了跨境流动管制措施。美国议会在2019年提出了《国家安全和个人数据保护法》，该法案严格限制居民、企业数据和国民数据的跨境流动，禁止向法案定义的关注国家（中国和俄罗斯）传输任何用户数据，也禁止美国境内的用户数据存储于关注国家境内的服务器上或存储设备上，这体现出鲜明的数据主权保护意识。

美国数据本地化政策主要是涉及个人数据和重要数据的跨境流动。首先，在个人数据保护方面，1996年颁布的《健康保险便利和责任法案》对电子健康记录（EHR）的访问、传输、存储制定了严格限制。其次，对于重要数据的跨境流动，依据《出口管理条例》（EAR），美国对军用、非军用技术数据和关键领域数据实行跨境实施许可管理，即没有许可情形下，不得将受管控的物项出口至其他国家。此外，美国对一部分重要数据采取禁止跨境流动措施，在美国的外资安全审查制度中，限制国内通信基础设施应位于美国境内，明确要求国外网络运营商将通信数据、交易数据、用户信息等存储在美国境内。

2. 欧盟数据本地化政策

相对于美国，欧盟对数据跨境自由流动的态度较为谨慎。欧盟对数据安全的立法保护较早，可追溯至1995年颁布的《数据保护指令》，第25条提出了“充分保护”标准，即规定只有当第三国能够为个人数据提供充分保护时，才能向第三国转移个人数据。当时的美国没有达到欧盟所要求的数据保护标准，这为美国企业在欧盟开展业务造成了阻碍，为打破对美国企业业务开展的限制，随后在2000年，美国与欧盟建立了《安全港协议》，此协议对搜集、处理欧洲公民个人数据的美国企业提出了更高的数据保护要求。由于美国没有为欧洲公民的个人数据提供有效的保护，2015年10月欧洲法院判决《安全港协议》无效。在2016年7月，欧美建立了《隐私盾协议》，该协议规范了美国企业搜集、处理、传输欧洲公民个人数据的流程，同时对美国企业提出了更高的数据保护要求，进一步强化欧盟的数据主权。

根据2016年颁布的《通用数据保护条例》（GDPR），个人数据可以在欧洲经济区（EEA）国家以及被认为在数据保护方面足够安全的选定国家之间自由流动。若要将数据传输到任何其他国家，必须有具有约束力的合同协议、数据主体的同意，或者数据传输对于执行数据主体的合同是必要的。如基于美国－欧盟隐私保护框架，美国是允许与欧盟进行免费数据传输的国家之一。但2020年7月，欧盟法院裁决欧盟委员会关于美国隐私盾的充分性决定无效，取消了美国与欧盟数据传输的隐私盾协议框架，理由是美国监控机构没有对保护欧盟互联网用户的隐私提供充分的保护承诺。自该裁决以来，以新的数据传输协议取代隐私盾的谈判一直在进行。在此情形下，根据欧盟《通用数据保护条例》，欧盟实际上实行了严格的数据本地化政策。此外，在欧盟成员国的数据本地化监管中，对数据传输、存储等安全问题也做出较为严格的规定。德国在2004年颁布的《电子通信法》（TKG）对原始数据的本地存储进行了规定，要求境内企业将交通数据存储在欧洲甚至本国境内的数据中心。意大利、匈牙利等国限制重要数据出境，禁止将政府数据存储于国外的云服务提供商。

3. 中国数据本地化政策

《网络安全法》规定关键信息基础设施的运营者在中华人民共和国境内运营中收集和产生的个人信息和重要数据应当在境内存储。《个人信息保护法》规定关键信息基础设施运营者和处理个人信息达到国家网信办规定数量的个人信息处理者，应当将在中华人民共和国境内收集和产生的个人信息存储在境内。另外，《征信业管理条例》《人口健康信息管理办法（试行）》《网络预约出租汽车经营服务管理暂行办法》《汽车数据安全管理若干规定（试行）》等行业法规也都规定重要数据应当依法在境内存储。中国总体上支持数据跨境流动，法律规定需要本地存储的数据仅涉及关键基础设施运营者搜集和产生的重要数据和个人信息，对数据本地化监管原则上规定境内存储，如需跨境传输需通过安全评估，这意味着只要通过法定的安全评估，数据仍然可以传输至境外。

（三）数据本地化政策的代价

限制数据流动的数据本地化政策对一个国家的经济增长具有显著的负面影响，会大幅减少其贸易总量，降低生产率和经济增长率，并提高越来越依赖数据的下游产业的最终产品价格，从而损害消费者利益。目前有多个机构或学者对数据本地化政策经济代价进行了测算。

马蒂亚斯等（Matthias et al.，2014）对样本国家测算结果显示，数据本地化保护政策对所有样本国家 GDP 都产生了重大负面影响，巴西 GDP 下降了 0.2%，中国 GDP 下降了 1.1%，欧盟 GDP 下降了 0.4%，印度 GDP 下降了 0.1%，印度尼西亚 GDP 下降了 0.5%，韩国 GDP 下降了 0.4%，越南 GDP 下降了 1.7%（如图 4－2 所示）。数据本地化政策对国内总投资的影响也是巨大的，数据本地化政策使中国国内总投资下降了 1.8%，欧盟下降了 3.9%；数据本地化政策使中国总出口贸易额下降了 1.7%，欧盟出口贸易额下降了 0.4%。总体来说，数据本地化政策给中国造成的福利损失约为 638 亿美元，欧盟则高达 1930 亿美元。[①]

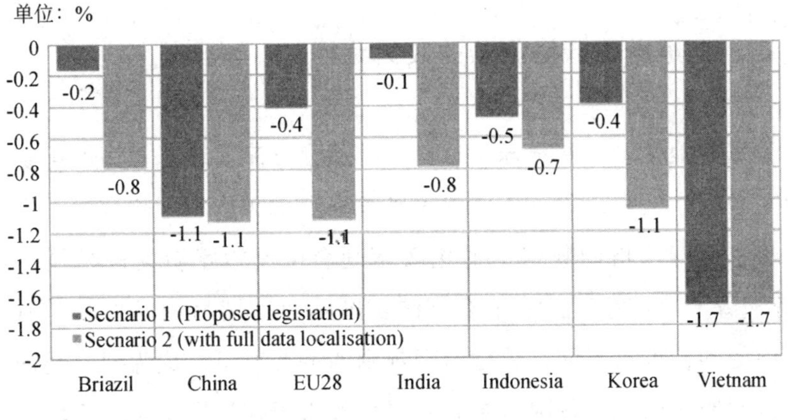

图 4－2　数据本地化对样本国家 GDP 的负面影响

---

① Bauer, Matthias; Lee－Makiyama, Hosuk; Van der Marel, Erik; Verschelde, Bert (2014). The Costs of Data Localisation: Friendly Fire on Economic Recovery, ECIPE Occasional Paper, No. 3/2014, European Centre for International Political Economy (ECIPE), Brussels.

信息技术与创新基金会（ITIF，2021）运用基于 OECD 市场监管数据的经济计量模型发现，一个国家的数据限制指数（DRI）每增加1%，五年内其贸易总产值将下降7%，下游产业的商品和服务价格将上升1.5%，其经济生产率将下降2.9%。报告发现，中国、印度尼西亚、俄罗斯和南非这些国家日益增加的数据限制导致其经济经历价格上涨、贸易下降和生产率下降，如表4－1所示。[①]

表4－1　DRI变化对样本国家的经济带来的损失

国家	2013年 DRI	2018年 DRI	总产出增长率（2013～2018年）	生产率增长率（2013～2018年）	价格上涨率（2013～2018年）
中国	3.88	4.13	－1.7%	－0.7%	0.4%
印度尼西亚	2.03	3.14	－7.8%	－3.2%	1.6%
俄罗斯	1.38	2.08	－4.9%	－2.0%	1.0%
南非	2.17	3.47	－9.1%	－3.7%	1.9%

注：DRI排名指在2013年和2018年均参与OECD数据库的46个国家中的排名。因此，该排名缺少印度、阿根廷等国家。

二、促进数据跨境流动的政策路径

数据本地化政策在全球迅速蔓延，从全球来看越来越多的国家已经采取了数据本地化政策，一些国家则正在考虑采取本地化政策。世界各国如果都实行严格的数据本地化政策则会限制数字贸易的发展，形成“数字壁垒”，不利于国际交流合作及国际数字贸易的发展。同时，由于各国的利益诉求不同，数据治理规则的冲突有可能成为国家间冲突的新热点问题。因此，各国需要共同努力致力于推进数据跨境流动，遏制数据本地化的浪潮，建设一个开放、有序、创新的全球数字经济体系。

① ITIF, How Barriers to Cross－Border Data Flows Are Spreading Globally, What They Cost, and How to Address Them, 2021.

（一）国际的政策路径

从国际视野来看，各国应该加强合作来共同建立促进数据跨境流动和数字贸易发展的全球治理体系，基本的路径是：第一，应在联合国、世界贸易组织等国际组织以及地区组织的倡导下，通过多种国际协调机制来推动制定各国可接受的数据流动准则和规范。第二，各国政府应通过多方利益相关者论坛和政府间论坛（如 OECD）等，鼓励全球的、市场主导的、自愿的和协商一致的行动，开发和使用数据及数字技术标准。各国政府应为个人数据的跨境流动提供多种机制，这些机制应适用于各种规模的企业。各国政府应鼓励企业在全球范围内提高数据监管方式的透明度，例如定期披露政府所要求的数据信息。第三，政府应确保云服务提供商通过国家和国际标准、行业特定法规（如医疗保健、金融等）、国家认证（如美国 FedRAMP、德国 C5、澳大利亚 IRAP）和全球认证（如 ISO 27001 和 ISO 27018）等审查，保护基于云服务的政府数据和公共服务系统。第四，数字自由贸易国家应该提倡更高的数字监管透明度和更好的数字监管实践，并将其作为贸易协定的一部分。

（二）中国的政策路径

在各国都实行数据跨境流动限制并且美欧实施长臂管辖的背景下，中国一方面要完善和加强数据跨境流动管理，重点加强对关键数据信息跨境流动监管，以维护国家数据主权，在保证数据安全的前提下积极参与数据跨境流动全球治理体系构建，推进跨境数据流动国际合作机制的建立，保障中国国家利益和数字经济全球化发展。具体来说：第一，实施基于风险的数据跨境流动分类分级监管。完善相应的跨境流动管理措施，根据数据的风险安全属性进行梯度性管理，对不同性质的数据采取分类监管。第二，建立数据跨境流动的白名单机制，根据数据保护状况及对等措施，将部分地区纳为可自由流动的国家与地区。同时，建立白名单的灵活调整机制，定期评估与临时评估相结合，保证数据流入国的数据保护标准。第三，利用“一带一路”和自贸区政策来推动数据跨境流动。探索推动与“一带一路”主要国家和地区开展数据跨境流动合作与规则互认，建设“数字丝绸之路”数据跨境自由流动圈，逐步构建高水平的数据跨境流动体系。

第四节　中国网络与数据安全监管制度

确立基于国家安全的网络数据安全监管制度是一个非常具有差别的监管制度设计问题，不同国家需要根据本国的战略目标和网络数据安全状况来设计相适应的监管制度和政策工具。

一、中国网络与数据安全监管体制

（一）总体国家安全观统领下的网络安全监管

中国现行的网络与数据安全监管主要是以维护网络空间主权、数据主权和国家安全为根本目标，在总体国家安全观的统领下，建立了完备有效的网络与数据安全监管制度，具有鲜明的中国特色。总体国家安全观是习近平总书记在2014年4月15日召开中央国家安全委员会第一次会议上提出的，即要坚持以人民安全为宗旨、以政治安全为根本、以经济安全为基础、以军事科技文化社会安全为保障、以促进国际安全为依托，统筹外部安全与内部安全、国土安全与国民安全、传统安全与非传统安全、自身安全与共同安全。

（二）国家集中统一领导的网络安全监管体制

中国特色网络与数据安全监管体制为国家集中统一领导下的多部门分工协作监管体制，即“中央统一领导，国家网信办负责统筹协调，各地区和各部门分头负责执行的监管机构体制。具体来说，中央国家安全领导机构负责国家网络与数据安全工作的决策和议事协调，研究制定、指导实施国家数据安全战略和有关重大方针政策，统筹协调国家网络与数据安全的重大事项和重要工作，建立国家数据安全工作协调机制。”在此基础上，各地区、各部门对本地区、本部门工作中收集和产生的网络与数据安全监管。其中，工业、电信、交通、金融、自然资源、卫生健康、教育、科技等主管部门承担本行业、本领域数据安全监管职责；公安机关、国家安全机关、保密管理部门、工信部、商务部、市场监管总局等依法负责各自职责范围内的安全监管职责；国家网信部门依法负责统筹协调网络数据安全和相关监管工作。

（三）三大基础法律为支柱的网络与数据安全监管法律体系

目前，中国网络与数据安全监管形成了以《国家安全法》为根本依据，《网络安全法》《数据安全法》《个人信息保护法》为基础性法律，相关行政法规和部门规章为补充的中国特色网络与数据安全法律体系框架。为保障《网络安全法》《数据安全法》《个人信息保护法》的落实，2021 年 4 月国务院发布《关键信息基础设施安全保护条例》涵盖总则、关键信息基础设施认定、运营者责任义务、保障和促进、法律责任等诸多方面，旨在保障关键信息基础设施安全，维护网络安全。2022 年 7 月国家互联网信息办公室公布《数据出境安全评估办法》，对数据出境监管做出了具体的规定。

（四）以强化主体责任作为网络与数据安全监管的基础

中国特色网络与数据安全监管机构体制合理规定了政府和网络运营者与数据处理者的角色，在政府监管主导的体制下，国家有关法律都对相关主体提出了相应的主体责任要求，构建了“政府监管 + 企业自治”相结合的合作监管体制。《网络安全法》重点对网络运营者提出了具体的个人信息保护义务和关键信息基础设施运营者的风险评估责任。《数据安全法》则对数据处理者的主体责任做出了更为具体的规定，数据处理者主体责任包括建立健全全流程数据安全管理制度，加强风险监测和进行风险评估，合法正当方式采集数据，数据交易中介服务机构要保留有关记录等。

（五）注重网络与数据安全监管政策工具创新

为了更有效地实施网络与数据安全监管，中国对网络与数据安全监管采用了等级保护制度，网络安全认证、检测和风险评估，安全监测预警和应急管理制度，网络与数据安全审查制度，实施安全标准体系，促进安全技术创新，网络安全教育等创新型政策工具，有力保障了监管目标的实现。

二、中国网络与数据安全监管体制的完善

（一）构建更为完善的法规政策体系

尽管目前中国已经建立了以《网络安全法》《数据安全法》和《个人信息保护法》为核心的网络与数据安全监管框架，并且还颁布了《关键信息基础设施安全保护条例》《网络安全审查办法》《数据出境安全评估办法》等更有指导性的法规，但是还有很多细节问题需要进一步细化说明，以更好地指导企业实践，降低法规政策不确定性。为此，需要构建包括基础性法律、解释性法规、行业法规、安全标准、安全规范指南在内的网络与数据安全法规政策体系。

（二）形成多元主体合作治理体制

加强网络与数据安全需要进一步加强多元主体之间的合作，形成齐抓共管的网络与数据安全格局。首先，加强网络与数据安全监管机构与相关行政部门的合作，主要加强国家网信办与公安机关、国家安全机关、保密管理部门、工信部、商务部、市场监管总局等的合作，建立部际信息共享和协同执法体制。其次，加强网络与数据安全监管机构与行业监管机构的合作，主要加强国家网信办与电信、交通、金融等行业主管部门之间的合作，形成统一执法和分行业监管有机结合的监管体制。再次，加强政府监管机构与网络运营者和数据处理者之间的合作，网络

运营者和数据处理者不应是被动执行有关政策的监管对象，应该是网络与数据安全监管的积极行动者，为此需要加强公私合作，重点是加强数据信息共享、合作制定标准和有关政策、合作研发网络与数据安全技术。最后，加强监管机构与研究机构、社会组织等利益相关者的合作，开展网络与数据安全教育，培养社会公众的网络与数据安全意识，调动社会公众参与维护网络与数据安全。

（三）建立科学的网络与数据安全风险管理体制

网络与数据安全监管的根本任务是防范和化解影响网络与数据安全的各类风险，因此风险识别、风险防控和应急处理成为网络与数据安全监管工作的重点。从国际经验来看，风险管理一般包括如下步骤的动态闭环系统：设立安全目标——采集数据信息进行风险识别——进行风险评估（发现威胁和系统弱点）——实施积极的风险防控措施——措施有效性评价——根据评价结果进一步完善风险管理体制。目前，中国网络与数据安全监管也建立了相应的风险评估体制，但是系统运行的风险管理体制尚未充分形成和有效运转，为此需要以强化风险管理为中心来构建更为坚实的网络与数据安全监管体制，打造动态闭环的网络与数据安全风险管理体制。

（四）提升网络与数据安全的技术保障能力

网络与数据安全技术是维护国家网络与数据安全的重要基础和保障，同时网络与数据安全技术也是各国激烈竞争的重要科技创新领域。加强网络与数据安全技术研发，提高网络与数据安全技术创新能力，发展网络与数据安全技术产业，实现网络与数据安全技术的领先和自主可控，应成为国家网络与数据安全战略的重要组成部分。为此，需要加强网络安全技术研发的战略规划，加大网络与数据安全技术研发投入，加强高水平专业人才培养，推动系统集成和整体合作，鼓励高水平创新成果及其商业化应用，全面实现网络与数据安全技术的国际领先。

（五）增强网络与数据安全监管处罚措施的威慑力

有力的处罚措施是有效威慑网络违法犯罪行为的有效政策工具。为此，需要科学设计网络与数据安全法律责任，增强对网络违法犯罪行为的威慑力。首先，应明确法律适用的对象范围。法律适用应该包括在中国境内的网络运营者或数据处理者的违法犯罪行为以及在境外从事有关威胁中国国家网络与数据安全违法犯罪行为的当事人。其次，建立与损害程度相称的梯级处罚制度。根据损害程度划分相应的风险损害梯级，并据此设计梯级递增的罚款额标准，以实现与损害程度相称的处罚。再次，综合运用行政、民事、刑事等多种处罚手段。对于既给国家安全造成损害也给公民个人或企业造成损害的违法犯罪行为，公民个人或企业可以向法院提起民事赔偿诉讼，对构成刑事犯罪的直接责任人则依法采取刑事措施。

（六）促进网络与数据安全监管政策的国际合作

随着数字经济的发展，网络空间日益国际化，数据信息的国际流动成为全球经济发展和各国交流合作的新载体。打击网络违法犯罪，建立网络空间秩序，促进数字经济时代的各国合作发展，成为各国共同的要求，建立开放、安全的网络空间成为全球各国共同面临的挑战。中国维护网络与数据安全并不是实行封闭，而是为了更好地促进国际合作。为此，中国应进一步加强网络空间政策国际合作，构建规则一致的网络空间国际政策，促进各国和平和合作开发利用网络空间。由此，中国应积极参与联合国等国际组织以及地区组织开展的关于全球或地区网络空间政策的协调与合作，通过多种机制来推动全球共同网络空间政策的形成。

第五章　人工智能监管

第一节　人工智能应用的福利促进效应

在数字经济社会，数据成为关键生产要素。数据要素的价值释放根本上取决于数据挖掘技术。近年来，数据数量的指数化增长和算法、算力的快速提升实现了对数据的深度开发和利用。在这当中以机器学习为基础的人工智能技术发展发挥了决定性作用，人工智能技术的突破性进展，推动人类社会进入了深度智能化时代。

人工智能系统是指使用一种或多种相关技术和方法开发的软件，对于给定的一系列预设目标，能够产生影响其交互环境的内容、预测、建议或决策等的输出。人工智能主要是基于数据分析来对现实世界进行模型化，并运用这些模型来预测未来的事件。人工智能的机器学习使算法在没有人的指令或程序干预的情况下通过数据分析来自主学习，生成新的算法模型，并决定如何执行特定任务。总体来说，人类为了实现更高的计算能力发明了模仿人类智能的技术系统，人工智能系统具有从事超越人类计算能力的数据处理和决策任务执行能力。因此，人工智能是数字经济重要的预测和决策工具，其强大的数据分析和决策能力使人类社会可以进行单纯依靠人类自身的能力所无法完成的任务，极大地扩展了人类的能力空间，提高了人类认知和应对复杂、不确定世界的能力，从而给经济社会带来诸多的益处。如人工智能帮助消费者选择最好的产品，帮助雇主选择最好的雇员，帮助大学更好地筛选入学申请人的资料，帮助医生更好地诊疗各种疾病，帮助城市实现智慧管理，帮助公安预测犯罪，帮助司法案件裁决。

人工智能被看作是数字经济生产率提升和经济高质量增长的引擎。人工智能的大规模应用和持续优化极大地提高了经济效率。一是人工智能的应用大幅提高企业生产效率。人工智能使企业更好地决策，避免决策失误带来的资源错误配置损失。人工智能的应用不仅使生产过程实现了越来越高的自动化，并优化生产计划安排和组织管理体系，而且通过对消费者进行画像实现对消费行为的精准预测，并实行个性化营销和物流等服务提供，可以激发消费者的潜在需求，提高营销效果。二是人工智能应用极大地提高了消费者福利。人工智能系统通过个性化的数据分析和决策，可以为消费者提供最匹配的商品和服务，大幅度降低消费者的信息搜寻成本和交易成本，提高了消费者的消费体验，改进了消费者福利。三是人工智能促进了市场竞争。小企业通过购买第三方开发的人工智能系统可以迅速缩小与大企业的竞争差距，不同规模的企业都在利用人工智能进行产品创新和流程创新，这促进了企业之间的创新竞争。四是人工智能促进了技术创新。人工智能的应用会促进企业更好地进行创新决策，更精准预测创新的效果，更好地整合创新资源，显著地提高了创新产出效率。由于上述原因，人工智能成为促进经济高质量增长的重要驱动力。麦肯锡咨询公司（2018）预测，在2030年以前人工智能每年将给全球经济增长带来13万亿美元的贡献，其中人工智能将使中国GDP年均增加0.8～1.4个百分点。[①]

人工智能应用不仅极大地提高了经济效率，也极大地提升了政府公共治理的有效性。人工智能可以大量从事公共部门常规性工作，在公共部门的应用极大地提高了政府部门的运行效率，降低了社会公共服务的

① McKinsey Global Institute, "Notes from the AI frontier: Modeling the Impact of AI on The World Economy," September 2018, McKinsey. com.

供给成本，并且大数据和人工智能的结合会促进政府更好地进行预测，科学采取风险防控措施和有效实施风险防控政策，提升政府公共服务和公共治理的效能。近年来，中国各级政府公共部门都在大力推进智慧监管和智慧政府建设，公用事业、教育、医疗、社保、公安、司法等系统都大力采用人工智能系统。人工智能公共治理所带来的精准预测、科学决策、高效施策极大地提高了公共治理的水平和质量，实现了更好的公共治理和安全有序的社会运行。

人工智能是国家战略性产业。2017 年，国务院发布的《新一代人工智能发展规划》提出到 2025 年人工智能核心产业规模将超过 4000 亿元。国家“十四五”规划将人工智能产业作为重点发展领域。PWC（2017）的研究报告指出，到 2030 年人工智能技术将使全球 GDP 增加 14%，总增加额为 15.7 万亿美元，其中中国将占有 7 万亿美元，北美将占有 3.7 万亿美元，北欧将占有 1.8 万亿美元。[①]巴顿等（Barton et al.，2017）预测人工智能将使中国 GDP 年均增加 0.8 到 1.4 个百分点。上述研究报告都指出，尽管目前中国的人工智能发展落后于美国和英国，但中国巨大的政府投资、庞大的国内市场规模和快速追赶的创新能力将使中国人工智能产业快速发展，有可能成为世界领导者。在人工智能激烈的国际竞争背景下，中国人工智能监管治理体系应该更好地服务于人工智能的创新发展和国际竞争力提升。

总体来说，目前人工智能已经普及应用到经济社会的各个方面，不仅数字技术产业化行业在普及应用人工智能，而且制造业、金融、交通、医疗、教育、公共管理、公安司法等领域也都在大力应用人工智能，采用人工智能算法进行预测与决策。人工智能算法正在对生产、消费、交易、社会治理和私人生活都产生深刻的影响，正在全面重构整个经济社会体系。因此，人工智能已经成为除了市场、政府之外，影响人

---

① Price Waterhouse Coopers，“Sizing the Prize：What's the Real Value of AI for Your Business and How Can You Capitalise?” 2017.

类经济社会活动的第三只手。由于人工智能决策使用一套模仿人类智能的算法来进行，广泛应用人工智能算法决策的社会也被称为“算法治理的社会”。面对广泛扩张的“算法权力”和日益凸显的“人工智能黑箱”，加强人工智能监管已经成为全球共识。

第二节　人工智能应用的经济社会风险

人工智能作为一把双刃剑，在给社会带来诸多益处的同时也带来严重的风险，若不能限制其带来的危害，则社会总福利将受到巨大损害。由于人工智能算法的模糊性和系统使用者的私利目标追求，仅依靠企业或用户的力量显然不能很好地解决这一问题，因此政府必须对人工智能系统做出有力的监管，防范各种潜在的风险，让技术更好地促进社会进步。面对人工智能开发应用所可能带来的经济社会风险，以及国家人工智能战略竞争态势，迫切需要加强人工智能监管。

一、人工智能算法“黑箱”及潜在的风险

现代人工智能主要是以深度学习为核心的机器学习技术来执行任务并实现持续的动态优化。机器学习人工智能的最大特点是自主决策。机器学习技术采用神经网络架构来分析处理数据投入，进行深度自主学习和建立数据变量之间的关系并做出决策。基于机器学习的人工智能在很大程度上超越了人的数据分析能力，具有了更为超级的智能。人工智能的快速发展和人类认知能力的局限造成了人工智能技术能力和人类认知能力之间的差距日益扩大。

机器学习人工智能主要是采用黑箱模式，人无法确切知晓其运行情况，无法解释算法自主决策结果是如何产生的，具有显著的决策模糊性和不可解释性。在人工智能发展中，一个普遍接受的观点是最精确的模

型内在地具有不可解释性和复杂性，即不可解释性是实现决策精确度所必需的。对于采用黑箱模式的机器学习人工智能，即使其设计者也无法清楚解释各个变量是如何组合在一起并相互作用从而导致最终决策结果的。

人工智能的黑箱模式主要体现在如下几个方面：首先，人工智能算法的技术不可解释性。人工智能算法主要指对大数据进行分析并找出数据变量之间的相关性，但是其本身无法解释数据变量之间的因果关系，体现出一定的技术不可解释性。其次，人工智能算法结果的不可解释性。人工智能决策是机器自主完成的，人工智能算法的运行并不像人类具有相同或相似的推理逻辑，人无法充分了解人工智能算法的运行过程以及产出结果是如何产生的，难以对运算结果的正确性做出准确判断。再次，人工智能算法运行的动态性和结果不确定性。人工智能算法主要是采用机器自主的深度学习，并且根据环境变化来自主学习和优化，这使人工智能算法处于持续的动态变化过程当中，人无法对算法运行结果进行准确预测。最后，人工智能使用者有意地对算法决策过程实行封锁所带来的模糊性。由于知识产权法律保护和人工智能系统使用者出于商业秘密保护等原因，外界无法知晓人工智能算法软件的源代码及其运行逻辑。

人工智能系统运行的核心是算法，算法是解决问题的编码程序，它基于复杂的计算和程序运行将投入的数据转变为有用的产出，以帮助人们更好地决策。人工智能系统包括算法设计开发、数据投入、算法运算与决策、算法决策结果输出与应用等环节。因此，人工智能算法本质上是一个投入产出的过程，包括算法设计开发、数据投入、算法运算与决策、算法决策结果输出与应用等，各个环节的缺陷都会产生风险。首先，算法的使用需要投入数据，数据质量对算法运行结果具有重要的影响；其次，算法的运行过程受到各种因素的影响，包括算法设计时人类认知的偏差、算法程序的技术缺陷、算法不恰当使用、算法安全缺陷等；最后，算法的运行可能存在不正确或偏差的结果。由于数据投入和算法运行决定了最终的算法结果，如果人类使用错误或低质量的算法来进行决策，就会对经济社会带来损害。根据人工智能系统的开发应用流程，我们将各个环节的潜在风险具体总结如图 5－1 所示。

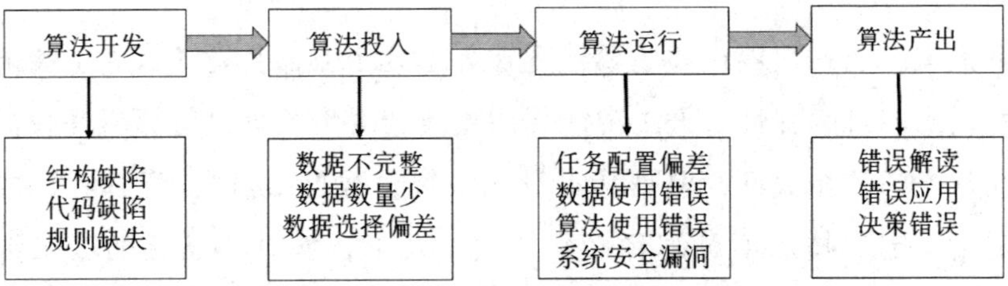

图 5－1　人工智能系统各个环节的潜在风险

第一，人工智能开发设计风险。人工智能系统开发设计风险主要体现为：一是算法结构缺陷，由于人的认知能力局限，从而造成算法设计缺陷，典型的如算法逻辑结构缺陷、错误的假设等；二是算法技术代码缺陷，如不恰当的模型技术、代码错误、算法程序设计中的错误等导致算法运行得出有偏差的结果；三是算法技术的开发单纯关注技术或经济目的，缺失社会规则和伦理规范，由此导致在算法开发中将人的偏见带入到人工智能算法程序。

第二，人工智能数据投入风险。数据是人工智能的重要投入，数据质量很大程度上决定了人工智能算法训练及决策结果质量。算法使用的数据分为三类：投入数据、训练数据、反馈数据。如果数据不完整、不及时、不相关、存在选择性偏差、数据量不够、使用不恰当的数据采集技术，以及由于偏见的长期存在导致数据本身就包含历史性偏差或行为性偏差，都会造成数据集存在质量缺陷，在人工智能算法依赖数据来训练算法和进行决策的过程中，数据集的一个小缺陷会导致系统性偏差结果，从而产生算法决策偏差风险。

第三，人工智能算法运行风险。人工智能运行风险主要体现为：一是任务配置的偏差，这主要是使用者错误地理解了使用目的或错误地分配任务，导致人工智能运行偏离使用的初衷；二是人工智能训练与验证存在虚假模式等，在人工智能算法培训、测试或验证过程中缺乏技术上的严密性或概念上的合理性会导致不正确的输出，出现数据使用或算法使用偏差；三是人工智能系统安全漏洞，人工智能算法设计存在的安全漏洞为黑客攻击等提供了可能，外部攻击造成算法系统运行出现问题或产生错误的结果。

第四，人工智能算法产出及应用风险。人工智能算法产出结果的应用风险主要是不恰当地解读算法结果，忽视算法结果应用的前提假设而不恰当地使用算法结果，忽视算法结果应用的场景要求而造成错误的场景应用，算法使用者错误使用或过度依赖算法导致的典型问题如汽车司机过度相信自动驾驶系统从而产生交通事故。另外，在人机交互的人工智能系统中将人的偏见带入，人工智能系统使用者的恶意应用、滥用或选择性使用都会带来风险。

二、人工智能应用的经济风险

第一，人工智能算法可能扭曲消费者决策。首先，企业有可能利用算法来操纵信息以扭曲消费者决策。消费者的决策很大程度上取决于其所获取的信息，人工智能算法加剧了消费者与平台企业之间的信息不对称，具有大数据信息优势的平台有激励通过操纵信息来误导消费者以获取利益，具体的如算法实施的具有偏差性的用户评价与排名，误导性信息发布或广告推送，过滤性信息推送，机器合成的虚假信息或新闻等。其次，企业有可能利用人工智能算法对消费者实施剥削性定价。数字平台基于消费者个人数据来实行个性化定价，甚至制定接近完全价格歧视的价格，以完全占有消费者剩余。总之，借助于人工智能算法，平台企业实行更加普遍性的个性化营销活动和定价策略，更广泛地操纵消费者的选择，从而达到更多或全部占有消费者剩余的目的。

第二，人工智能算法应用可能会扭曲市场竞争。人工智能算法的应用提高了数字平台实施各种垄断行为的风险。首先，人工智能算法会促进企业之间的价格合谋。算法可以做到实时跟踪竞争对手的价格变化，并迅速采取相应的跟进策略。人工智能算法降低了市场不确定性，降低了价格协调的成本，提高了对单个企业背叛行为的处罚有效性，从而可以在不需要寡头企业之间相互直接协调和高成本监督的情况下实现价格合谋。其次，支配平台通过算法滥用来封锁商家或第三方合作商。支配平台可以通过算法歧视以及不公平的排名、搜索结果展示等来歧视性对待特定商家或第三方合作商，维持自己的垄断势力。再次，人工智能算法为支配平台实施各种垄断滥用行为提供了更有效的机制。支配数字平台会实施自我优待、算法封锁等行为来排挤竞争对手。

第三，人工智能算法应用可能会恶化就业与收入公平。人工智能系统应用对就业的影响不同于工业经济时代的机器代替人的劳动，其并不是部分代替人的重体力劳动，而是全面替代人的劳动。阿西莫格鲁和雷斯特雷波（Acemoglu and Restrepo，2017）指出，人工智能应用会导致经济增长出现日益突出的资本替代劳动趋势，企业具有内在的过度自动化激励，这会导致严重的失业。人工智能应用不仅替代传统的低技能劳动者，而且也会替代高技能劳动者，缩短高技能劳动者的职业生命周期。更严重的是，人工智能应用会恶化收入分配公平问题，特别是恶化低技能劳动者的收入。赫姆斯和奥尔森（Hémous and Olsen，2022）、阿基翁等（Aghion et al.，2019）的分析都指出，人工智能的应用会增加资本收入在国家总收入中的比重，降低劳动收入的比重，并且高技能群体的收入和低技能群体的收入差距将明显拉大。

第四，人工智能应用可能带来经济运行风险。首先，人工智能在经济社会活动中日益融合发展的一个重要基础是建立在对人工智能系统的充分信任的基础上，即人们普遍相信人工智能系统的应用会提高自己的福利。因此，信任是人工智能产业发展的重要基础，但是人工智能潜在的风险一旦大规模爆发并造成严重的经济社会危害，则会严重动摇社会信任基础，从而成为产业发展的巨大风险。其次，人工智能系统的大范围应用会增加经济发展的系统性风险。典型的如人工智能系统在金融领域的应用，如股票市场中人工智能的“高频率交易系统（HFT）”的应用会增加市场的波动性，显著增加市场的系统性风险。

三、人工智能应用的社会风险

人工智能算法的深度应用也带来潜在的社会性风险，对公平正义、社会伦理和公共安全产生负面影响。

第一，侵犯个人隐私。人工智能算法依据大数据来追踪和分析每个人的日常行为轨迹，日益深入地侵入私人空间。人工智能算法往往过度采集个人数据、对个人进行识别和行为足迹追踪，基于个人数据深度分析来实现更精准的个人画像，可以更全面深入地了解个人隐私信息并预测个人行为或对个人进行分类分组，特别是人脸识别、语音识别等生物识别系统的非授权同意使用会造成严重的对个人隐私的侵犯，以及一些情感识别人工智能系统的应用会对个人精神状态产生影响或操控。面对生物识别技术和侵入性监视技术的快速发展和各类组织无序的大规模应用，保护公民个人隐私成为日益突出的问题。①

第二，损害人的生命健康。首先，人工智能算法会扭曲老人、儿童、残疾人等特定弱势群体的行为。如视频游戏、智能玩具等包含色情、暴力等内容，甚至包括一些有损生命健康的危险行为（如自残、自杀、暴力等），从而可能导致未成年人过度迷恋或诱导未成年人做出威胁生命健康或威胁社会安全的行为。其次，控制和操纵特定个体或群体诱导其实施超负荷的劳动，损害劳动者权益。算法的过度诱导导致行为人或劳动者实施超越生理或心理承受力的行为，强化对劳动者的监督考核和提高劳动强度，损害行为人身体与精神健康，或增强企业对普通劳动者的压榨，恶化劳动者的工作状态。

第三，导致社会性歧视。人工智能算法可能会歧视性地对待特定群

① 这里不包括出于公共利益需要依法实施的个人数据信息采集。

体，排除了特定公民或群体参与重要经济社会活动的机会，影响社会公平正义。典型的如人工智能算法设计的偏见、低质量数据带来的结果偏差等原因造成人工智能算法使特定公民个人或群体在教育录取、就业招聘、职业岗位绩效评价、购买保险、公共服务、司法裁决等面临歧视性对待，在社会活动中无法平等参与或被不平等对待。[①] 另外，由于不同群体的认知、知识水平或生理原因差异，人工智能算法会产生“人工智能鸿沟”问题，使老年人、儿童等特定群体在人工智能算法决定的经济社会活动中处于弱势地位，被边缘化。

第四，侵犯个人人格尊严。特定领域的个人评分或评价被扩大应用到其他领域，严重损害个人声誉，构成对个人尊严的侵犯，严重侵害了个人平等参与社会活动的机会或能力。典型的如依据人工智能算法的个人“信用评分”来进行群体分类或社会性排序，或者“文明码”“健康码”在未经严格审查或个人同意的情况下被超范围使用，造成对公民个人私权的侵犯，不合理限制个人行动自由，限制公民应当平等享有的基本公共服务和法律规定的基本权利。

第五，影响公共安全。首先，产生安全事故。由于人工智能系统的设计缺陷、运行稳定性差、抗外部风险能力不足或人工智能应用主体对系统缺陷与风险的人为忽视，人工智能在智慧城市、无人驾驶汽车、医疗健康、基础设施等领域的广泛应用和过度依赖会明显增加公共安全风险，在特殊情况下会危及公民的生命健康，甚至影响整个社会的有序运行。其次，威胁社会伦理价值。人工智能算法通过过滤、筛选、屏蔽或定向推送倾向性信息内容，并且在网络信息空间为了追求流量而出现低俗有害信息、虚假信息和极端思想的泛滥，强化偏见或极端意识，损害社会伦理道德。最后，影响国家政治安全。算法正成为一种左右公众舆论与政治观点的工具，从而对一个国家的政治安全构成威胁。如在美国

① 在保险行业，并不是所有的区别对待都是不合理的歧视，具体需要通过行业立法来加以明确。

政治选举中，人工智能算法推送的信息影响了选民的政治判断；在英国退出欧盟的过程中，媒体平台借助人工智能算法严重误导公众的意见。

综上所述，随着数据指数化增长，以及各种经济社会组织大量采用以深度学习为核心的机器学习人工智能技术，使算法预测精准性和处理复杂决策能力不断提高，从而进一步推动了人工智能在更大范围内的应用，人工智能日益成为影响经济社会运行的重要力量。人类社会比以往任何时候都更加依赖技术。但人工智能在私营部门和公共机构的日益广泛应用潜藏系统的经济社会风险。人工智能算法黑箱、日益增加的算法复杂性、算法设计和运行缺乏透明度、应用主体的恶意使用等都会导致有意或无意的结果偏差或错误，从而对个人、组织和社会带来严重的损害，如表 5 - 1 所示。因此，强化人工智能算法监管治理成为数字经济治理的重要任务。

表 5 - 1　　人工智能风险影响的主体及损害

主体	个人	组织	社会
风险损害	生理与心理健康	财务绩效	国家安全
	隐私与尊严	非财务绩效	基础设施安全
	财产安全	法律与合规	经济安全
	公平与平等	组织声誉	政治安全

资料来源：作者整理。

四、加强人工智能监管是促进创新发展的需要

加强人工智能监管不仅是应对人工智能大规模应用带来的经济社会风险的政策选择，同时也是应对国际人工智能治理体系竞争的战略措施。目前，欧盟、美国和英国都将人工智能监管治理作为人工智能国家战略的重要组成部分，以构建安全信任的数字生态，并都在极力争夺全球人工智能治理规则的主导权，从而获得人工智能的全球领导地位。2019 年以来美国先后发布了《算法问责法案》《数据问责和透明度法

案》《人工智能应用监管指南（草案）》。英国2020年制定颁布了《人工智能与数据保护指南》。欧盟2020年以来先后颁布了《欧盟数据战略》《人工智能法》等战略规划和政策法规，确保人工智能算法的安全、透明和可问责，构建稳定和有利于创新发展的人工智能生态，促进人工智能创新和国际竞争力提升。

中国是全球人工智能领域的重要领跑者之一，人工智能产业是国家的战略重点，同时加强人工智能治理也是国家数字经济治理体系的重要内容。目前，国家已经颁布了《网络安全法》《数据安全法》《网络安全审查办法》等法律法规以强化网络和数据安全监管，但人工智能监管的法律制度供给还相对不足。2019年和2021年科技部先后发布了《新一代人工智能治理原则》和《新一代人工智能伦理规范》两部指引性文件，但系统监管人工智能的《人工智能法》等法律还未起草制定。面对中国人工智能全球领先性增长的态势，中国迫切需要明确人工智能监管的基础性问题，全面提升人工智能治理能力，为人工智能技术创新发展并获取全球领导者地位提供保障，并确保人工智能的发展促进人类福祉的持续提高。

综上所述，人工智能监管治理需要构建一个有利于促进人工智能产业创新发展的生态，并且通过构建安全信任的人工智能治理制度使人工智能的发展更好地提升人的福祉和促进更好的社会。美国《人工智能应用监管指南（草案）》和欧盟《人工智能白皮书》《人工智能法》都明确指出，人工智能监管治理的目的是促进人工智能的创新发展，维持和提升本国人工智能的国际领导地位。为此，美国明确提出人工智能监管应该实现政府最小化监管和产业最大化创新的结合，欧盟则强调应重点采取“监管沙箱”为主的监管方式以保持监管和创新之间的平衡。中国人工智能监管治理也需要合理平衡最小化风险和最大化创新之间的关系，监管治理体系应有利于促进人工智能的创新发展，实现人工智能创新发展和更好地服务于人民福祉的平衡。

第三节 人工智能监管价值准则与原则

人工智能监管是指通过制定一系列的法律、规则、政策和构建多元主体参与的治理体系，以促进人工智能以安全、信任和有益于社会的方式被开发与应用。

一、人工智能监管治理的基本价值准则

各国政府、国际组织、商业企业和学者都提出了不同的人工智能监管治理原则。目前有国际影响的是 OECD 在 2019 年提出的人工智能原则，具体包括包容性增长、可持续发展与福利提升；以人为中心的价值和公平；透明度和可解释性；安全；可问责。澳大利亚产业、科学、能源与资源部在 2019 年发布的《澳大利亚人工智能伦理框架》指出人工智能的八个原则：促进人、社会和环境福利、以人为中心的价值、公平、隐私保护、可靠与安全、透明与可解释、可质疑性、可问责性。杰西卡等（Jessica et al.，2020）基于文献分析法总结提出人工智能应坚持的原则为：隐私、可问责、安全、透明与可解释、公平与非歧视、人控制技术、专业责任、促进人的价值。本书认为，人工智能治理应坚持的基本价值准则是“以人为中心”。

首先，人工智能系统应该始终在人的控制之下。技术应该服务于人，人工智能系统的开发与应用应确保人是技术的主人，实现人对技术的可控，防止技术失控或人被超级智能技术所控制或胁迫，使人成为被技术所统治的对象或成为技术的奴隶。决策过程和结果不应是完全由人工智能算法所决定。为此，应强化人对人工智能系统的控制力，人既可以在系统运行中进行实时干预，也可以在事后对系统运行结果进行干预。

其次，以人为中心的人工智能治理重在保护人的自决权。人工智能治理需要保持人对技术的了解，切实维护人是否使用人工智能的自决权，由个人自主决定是否使用人工智能系统以及如何使用人工智能系统，而不是由技术决定或技术使用者来迫使个人接受。具体来说，在人工智能系统使用中采集和使用个人数据信息应遵循“知情同意”和“合法正当”等基本要求，消费者有权决定是否采用人工智能系统及其产品或服务，并有权撤回已做出的承诺或退出系统使用，以充分保证消费者主权。

最后，人工智能技术发展和应用应该遵循基本的伦理准则，人工智能技术发展和应用应以促进人的福祉为根本目标。为此，人工智能系统的开发设计和应用应该遵循基本的伦理准则，伦理准则应该嵌入到系统设计和应用中，其不能伤害公民的人格权和损害人的尊严，应有效保护隐私与数据安全、维护消费者权益和商业公平、促进社会平等与公平、促进法治与社会公正，从而构建安全、信任的人工智能治理体系，促进人类福祉的全面提升。

二、人工智能监管治理的基本原则

为了维护以人为中心的核心价值准则，人工智能治理系统应遵循如下四个基本原则（如图 5－2 所示）：

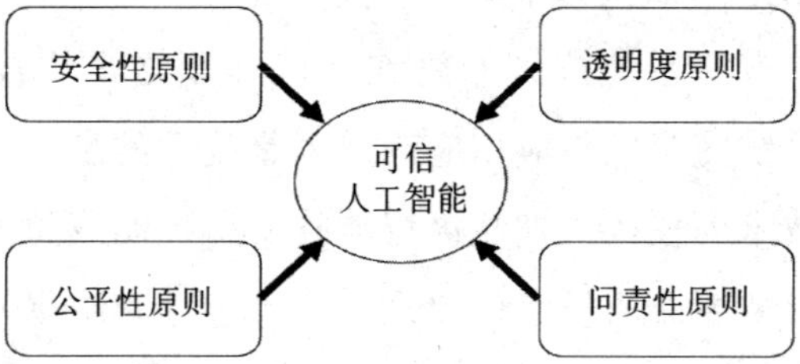

图 5－2　人工智能监管的基本原则

（一）透明度原则

人工智能系统的开发与应用应该打破人工智能黑箱和运行的模糊性。透明度不仅有助于增进用户信任和促进系统应用，也有助于应用主体和监管机构及时发现存在的风险问题。首先，透明度原则要保证消费者用户的知情权。在人工智能系统运行中应明确告知消费者或用户与其交互的是人工智能系统或消费的产品或服务由AI系统提供，受人工智能系统运行结果影响的利益相关方对结果产生的过程能够了解或要求做出解释。其次，透明度原则最主要体现在可解释性。人工智能系统应增强人工智能算法模型、过程和结果的可解释性，提供充分信息让当事人明白决策是如何产生的，并且在当事人认为结果有偏差时有权要求给予解释，以消除对人工智能决策结果的质疑。

（二）公平性原则

人工智能系统的开发与应用应该遵循基本的伦理准则，消除各种不合理的歧视或不公平、不平等问题。人工智能系统的开发与应用应确保决策结果不会对特定个人或群体造成偏见或歧视，从而使其丧失平等参与经济社会活动的机会或处于明显不利的地位。人工智能应用应确保所有人都被平等对待，任何人都不应被歧视性对待，从而确保社会公平和平等，维护人的尊严和社会正义，构建更包容的社会。

（三）安全性原则

安全是第一要务和基本原则，人工智能系统设计和运行应最小化各种安全风险，人工智能使用者应采取有效的措施确保用户隐私安全、数据安全和网络系统安全。人工智能治理重点是通过技术、组织、制度等多种途径来实现人工智能应用的整体安全。为此，应强化安全技术保障，需要建立全生命周期的人工智能风险防控体系和安全治理体系，加强对人工智能系统应用的事前认证、事中监测和监督、事后的问责性，对人工智能应用中的风险能及时识别与纠正、有效地防控，并在风险发生时能及时采取有效应急措施，确保人工智能系统的动态安全和安全保障水平的持续提高。

（四）问责性原则

在人工智能算法决策的情况下，法律责任应该配置给最有可能产生风险并能最有效管控风险的一方。根据这一原则，在算法程序开发者、算法程序使用者、算法程序应用中的消费者等利益相关者当中，将法律责任配置给算法程序使用者是最佳的。问责性要求人工智能算法程序使用者应当对算法程序使用产生的结果负责。

第四节　人工智能监管政策体系构建

一、实行以风险为基础的分级分类监管

人工智能监管应该采用风险为基础的方法，对不同风险危害等级的人工智能实行差别化的监管强度。根据风险危害程度，人工智能系统可被分成三个等级：不可接受的风险、高风险和低风险。首先，对于严重损害经济社会安全、威胁人类生命和人类伦理的不可接受风险人工智能，政府应该通过立法直接加以明令禁止，从而明确人工智能开发和应用的禁区和红线；其次，对于具有高风险的人工智能系统，政府监管重点是强化事前质量认证的准入监管，并明确人工智能应用主体必须遵守的原则和法律规定的义务，强化对违规违法行为的监督处罚；最后，对于低风险人工智能，政府实行低强度监管，鼓励企业保持透明度，鼓励企业主动采取同高风险相一致的合规行动，鼓励企业主动参与质量认证工作，通过获得质量认证来赢得用户信任。[①]

① 政府对达到要求的人工智能系统颁发专门的标签，用户可以直接看到认证标签，从而提升用户对该使用者的信任，增加其收益。

以风险为基础的分级监管应该通过立法对政府重点干预的高风险或极高风险的人工智能系统做出明确规定。欧盟《人工智能法》明令禁止的人工智能系统主要包括四类：（1）人工智能系统通过采用个人无法察觉的技术来试图扭曲一个人的行为并且该行为会对该人或他人造成身体或精神损害的；（2）人工智能系统是针对儿童、老年人、残疾人等弱势群体所开发的，并且其应用会扭曲这些弱势群体中个人行为并且该行为会对该主体或他人造成损害的；（3）人工智能系统的应用是基于对自然人过去的行为或个人特征的评价或评级分类的"社会性评分"，这从而使自然人或特定群体在教育、就业等经济社会活动中面临不公正对待并给其造成损害的；（4）使用远程实时生物识别技术的人工智能应用[①]。从高风险行业来看，欧盟重点关注的行业领域包括：医疗健康、信用机构、保险行业、人生物识别（如人脸识别、语音识别、情感分析）、自动驾驶、影响公众决策判断的合成信息（如在线用户评价、用户流量、深度合成新闻、算法形成的数据报告等）、招生与就业、司法和政府行政管理。欧盟《人工智能法》确立的基于风险等级的监管制度如图 5－3 所示。

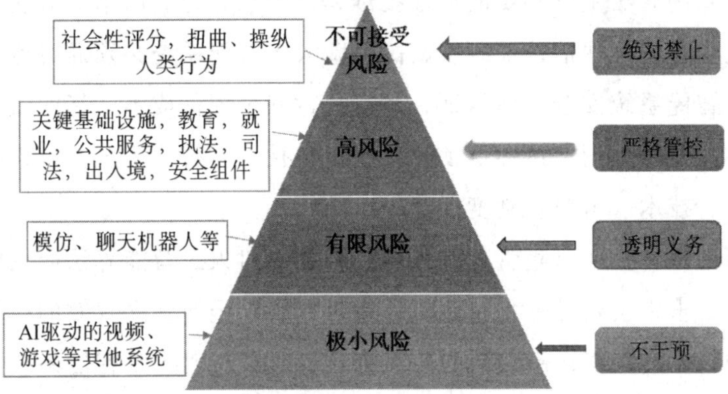

图 5－3 欧盟《人工智能法》确立的基于风险等级的监管制度

---

① 在法律明确规定的出于公共利益目的的远程生物识别是被允许的，但其应用必须严格依法进行并确保数据安全。

根据2020年6月中央网络安全和信息化委员会发布的《关于关键信息基础设施安全保护工作有关事项的通知》规定，中国网络安全的重点行业是电信、广播电视、能源、金融、公路水路运输、铁路、民航、邮政、水利、应急管理、卫生健康、社会保障、国防科技工业等行业。《数据安全法》界定了国家核心数据，即关系国家安全、国民经济命脉、重要民生、重大公共利益等的数据。“关键信息基础设施”和“国家核心数据”主要是基于国家公共安全来确定的监管重点，由于人工智能所引发的风险既有私人权益损害也有公共利益损害，并且更多地涉及社会伦理等问题，因此“关键信息基础设施”和“国家核心数据”并不完全适用于人工智能监管，需要通过制定《人工智能法》对高风险人工智能做出进一步的明确规定。

二、建立全生命周期的人工智能系统安全监管制度

事前实施安全标准和评估认证制度。为了防患于未然，应该对人工智能系统开发应用设定基本的质量安全标准，并实行必要的认证制度，对高风险的算法实行必要的认证批准程序要求。建立由第三方实施的人工智能安全达标评估认证制度，高风险人工智能系统必须通过专业机构的人工智能系统安全评估认证，没有通过安全评估或不达标的人工智能系统不能直接应用。达标认证评估不仅包括人工智能系统，也包括组织的人员、技术、组织、制度保障等。

事中强化企业风险管理责任和加强政府对人工智能算法应用的监测与审计。事中主要是强化企业主体责任，要求企业建立有效的内部风险管理的技术和组织保障，同时重点强化监管机构对人工智能系统使用中可能的风险监测及企业合规审计。由于人工智能系统是一个动态的系统，这意味着一次性审计可能很快就会过时。因此，对可能会带来竞争和消费者伤害的人工智能系统进行持续的监控和贯穿算法生命周期的动态审计。算法审计主要是审查数据质量、审查算法命令执行中各个因素

及其权重、数据或事实与结果之间的相关性等算法本身的审计，以及对算法使用者在算法应用中是否遵守监管要求进行合规审计。为了方便监管机构对算法的监测和审计，算法应用主体有义务向监管机构开放数据界面、算法源代码、算法学习机制和算法运行结果等，以方便监管机构实施监测和进行审计。由于算法审计是一个高度技术性工作，监管机构可以授权委托第三方专业机构来实施，但为保证算法知识产权和使用者的利益，政府监管机构和第三方审计机构负有保密义务。

事后主要是强化违法行为的责任。加强对人工智能违法行为的处罚重点是解决如下几个问题：一是明确主体责任。尽管人工智能算法的运行是机器基于神经网络自主学习实现的，并不是在人的干预下实现的，但是人工智能算法的使用者仍然不能借此免责，其负有保证人工智能算法安全可信的主体责任。二是对于违背“红线”要求和不遵守数据治理规则要求的违规企业给予相应的处罚。根据法经济学的最优处罚理论，在违法行为被发现的概率给定的情况下，提高罚款额度会降低企业的违法激励。如欧盟《人工智能法》规定对违法企业可以处以最高3千万欧元或违法企业上一年度全球市场营业额6%的罚款。中国《网络安全法》《数据安全法》等法律确定了约谈、整改、营业资格限制、行政罚款、刑事责任等多种措施，但是对于各种措施的具体适用条件则有待进一步明确，特别是行政罚款上限的规定不利于严惩重大违法行为，建议建立与违法损害相称的罚款等级制度，并采用违法企业营业额百分比的罚款额计算方式，以更有效地威慑违法行为。三是如果违法行为对公民个人的权益造成严重损害的，其应有权提起民事诉讼来维护自己的权益。

三、强化人工智能系统使用者的主体责任

人工智能系统的风险产生涉及多个主体，如何在这些主体之间配置责任是人工智能监管的一个难题。根据法经济学的思想，为了实现最佳

风险防范，责任应该配置给能以最高效率实现最佳目标结果的主体。人工智能系统涉及的主体包括系统开发者、系统使用者、系统用户等，在这些主体中人工智能系统的使用者是能够高效率且有强激励实现对系统设计、数据投入、系统运行与应用进行管理的主体，因此系统安全责任应主要配置给人工智能系统的使用者，即应用人工智能系统的企业、政府机构或社会组织。

（一）高风险人工智能系统使用者应充分履行透明度义务

高风险人工智能系统应确保具有足够的透明度，使用户能够理解并正确使用系统的输出结果。具体来说：一是应当明确告知用户与其相互作用的是人工智能系统。二是应当明确告知用户人工智能系统具有生物识别和情感识别功能。三是对深度合成的信息应当做出清晰的标签标注。四是应尽可能促进对人工智能系统运行的了解，并使受人工智能系统产出结果影响的利益相关者了解结果是如何产生的。五是应将人工智能系统的目的、应用条件及其局限性等信息明确告知受影响的主体，不能虚假宣传人工智能系统的功能及其结果。

（二）强化人工智能系统使用者的数据治理要求

高风险人工智能系统在数据培训、验证和测试时应该遵守数据治理规则。具体来说：一是数据必须达到质量要求。人工智能系统使用的数据应该满足“相关性、代表性、完整性、正确性”标准，即人工智能系统不能采用不相关、有偏差、不完整乃至错误的数据来进行算法训练，从而产生有偏差的结果并造成歧视。二是符合目的性和应用场景要求。数据的培训、验证和测试应该考虑目的要求以及人工智能系统使用应用场景的行为特征或功能设置。三是数据安全要求。人工智能系统处理使用数据应对自然人的基本权利给予合理保障，并采用最新的数据安全和隐私保护技术来保证个人隐私数据安全。四是数据修正义务。高风险人工智能系统必须采取严格的措施来监测数据结果偏差，查找偏差产生的原因并加以及时修正。

（三）人工智能系统使用者应建立全生命周期风险管理体系

由于人工智能算法的动态性，风险管理体系需要在高风险系统的整个生命周期内定期系统化更新，以进行风险识别、评估、维护、纠正、应急处理等。风险管理体系包括风险管理目标、原则、程序、实施、监督、责任体制等在内的完整系统，并贯穿人工智能系统设计开发、系统投入、系统运行、产出结果的整个流程。具体来说：一是算法开发阶段的管理重点是强化算法程序架构与代码设计审查，确保程序代码设计的合规。二是算法投入阶段重点是强化数据治理，确保数据质量，避免数据运行结果偏差。三是算法运行阶段重点强化流程管理和运行风险监测，并完善风险应对方案。四是算法产出阶段重点是强化结果质量监测，建立有效的风险溯源的可追溯机制和风险发生后的应急管理机制，并强化内部问责机制与风险管控的整改优化机制。五是算法产出应用环节重点是强化网络系统安全以增强技术支撑，并重点提升操控人员的专业素质，加强人工智能系统使用者或消费者培训，确保正确的人机交互，防止不恰当使用带来的各种损害。

（四）强化人工智能系统使用者的组织保障

人工智能系统使用组织内部需要设立专门的数据算法负责人或行政官，加强员工培训，提高员工技能和治理意识，完善有关的管理制度，建立科学规范的工作方法和工作流程。为便于监管和对结果质疑的解释，以及在发生风险的情况下对原因进行追踪溯源，企业需要对相关的数据集、数据使用处理方式、程序代码、算法训练方法、系统验证管理文件等进行保存，并需要建立及时有效的用户投诉处理机制。

四、提升人工智能监管治理的技术保障

（一）构建技术合规治理体系

人工智能程序设计是安全的基础，为此需要强化人工智能程序设计

环节的治理，确保人工智能算法设计遵守基本的治理原则，即采取“通过技术设计来合规”的治理路径，将安全、伦理责任嵌入到人工智能算法程序代码设计中，增强人工智能的弹性和抗攻击能力，最小化各种可能的风险。为此，人工智能算法设计应避免狭窄的技术视野，强化人工智能框架设计和程序开发中的伦理责任，强化技术伦理审查。监管机构的人员组成不仅应增加技术专家，也要增加伦理方面的专家。为了更好地实现技术合规，政府监管部门、行业协会或私人企业等主体应共同制定可信人工智能技术标准，实施可信人工智能技术标准化。

（二）强化技术性解决方案的支撑

人工智能系统的风险属于技术创新快速发展所带来的风险，本质上属于技术不完善和技术治理体系滞后所带来的问题。因此，需要坚持以技术创新来保证技术安全可信的治理路径。人工智能监管应通过不断强化人工智能系统持续的技术创新来完善人工智能系统以及安全可信人工智能技术的开发。安全可信的人工智能技术主要是聚焦于通过技术开发来提高人工智能系统的安全性、可解释性、隐私保护、公平与公正性等，从而为构建安全可信的人工智能系统提供坚实的技术支撑。典型的技术如可解释的机器学习技术、隐私保护的联邦学习技术等。

（三）构建人工智能创新发展体系来促进人工智能安全可信

人工智能治理应构建更为确定的人工智能的政策环境和更为信任的商业环境，构建激励相容和合作治理的人工智能生态和多元治理体系来降低或消除人工智能算法应用的潜在风险，从而更好地促进人工智能的创新发展。为更好协调人工智能算法可信、安全与创新发展的关系，可以采用“监管沙箱”等实验性或试点性政策工具，以政策创新来激励技术创新，从而实现更安全可信的人工智能开发与应用。

五、建立多元共治监管体制

政府不仅是人工智能算法治理的规则制定者和实施者，同时政府也是人工智能算法多元治理的重要主体和组织者，政府与其他利益相关者应该构建良好的伙伴关系，构建多元共治的监管体制。人工智能监管治理中的多元主体包括行业组织、行业标准化机构、学术界、技术专家、公民组织、消费者组织等。

人工智能监管应注重发挥平台企业和行业组织的私人治理作用。政府应鼓励大型数字平台企业承担更多的社会责任，主动强化人工智能治理。政府应鼓励和支持行业协会或标准化组织来协调制定相关的人工智能行业规范或标准，与监管机构合作制定行业企业行为指南和实施企业合规评估工作。

人工智能监管应鼓励积极的公众参与。人工智能监管应充分保障公民个人权益，对个人隐私等基本的人格权提供充分的法律保障，并且政府监管应该建立多元的社会公众参与渠道，及时沟通反馈有关信息，鼓励公众参与监管治理政策制定。为促进个人权益保护，除了完善立法和强化执法，也需要采取各种措施来提升公民的数字化素养，特别是对老年人等群体开展有关的宣传教育。

第六章　数字平台监管

平台是数字经济的主要商业模式和经济社会活动的主体。数字平台是典型的多边市场，平台是买家和卖家实现交易或相互作用的中介。总体来说，目前平台经济学理论研究在解释平台效率促进作用方面取得了较大进展，但是对于平台经济属性以及如何确定平台应该承担的责任和如何构建科学的数字平台监管体系等问题还有待进一步的研究。

第一节　数字平台角色与利益关系

一、数字平台基本功能与监管需求

（一）数字平台的基本功能

总体来说，数字平台三种基础性功能：数据信息节点、交易中介、生态规制者。

1. 作为数据信息节点的平台

从技术性角度来说，数字经济平台就是一个多种不同技术彼此相互作用并实现多种功能的界面。典型的如安卓操作系统，各种应用软件APP通过安卓操作系统实现搜索、定位、视频播放等功能。平台的技术功能就是提供一个标准化的或互操作的基础性功能以实现或促进各种技术功能的相互作用。数字经济中的平台实际就是利用数字技术来促进不同主体之间的相互作用，并且这种相互作用主要是体现为虚拟性。平台技术功能的实现不仅基于现代信息通信技术的硬件和软件，而且还取决于对大数据的采集、存储和开发利用。因此，数字平台本身就是一个大数据采集、汇总、开发应用并促进不同主体更好地进行交易或相互作用的数据信息平台，云存储和云计算是数字平台最重要的基础设施。传统上，平台被看作是互联网服务提供商，并主要关注于平台的技术属性。欧盟《电子商务指令》《数字服务法》都将平台界定为基于互联网的"信息服务提供者"。范戈普和巴图拉（Van Gorp and Batura，2015）负责完成的欧盟议会研究报告《数字经济竞争政策的挑战》将数字平台界定为"数字平台是将由服务或内容提供商提供的服务或内容进行汇总并传输给终端用户的技术基础。"①

2. 作为多边市场交易中介的平台

经济学研究主要关注于平台的经济特征或经济功能，为此经济学研究多采用"双边市场""多边市场"或"多边平台"的概念，即突出平台是便利和促进多个不同群体之间相互作用的中介角色。欧盟委员会（2016）将平台界定为"一个基于互联网技术来促进多个不同的独立用户群体相互作用并至少为一方带来价值的双边或多边市场运营者。"②经济合作与发展组织（OECD，2018）直接采用多边平台市场的概念，"平台是一个市场，其中一个企业作为平台并向不同的用户群体来销售产品，并且这些不同用户群体之间的需求具有相互依赖性。"③ 在现实当中，很多的平台扮演不同群体相互交易的中介角色，如传统的商品交易市场也可以称之为平台，但是很多的"平台"并不是真正意义上的双边/多边平台。只有具有"双边/多边市场"经济属性的平台才是平台经济学所关注的多边平台，并决定了是否应采取独特的监管政策。

---

① Van Gorp and Batura（2015）. Challenges for Competition Policy in a Digitalised Economy，http：//www. europarl. europa. eu/studien.

② European Commission，Regulatory environment for platforms，online intermediaries，data and cloud computing and the collaborative economy，Survey document in preparation of a Communication. 2016.

③ OECD，2018. Rethinking Antitrust Tools for Multi-Sided Platforms，2018.

交叉网络效应是多边市场的最主要特征，也是多边市场区别于单边市场的重要依据。[①] 里斯曼（Rysman，2009）指出双边市场的根本特征是“不同群体通过平台中介实现相互作用，每个群体的决策将通过外部性对另一群体产生影响。”平台的重要功能是实现交叉网络外部性的内部化，而单边市场则不存在这种交叉网络效应。因此，并不是所有的平台都是多边市场，只有具有明显的交叉网络效应的平台才是多边市场。为此，很多学者用交叉网络效应来界定多边市场，代表性的如埃文斯和施马伦塞（Evans and Schmalensee，2012）给出的多边平台概念为“一个数据平台具有两个或多个群体，它们彼此相互需要，但仅靠自己这一方又无法实现彼此相互吸引所创造的价值，只有通过平台的催化剂才能实现彼此相互作用并产生价值创造。”。

多边平台为吸引两侧用户并实现交叉网络外部性内部化的最主要机制是不平衡价格结构，即多边平台通过不平衡价格结构来实现和放大交叉网络效应，影响两侧用户之间的相互作用以实现最大化的交易量。罗切特和泰勒尔（Rochet and Tirole，2004）将双边市场定义为，通过平台能够使不同侧的用户相互作用，并通过合理地向每一方收费而试图把双方（或多方）用户群维持在平台上的市场。即一个平台两侧用户之间的交易量主要受价格结构影响而非仅受平台征收的总价格水平影响，平台可以通过设计价格结构来影响平台两侧的用户的交易数量并决定了自己的利润。由此，平台的重要特征是价格结构的非中立性。据此，罗切特和泰勒尔（Rochet and Tirole，2006）将双边市场定义为“如果一个平台能够通过对市场一侧用户索要高价而向另一侧用户索要对等幅度的低价来影响交易量，即价格结构起到至关重要的作用，为此平台必须设计价格结构来使平台双边的用户在平台交易。”根据上述定义，在总价给定的情况下如果平台上实现的交易量与市场两侧的价格结构或两侧

---

① Caillaud/Jullien, Chicken & Egg: Competition among Intermediation Service Providers, RAND Journal of Economics, 2003, 34 (2), 309 - 328; Armstrong, Competition in Two - sided Markets, RAND Journal of Economics, 2006, 37 (3), 668 - 691.

的相对价格有关，这样的市场就是双边市场；反之，如果交易平台上实现的交易量只与买方和买方支付的总价格有关而与相对价格无关，这样的市场就是单边市场。[①]

3. 作为生态监管者的平台

数字平台不仅是为多边用户实现相互作用提供有用功能或服务的技术系统，同时也要建立有效的治理体系以保证功能的实现和更好地促进多边主体的相互作用，降低交易成本并实现利益相关者的激励相容。布雷斯纳汉和格林斯坦（Bresnahan and Greenstein，1999）将平台界定为“一组围绕买方和卖方协调努力的标准化的组件。”他们进一步指出“平台不仅仅是一个交易的市场，更是一个积极的交易协调者。”从技术功能的角度来说，平台需要设立技术标准以实现与互补性服务或功能的互操作；从治理功能的角度来说，平台需要建立规则、激励机制和支付结构等以合理平衡各方利益，实现激励相容。因此，平台不仅是实现多种技术或商业功能的界面，更是一种促进各方实现多种商业功能并为相关参与方创造更大价值的协调、匹配和治理制度体系的设计者。

总体来说，目前对于多边平台市场理论研究的普遍共识是平台具有三个最重要的经济特征：一是多边市场涉及两个或多个通过平台进行相互作用的不同群体，平台向不同的用户群体提供不同的服务，主要发挥促进不同用户群体相互作用的中介角色；二是不同群体之间具有相互依赖性，即不同用户群体之间是互补的关系，从而增进彼此的相互作用能创造价值；三是多边平台需要通过技术基础建设、价格结构调整和生态规制治理制度设计等来实现不同群体间的外部性内部化，为不同群体创造递增价值并实现平台生态的价值最大化。

（二）数字平台角色与监管需求

与数字平台经济功能相适应，数字平台具有三种具体的角色：技术

---

① 对于这一概念界定，一些学者指出其存在两个问题：一是其忽略了多边平台实行的非价格策略，二是很多传统的企业也实行不平衡价格结构来影响上游企业和下游用户需求，不平衡价格结构并非多边平台所独有。

性角色、经济性角色和制度性角色。首先，作为技术性角色，平台是互联网的网络数据信息的节点，汇聚和处理大量的数据信息，通过大数据、算法、算力等大数据技术来支撑平台商务高效运营。其次，作为经济性角色，平台是不同用户群体实现交易或相互作用的中介，通过撮合不同用户群体的交易或相互作用，实现最佳的供需匹配，并通过不平衡价格结构来实现对交易量的放大效应，从而创造更大的价值。再次，作为制度性角色，平台是整个生态的私人监管者，它通过进入资格审查、平台交易规则制定、声誉机制和信用机制设计、有效的争端解决机制等来构建信任、安全、共赢的平台交易环境。

从政府监管的角度来说，政府监管需要针对平台的不同角色及其可能存在的市场失灵风险采取有针对性的监管政策应对（见表6-1）。

表6-1　平台的三重角色及监管问题

角色属性	技术性角色	经济性角色	制度性角色
具体角色	网络数据信息节点	交易中介组织	生态规制者
市场风险	技术瓶颈势力滥用	中介势力滥用	规则势力滥用
风险行为	拒绝接入、侵犯隐私、网络不安全	剥削性收费、排他性行为	歧视性交易条件、剥削合作方
监管目标	技术安全与开放共享	中立性与FRAND原则	多方共赢与激励相容

对于作为网络数据信息节点的平台来说，其面临的市场失灵风险有两个：一是网络数据信息安全问题，既包括个人隐私安全，也包括国家网络与数据安全；二是数据信息垄断问题，即支配平台利用对数据信息的垄断来索要高价格、拒绝竞争对手或第三方的接入、拒绝兼容或互操作性的实现，从而阻碍具有非竞争性属性的数据要素的重复再用。由此，政府监管的重点是防止平台滥用技术性“瓶颈”市场势力，以维护网络数据安全和保证数据的开放接入。

对于作为交易中介的平台来说，政府监管主要是防止支配平台利用中介市场势力来剥削平台用户或排斥竞争对手。在平台拥有中介市场势力的情况下，消费者用户或商家用户往往平台单属，平台一侧用户要与另一侧用户交易或相互作用必须通过平台才能完成，此时平台成为“守门人”。这种市场势力既包括垄断平台的绝对市场势力，也包括非支配平台通过对用户的锁定所形成的相对市场势力。政府监管的目标是确保作为中介的平台能够保持客观的中立性，即遵循“公平、合理、无歧视”的FRAND原则。

对于作为生态监管者的平台来说，其有义务确保其制定的规则不会阻碍和扭曲平台内部的市场竞争，在缺乏合理的客观效率理由的情况下，其不能利用规则制定权来影响和扭曲平台内商家间竞争或剥削性占有商家的利益。政府监管主要是防止平台滥用规则制定权来扭曲市场竞争，实施封锁、歧视或剥削平台生态利益相关者，以确保多方共赢（风险共担、收益共享）的平台生态。

二、数字平台利益关系

从平台经营活动所涉及的利益关系来说，平台经营涉及多重利益关系，需要依据多部法律来进行系统监管。平台涉及的利益关系包括平台与消费者用户、平台与合作商、平台与平台、平台与社会，如表6-2所示。

表6-2　数字平台多重利益关系的利益侵害风险及监管政策应对

关系维度	平台与消费者	平台与商家、第三方供应商	平台与平台	平台与社会
利益侵害风险	侵害消费者权益	剥削商家或第三方供应商	排斥竞争对手	损害公共利益
利益侵害发生基础	绝对市场势力 相对市场势力	绝对市场势力 相对市场势力	绝对市场势力	平台利润最大化的负外部性
监管重点	保护消费者权益	保护商家或第三方供应商的合理权益	维护市场自由竞争	维护公共利益
监管目标	交易公平	交易公平	经济效率	社会安全

续表

关系维度	平台与消费者	平台与商家、第三方供应商	平台与平台	平台与社会
监管主要法律依据	消费者权益保护法、个人信息保护法、反垄断法	公平交易法、反不正当竞争法、电子商务法、反垄断法	反垄断法	网络安全法、金融科技法、数字内容法

资料来源：作者整理。

（一）平台与消费者用户的关系

平台与消费者用户之间的关系可简称为 P2C 关系，这是一种中介服务关系，即消费者用户通过平台来实现与商家等另一侧用户的交易或相互作用。由于网络效应、转换成本和平台基于对大数据算法的个人化营销，往往造成消费者平台单属，被支配平台所锁定，并有可能被过度采集数据、索要不公平的价格或交易条款、误导消费决策等。政府监管的重点是消费者权益保护和消费者个人隐私信息保护问题，为消费者营造信任的在线交易环境，防止平台销售假冒伪劣商品、虚假信息宣传、虚假评价或恶意刷单、不合理算法个人化定价格、应用软件强制安装或默认设置、非法过度采集或滥用消费者数据。

平台与消费者用户关系的政府监管重点是保护消费者的合法权益，防止平台企业利用绝对和相对市场势力来侵害消费者权益。政府监管的法律依据主要是《消费者权益保护法》《个人信息保护法》《反不正当竞争法》，以及《反垄断法》中的剥削性滥用条款。[①] 平台与消费者用户之间关系的监管并不特别针对支配平台，而是针对所有规模平台实施的侵犯消费者利益的行为。

（二）平台与商家的关系

平台与平台商家、第三方互补性服务提供商之间的关系简称为 P2B

① 欧盟 2019 年修订的 P2C 条例对监管平台对消费者的关系做出了规定。Directive 2005/29 of the European Parliament and of the Council of 11 May 2005 concerning unfair business - to - consumer commercial practices in the internal market, OJ [2005] L149/22.

关系，这是一种基于合约的经济合作关系。由于商家用户和第三方合作商需要依赖平台来与消费者进行交易，并且由于数据、代码、互操作性协议的专用性投资，对支配平台具有强依赖性，由此造成平台与商家、第三方合作商之间的合约谈判能力不对等，平台可能实施不公平的合约条款。对此，政府监管的重点是防止平台利用“守门人”的绝对和相对市场势力，即具有“守门人”地位的平台负有不能滥用“守门人”势力来扭曲平台商家用户之间竞争和维持利益共享、风险共担平台生态的职责。

为了维护平台与商家或第三方合作商之间的公平交易，建立价值共创、风险共担和收益共享的平台生态，从而形成激励相容的生态发展格局。对于平台与合作商家之间关系的监管，国际上各国主要是依据《公平交易法》来进行，欧盟 2019 年为此专门制定了 P2B 公平交易条例。[①] 目前中国对平台间关系实行监管的法律依据主要是《反不正当竞争法》《反垄断法》《电子商务法》《数字版权法》《合同法》等。政府监管主要禁止的行为包括：没有合理理由地拒绝商家或第三方接入平台与消费者实现交易，通过不公平的收费来剥削商家用户或第三方合作商，通过不公平的交易条款将商业风险转嫁给商家或第三方合作商，操纵排名、网页展示位置、声誉机制等来扭曲商家之间的竞争，以及通过自我优待和垄断杠杆化来排斥下游市场竞争者（商家用户或第三方）。

（三）平台与竞争平台间的关系

平台与平台之间是市场竞争关系，是影响数字平台市场可竞争性的决定性因素。政府监管的重点是防止支配平台利用自己的绝对市场势力来实施各种排斥竞争对手的行为，从而严重扭曲和损害市场竞争。政府主要是禁止具有绝对市场势力的支配平台实施各种严重扭曲平台间竞争的滥用支配地位行为，如阻碍消费者用户平台多属、阻碍商家转向竞争

① Regulation 2019/1150 of the European Parliament and of the Council of 20 June 2019 on promoting fairness and transparency for business users of online intermediation services, OJ［2019］L 186/55.

平台或平台多属（独占交易）、最惠国条款、限制消费者用户数据的跨平台转移、限制数据接入等排他行为，以及以消灭竞争对手为目的的企业并购，特别是消灭初创企业的“杀手并购”。

对于平台与平台间关系的政府监管主要是维持市场的自由竞争和市场的创新活力，防止平台企业实行各种严重损害市场竞争的竞争，维护市场的可竞争性，从而促进创新和消费者福利。平台间关系监管的法律依据主要是《反垄断法》，监管对象重点是具有支配地位的平台企业，核心是算法合谋、滥用市场支配地位和损害竞争的企业并购。

（四）平台与社会的关系

平台与社会的关系主要是平台应该承担合理的公共利益责任，做一个负责任的社会主体，平台的商业运营应该有助于促进社会公共利益的提高。数字平台日益凸显的经济社会影响力，以及数字平台跨界经营所带来的对经济社会各个领域的广泛掌控力，使数字平台成为数字经济社会一个重要的社会势力。数字平台的经营活动已经远远超出了传统企业单一领域和有限影响的局面，大型数字平台不仅影响一个国家的生产和消费，也影响一个社会的价值观和社会秩序。由于平台始终是追求私人利益最大化的主体，为了追求利润最大化有时平台的经营行为会给社会带来较大的负外部性。政府监管的重点是维护公共利益，如确保金融安全、网络数据安全、网络信息内容健康等，从而营造安全和清洁的网络空间，确保经济社会安全，促进社会和谐和文明进步。

由于不同规模的平台都可能对社会公共利益造成损害，因此维护公共利益的政府监管对所有的行业企业实行监管，依据风险评估来确定监管的重点领域和重点企业，当然由于大型平台的强大地位，大型数字平台是监管的重点关注，其应该承担更大的责任和义务。监管的法律依据主要是《网络安全法》《金融科技法》和《数字内容法》等。目前中国平台社会性监管的立法严重滞后，立法缺失问题突出，应着手开始研究制定《金融科技法》《数字内容法》等相关法律。

三、数字平台综合监管体系

由于数字平台的经营行为涉及多元主体利益关系和具有多重利益侵害，并且大型数字平台对经济社会具有多维度的影响，为了促进数字平台健康发展，政府监管必须构建系统的综合监管体系，以实现在促进数字平台创新发展的同时也很好地保护各方的合理权益，从而构建一个开放创新和多方普惠的数字平台生态。

（一）强化监管政策的系统设计

数字平台的经营行为不仅涉及扭曲市场竞争和扰乱市场竞争秩序的垄断和不正当竞争行为，而且还涉及侵犯用户隐私、网络数据安全、金融安全、文化价值观等非经济损害行为。面对数字平台的多重损害，数字平台监管需要构建系统的监管政策体系，消除监管政策漏洞和制度短板，强化监管政策体系的系统总体设计、整体推进和综合施策，增强数字平台监管的系统性、整体性、协同性。

（二）完备综合监管法律体系

数字平台监管应依法监管，立法先行。面对数字平台发展带来的诸多新的监管问题，需要及时完备数字平台监管的法律体系，消除立法空白和法律漏洞，确保数字平台监管执法依据多部法律来针对不同的利益关系进行针对性调整。数字平台监管需要依据《反垄断法》《反不正当竞争法》《消费者权益保护法》《电子商务法》《个人信息保护法》《数据安全法》《网络信息内容法》等多部相关法律来综合治理，更好地维护市场竞争，保护消费者利益与公共利益。

（三）建立高效能综合监管体制

数字平台监管不宜沿用传统的行业监管体制，避免单一部门监管所带来的利益保护不充分、执法效能有限的缺点。数字平台综合监管要求强化综合监管能力，在明确主管部门监管责任的同时建立跨部门协同监管体制，形成责任明确和执行有力的综合执法体制，全面提高政府综合监管能力。为此，要明确各部门的监管职责，统筹中央和地方执法，健全跨部门和跨区域联合执法体制。行政执法具有高效及时执法的优势，但是行政执法容易产生执法失误，错误的执法会对数字经济创新发展造成严重损害，为此需要建立行政执法和法院司法并行的数字平台监管体制，将高效执法和稳健执法结合起来，增进数字平台监管体制的稳定性和可预期性。

（四）构建多元主体协同监管体制

由于数字平台的经营行为涉及多元主体，因此数字平台监管应该建立多元主体有效发挥作用的监管治理体系。数字平台监管在发挥政府监管主导作用和提升政府监管效能的同时还应充分发挥其他主体的治理作用。首先，应该充分赋权消费者用户，提高消费者维权意识和创新消费者维权途径，通过赋能消费者来抗衡数字平台对消费者权益的侵害。其次，强化数字平台私人监管的基础作用。数字平台监管应强化平台生态监管者责任，创新平台生态治理手段，完善平台生态治理规则，提升平台生态治理的透明度和问责性。再次，行业组织要发挥统一标准、建立商业规则和推进伦理建设等的作用，强化行业自治。

第二节　数字平台责任体制

一、平台责任体制的转变："责任豁免"转向"合理责任"

长期以来，为了促进数字经济的创新发展，美国和欧盟对数字平台的监管都是采取消极的监管政策，主要体现为对数字平台适用监管责任豁免的"避风港"原则。避风港原则起源于美国《通讯规范法》第230条规定，其规定计算机服务提供者如果发布信息是由他人提供的，则其可免于承担责任。美国 1998 年通过的《数字千年版权法（DMCA）》第 512 条设立了数字版权保护的避风港原则，即只要平台履行“通知—删除”义务，则其将对平台上的版权侵权行为不承担责任。欧盟 2000 年发布的《电子商务指令》也提出了避风港原则。《电子商务指令》指出，互联网中介服务提供商对以消极的方式传输、存储的内容并且有效履行了“通知—删除”义务则不需对此承担责任。显然，避风港原则体现的是一种消极的监管，其集中在如何豁免平台的行为，目的是鼓励数字经济的创新发展。

以“避风港”原则为核心的消极的平台监管政策显然适用于数字经济的发展初期，市场、技术和商业模式都具有较大不确定性的情况，其有利于降低数字平台创新发展的成本，促进数字平台快速发展。但近年来数字平台日益突出的支配地位、广泛的跨界经营和积极的生态私人监管者角色使消极监管的理念明显落伍，迫切需要建立更积极的数字平台监管体制，实施更积极的事前规则监管，明确支配平台哪些行为不能做，从而规范平台行为。目前，美国正在讨论如何修改《通讯规范法》第 230 条以更好地适应数字平台发展的现实。欧盟已经颁布《数字市场法》并正在讨论出台《数字服务法》，力图建立一个更全面的数字平台监管政策，促进数字平台的健康发展。中国近年来也加强了对数字平台的监管，通过立法强化平台的责任，主要的法律法规如 2018 年国家颁布了《电子商务法》、2019 年国家市场监管总局发布了《网络交易监督管理办法》、2020 年国家市场监管总局发布了《关于平台经济的反垄断指南》，2021 年 10 月中国国家市场监管总局发布了《互联网平台分类分级指南（征求意见稿）》和《互联网平台落实主体责任指南（征求意见稿）》，试图构建以强化平台主体责任为重点的监管体制。

总体来说，数字平台监管日益从消极的平台责任豁免转向积极的监管政策，强调平台负有必要的注意义务和积极行动者角色。目前数字经济平台在整个经济社会活动中扮演日益突出的角色，在线交易市场支配平台具有非常强大的市场支配地位和垄断势力，在平台市场冒尖和消费者日益平台单属的情况下，支配平台不仅是不同用户群体实现相互作用的中介，还是决定商家能否进入市场并实现交易的“守门人”，同时也是平台生态的积极监管者。特别是在支配平台普遍实行跨界经营的情况下，平台的商业活动跨越了多个行业或领域，具有了更多维的角色和更强大的社会影响。因此，数字平台责任不应继续坚持宽容的“避风港”原则，应强化平台主体责任，构建有利于数字经济健康发展的平台生态。

二、强化数字平台责任重在明确行为规则

数字平台监管应该重点明确平台商业行为的基本规则，明确的事前行为规则，也利于企业合规经营和创新发展。根据国内外研究和数字经济发展现实，数字平台监管应突出如下的基本行为规则。

（一）开放接入

平台作为数字经济最大的社会数据资源的占有者其不应该垄断社会数据资源来谋求平台最大化垄断利润，数字平台不得不合理地拒绝第三方接入、人为限制消费者用户的跨平台个人数据转移（限制个人数据可携带权）、排斥或阻碍平台之间的数据互操作性。作为数字经济具有“准基础设施”属性的平台中介和具有日益突出的“守门人”垄断势力的平台，应该保持平台的开放接入，不应在缺乏客观合理理由的情况下对特定用户的接入实行限制，或不合理地设定或提高一些用户的接入门槛，从而限制市场竞争和数字商务的发展。

（二）交易公平

平台作为交易中介和平台生态的中心应该构建一个多赢的局面，而不应是核心平台独占生态的收益，而其他用户和合作商家利益则严重受损。即平台应该是生态共同价值创造的推动者和生态利益兼容的协调者，而不应是平台利益的攫取者或独占者。交易公平性要求平台应实行

公平合理的交易条款，不能采取和实施剥削性滥用行为或不公平的剥削性收费，不强制或过度采集用户信息，平台不能强迫用户接受其提供的服务或附属服务，如以同意作为获得服务的先决条件，实行强制捆绑附属服务、恶意安装应用软件等，不能在消费者用户不知情的情况下实行个人化高价格；平台不对商家用户实行不合理的剥削性收费或交易条款，不能在没有合理理由的情况下拒绝商业用户的交易，不得限制商家与其他企业的交易行为。

（三）保障安全

平台作为交易中介和重要的生态监管者，其有义务通过技术配备和交易制度设计来保证平台不同用户之间的交易安全，构建信任的平台交易环境。平台的交易安全包括对平台商家或经营者的背景审查、对交易商品或服务的质量安全、交易结算的支付安全以及消费者隐私信息和商家的数据资产安全等。平台的义务主要有三个方面：一是对平台商家或第三方供应商的资质进行审查；二是对平台信息内容负有过滤审查义务，对具有较高风险的内容要做出明确的标识，以提醒消费者用户，在举报或投诉侵权内容的情况下要及时采取删除行动；三是与政府监管机构积极合作，建立快速的信息犯罪报警制度，并积极配合执法机关的执法。

（四）客观中立

平台不能误导消费者做出决策或判断，如发布大量虚假广告、虚假营销、虚假新闻等；平台不能操纵数据、算法或声誉排名机制来偏向于自己的关联业务而造成对竞争对手的排斥；平台应该非歧视性地对待所有的商家，不能在缺乏合理理由的情况下对特定商家实行歧视性的政策或对特定商家实行特别的优惠政策而扭曲市场竞争；跨市场经营的平台不能将核心业务市场的市场势力运用到相关业务市场来扭曲相关市场的竞争；数字新闻、在线视频等数字内容平台不能依据平台的偏好来呈现或推送数字内容，从而偏误性地影响或左右公众的价值判断。

（五）规则透明

对于消费者来说，平台不能在不告知的情况下对消费者实行个人化定价（大数据杀熟）、在消费者不知情的情况下采集或利用消费者个人隐私信息等。对商家来说，平台的收费定价机制、交易条款或条件、声誉排名机制、暂停或终止服务等要公开透明，上述内容的更改要提前明确告知商家或第三方合作者。为增进平台经营行为的透明，平台需要定期提交或发布透明度报告，在特定情况下，平台的算法需要接受监管机构的算法审查。

（六）完善投诉和争议处理机制

支配平台应建立用户投诉处理机制，对于用户的争议应建立有效的仲裁制度，特别要明确投诉处理和仲裁的程序。这一要求对于解决平台商务中的商业交易纠纷、隐私侵犯纠纷、知识产权侵权纠纷问题的处理具有重要意义。

第三节　数字平台私人监管

数字平台监管应重在发挥平台的私人监管者角色。数字平台具有实行私人监管的激励和能力，并且平台发挥私人监管者角色，构建安全信任的交易环境，确实保护相关主体的合法权益，也是平台履行必要社会责任的内在要求。有效的数字平台私人监管是政府公共监管的重要补充，在一定程度上替代了部分政府监管负担并提高了监管的整体效能。

一、平台私人监管者角色

在多边平台市场运行中仍然存在明显的市场失灵，典型的如信息不对称、环境不确定性、外部性等。为此，平台要构建成功的虚拟市场不仅需要解决搜索匹配、供需平衡、需求引导等交易阻碍问题以促进市场交易效率，同时也需要解决由于信息不对称引发的机会主义行为，保证在线交易安全可靠，以增进市场信任。此时，有效的平台私人监管能够吸引更多的消费者来参与平台并实现高频率相互作用，形成良好运行的生态。正如埃文斯和施马伦塞（Evans and Schmalensee，2016）所指出的“良好的治理能力是平台成功的关键要素之一”。

面对平台生态中的市场失灵，平台有激励通过采取有效的治理规则来提高不同主体之间相互作用的有效性，构建信任的在线环境，从而做大平台交易量并获得高回报。一般来说，平台实施的治理规则主要包括四大类：一是平台设计选项，包括排名、默认选项和搜索过滤器等；API 和平台特定功能的访问规则、反馈和推荐系统。二是平台与用户关系规则，包括提供支付、责任分配、信息共享、禁止销售假冒商品，以及声誉评价、争端解决机制、终止服务或担保等。三是用户间的相互作用规则，包括平台的行为规则、市场交易规则与第三方关系规则等，如规范卖家提交报价、对交付和退货政策、规定示范合同，定价规则、支付方式等。四是市场准入与惩罚机制。例如，淘宝平台惩罚措施包括行为限制类、信息限制类、永久处罚类，如扣分、屏蔽店铺、限制交易等。[①] 平台规则制定和“市场设计”很好地保障了各方的权益，构建了安全信任的交易环境。在某种程度上，平台是自我监管的市场（Boudreau and Hagiu，2010）。

从政府监管的角度来说，平台私人监管具有巨大的效率收益，增加了消费者对平台市场交易的信任，保证了平台生态的良好运行，深化和扩大了平台虚拟市场的发展，为平台生态的利益相关者带来巨大的价值。因此，应该鼓励平台私人监管者角色的发挥。

① 阿里研究院、德勤研究：平台经济协同治理三大议题，2017 年 10 月。

二、平台声誉评价机制及其有效性

在数字平台商业模式中，平台通常采用分权化的声誉机制来缓解由于信息不对称所带来的市场失灵问题，即通过建立消费者用户评价的声誉机制来实现生态治理。

（一）声誉机制的治理效应

数字平台商务本身是一种信任经济，构建和维护多边之间的信任是平台生态需要解决的核心治理问题。在线交易在本质上面临两类信息不对称：一是涉及对交易主体或相对人身份识别的信息不对称，如身份不明、匿名、无法与自然人联系等；二是涉及交换对象（商品或服务）的质量的信息不对称。由于信息不对称，消费者、企业、广告商、平台运营商等都受到机会主义行为、网络欺诈、盗版侵权等行为的影响，这对平台商业交易产生抑制。为了克服这些问题，在线平台需要设计一个适当的制度环境，以有效地消除潜在的成本和风险，增加信任并进而扩大平台交易量。

在传统的经济中，应对信息不对称引发的市场失灵的重要手段是实行严格的政府监管，如政府对市场准入实行审批、实施严格的产品质量标准、加强外部监督和事后问责。但是在在线市场中，政府监管也面临更为严重的信息不对称问题，政府监管的甄别机制面临非常高的成本，因此平台主导的信任治理机制就成为较优先的选择。为了解决信任问题，平台有多种机制选择，如事前的调查或甄别、内部的治理机制、外部的监督或监管机制等。平台采用的具体措施包括准入限制、提供质量证明文件、担保或保险机制等。

信息不对称引发的信任问题的市场化应对机制主要是通过声誉机制。声誉机制能有效缓解信息不对称带来的市场失灵问题，是一种基于市场的纠正市场失灵的私人治理机制，并在很大程度上替代了政府监管。在数字经济背景下，平台的声誉机制主要是在线声誉评价机制。目前平台采用的最主要的声誉机制是评分与评论机制，也被称为用户反馈评价机制，即通过购买商品的消费者用户对商家的服务或商品的评价可以为市场其他消费者提供信息，从而迅速识别低质量商品或服务，消除低质量商品企业实施欺骗行为的激励。声誉评价机制之所以能有效约束机会主义行为是因为其本身就具有激励约束作用。如在滴滴公司对网约车司机的评价中，一个乘客评价分高的司机会获得平台优先派单的奖励，差评的司机则在平台派单中处于后面排队的状态，从而使差评的司机面临收入下降的处罚。总体来说，消费者评分评价和排名系统能显著提高市场的透明度并降低不对称信息，评分结果和排名系统成为一种改进市场有效性的私人治理机制。

（二）声誉机制有效性的影响因素

目前影响声誉机制有效性的因素主要是如下两点：

一是消费者声誉评价的激励不足。由于声誉评价提供的信息是一种公共物品，消费者基于成本—收益分析而缺乏进行评分评价的激励，而是具有较强的搭便车激励，因此存在声誉机制供给不足问题。通常，在消费过程中很失望的消费者通常并不会做出反馈，这可能是因为单个消费者不愿意花时间或成本，也可能是担心商家的威胁或报复。消费者评价参与的不足会使消费者评价反馈系统的分值无法反映真实的情况，网络评价结果数据存在严重的偏差。为此，政府监管重在督促平台完善声誉机制设计，增强消费者用户评价的激励。

二是商家可能会策略性操纵评分评价机制。在中国电子商务等在线市场，一些商家为了获得好评通过付费的方式让第三方来完成假的订单并做出不符合实际的好评，网络恶意刷单或好评、买家和买家之间的串谋行为、黑灰产的发展都严重扭曲了评价反馈机制的声誉效应，明显降低了消费者对声誉评价的信任度。在平台一体化经营或者与特定商家具有利益关系的情况下，平台有可能采取有利于特定商家的反馈评价机制或操纵反馈评价结果来偏向特定商家，从而扭曲平台内市场竞争。科尼什（Kornish，2009）对美国 Amazon，iTunes、Vanno 这三个平台的经验研究发现，大约有 20%～47% 的用户评价存在一定的商家或平台实施的用户评价信息策略性操纵问题。因此，政府监管需要重在打击上述恶意操纵和利用声誉评价机制的行为，维护良好的平台生态。这既需要督促平台来建立更为有效地防止和禁止操纵评价机制行为，同时也要加大政府外部监管的力度，对网络恶意刷单或好评、买家和买家之间的串谋行为、黑灰产采取更严厉的行政执法。

三、平台私人监管与政府公共监管

在发挥平台私人监管作用的同时政府监管仍有其必要性，具体来说：

一是潜在的私人利益与公共利益的冲突。平台监管追求私人利益，在大多情况下是与公共利益是一致的，但是在少数情况下二者并不一致。如在线购物平台，打击假冒伪劣和欺诈行为既符合平台私人利益也符合政府公共利益。但在消费者隐私保护中，平台偏好更多地采集和共享私人数据，而产生超过公共利益目标所要求的过度采集和披露私人数据信息问题。平台私人监管决策更多地基于私人成本与收益，对那些具有较大的社会外部性影响但是平台治理对那些面临较高规则实施技术和组织成本的市场失灵问题则缺乏充分的治理激励。政府监管基于公共利益目标，能更好地应对外部性问题，可以实现社会最优的监管效果。

二是平台有可能滥用生态监管者角色。对于具有守门人地位的平台来说，由于平台商家严重依赖平台中介来实现与消费者用户的交易，有可能滥用规则制定权来剥削平台消费者或商家。在支配平台一体化或跨界经营的情况下，平台既是运动员又是裁判员，既在下游市场要与依赖于平台的其他公司竞争，又制定管理这种竞争的规则，有可能产生伤害竞争的风险，平台有激励利用平台生态规则来实施自我优待等限制竞争行为，从而严重影响市场竞争。[①] 为此，支配主导平台有责任确保它们

① 欧盟竞争委员会委员玛格丽特·韦斯塔格认为，这是平台竞争政策面临的重要挑战。Margrethe Vestager, Competition and the Digital Economy, speech at Association of European Competition Law Judges Annual Conference (June 6, 2019).

所选择的规则不会在没有客观理由情况下阻碍和扭曲市场竞争，支配平台所提供的规则和制度不得产生反竞争的排斥或歧视。在生态中居于核心地位的支配平台必须确保平台内市场的公平竞争，不能利用规则制定权来扭曲市场竞争。

三是平台私人监管手段具有局限性。平台作为私人监管主体缺乏政府监管所具有的行政、司法等的调查权和处罚权，因此在面对严重违法犯罪行为时，平台无法采取强有力的手段加以查处，平台只能迅速向国家行政监管机构进行报告，请求有关监管机构采取执法行动，并积极配合行政执法和司法裁决。

综上，为促进数字平台的健康发展，需要构建平台私人监管与政府公共监管相结合的合作监管体制。政府监管应促进平台声誉治理机制的完善，更好地落实企业私人治理主体责任，确保数字平台以有利于社会的方式创新发展。

第四节 数字平台事前监管

一、强化对大型数字平台事前监管是基本趋势

面对日益增强的平台垄断势力和数字平台在经济社会中的巨大影响，为了更好地促进数字平台发展和促进社会福利效应并同时防止平台垄断势力滥用给消费者、商家和社会带来伤害，强化对大型数字平台的事前监管已经成为必要的政策选择，并且加强对大型数字平台的事前监管已经成为一种世界各国强化数字经济监管的基本趋势。

欧盟理事会 2022 年 7 月通过的《数字市场法》重点针对“守门人”平台的行为规则做出了规定，特别是明确列出了支配平台禁止实施的行为（“黑名单”行为）和要求实施的行为。2022 年 1 月美国参议

院司法委员会审议通过了《美国创新与选择在线法案》，对守门人平台的行为规则做出了明确的规定。2021 年 10 月国家市场监管总局发布的《互联网平台落实主体责任指南（征求意见稿）》对超级平台提出了共 34 条的平台责任要求。欧盟、美国、中国的上述法律都是试图建立有效的数字平台事前监管体制，弥补单独依靠反垄断事后执法带来的监管低效问题。正如蒙蒂（Monti，2021）针对欧盟《数字市场法》所指出的“尽管《数字市场法》的立法是出于对数字市场竞争的关注，但它不是欧盟竞争法的强化和升级，它是基于面向未来的思维试图构建一个遏制和削弱守门人势力的监管体制。”①

平台事前监管体制不是传统的行业监管，依然是市场监管。数字平台事前监管体制具有如下几个基本特征：第一，平台事前监管不针对特定行业或追求行业利益，而是追求普遍的基于市场竞争所带来的社会总福利最大化。第二，平台事前监管属于经济监管，其重点是维护市场竞争和保护在线市场交易主体的合法权益，而非追求广泛的社会性目标。第三，平台事前监管不直接介入平台企业的具体经营活动，而是通过明确行为规则来实行规则监管，重在发挥平台自我治理的基础性作用。第四，平台事前监管主要是预防性监管，其重点不是事后对企业违法行为进行严厉处罚，而是侧重于事前防范，通过强化平台主体责任来促进平台合规经营，降低平台企业经营违法风险，是典型的软监管。

二、事前监管的目标应有限多元

基于数字平台垄断势力涉及的复杂利益关系和多重损害，数字平台反垄断事前监管的目标应该聚焦于确保网络数据安全、交易公平和市场可竞争性，确立以安全、公平、可竞争为核心的有限多元价值目标。

---

① Giorgio Monti. The Digital Markets Act - Institutional Design and Suggestions for Improvement, TILEC Discussion Paper, DP 2021 - 004, P3.

（一）数据信息安全

数据信息安全主要是针对数字平台滥用垄断势力过度采集和使用个人隐私数据信息，非法的数据跨境流动，非法海外上市造成数据大量外泄，严重缺乏网络安全保护激励、纵容非法有害内容传播等行为。目前，中国网络数据信息安全主要是依据《网络安全法》《数据安全法》《个人信息保护法》等法律来监管，其不是反垄断执法部门的主要职责，但是当数字平台势力是造成隐私侵犯、威胁网络和数据安全等数据信息安全问题的根本原因时，反垄断机关应采取有力的事前监管，明确大型数字平台的数据信息安全责任，规定数字平台不得从事的行为和需要履行的数据安全责任，禁止非法的数据整合与使用，强化对大型数字平台的数据信息安全监管，这有助于从根本上解决由垄断造成的数据信息安全风险。

（二）交易公平

交易公平是良好运行市场的重要特质（Marsden and Rupprecht Podszunm，2021），但传统的反垄断严重忽略交易公平问题。反垄断监管中的交易公平主要是针对数字平台滥用相对垄断势力行为，重点防止平台对平台用户、第三方合作商、平台从业者实施不公平交易行为，维护平台生态内的公平交易和公平竞争，构建价值共创和公平分配的平台生态。交易公平主要体现为交易自愿原则和分配公平原则。首先，公平要求平台不能限制消费者的选择自由和商家的经营自由。平台不能限制消费者平台多属，不能限制消费者在不同平台之间转移个人数据信息，不能在消费者不知情、信息误导或未知情同意的情况下实施针对消费者的特定商业行为。平台不能限制商家和第三方合作商的平台多属，不能对商家和第三方合作商施加不合理限制条款或歧视性条款，平台不能实施不透明的治理规则，造成商家和第三方合作商平台之间出现明显的权利与义务不对等，使商家和第三方合作商丧失了经营自由或平等参与竞争的能力[①]。其次，公平要求平台获取的收益不能明显超过其价值贡献。平台经营行为的公平是指平台从用户身上获取的收益应该与其做出的价值贡献相称，事前监管应促进构建价值公平分享的平台生态。据此，平台不能非法过度采集和利用消费者隐私数据，不能向消费者或商家征收不公平高价格或实施不公平交易条款。

（三）市场可竞争性

市场可竞争性主要是防止长期可维持的市场垄断势力形成及滥用绝对垄断势力，既要维持可竞争市场结构，也要维护竞争性市场行为。事前监管维护市场可竞争性的政策重点是降低市场进入壁垒，特别是通过数据接入政策、互操作政策等来打破数据垄断和数据壁垒，以及降低消费者和商家的转换成本来促进平台多属，并禁止各种垄断行为，消除各种严重损害市场竞争的市场封锁，以维持市场的可竞争性。因此，事前反垄断监管对具有守门人地位平台提出了特别的行为规则要求，禁止其实施会严重损害市场竞争的行为。尽管有些经营策略行为在一般意义上可能既有反竞争效应也有效率促进效应，但是对于守门人平台来说，如果有充分证据显示其会伤害竞争或限制其他企业参与市场竞争的机会和能力，事前监管来加以禁止则可以更好地维护市场竞争。

三、事前监管的对象是守门人平台

事前监管应该具有有限的适用范围，针对的对象主要是具有强垄断势力的数字平台，欧盟称之为“守门人平台”，中国则称之为“超级平台”。由于守门人平台同时具有强大的经济规模和重要的市场影响，其经营行为对市场竞争和交易公平产生重要影响。因此，反垄断事前监管重点针对守门人平台。

---

① 公平主要是指事前公平，即每个企业都享有公平地参与市场竞争的机会，公平并不意味着要保护低效率的企业，因为这违背市场经济优胜劣汰的效率机制。

目前对于守门人平台的认定标准还不完全一致，欧盟、美国和中国相关法规确定的数量标准还存在一定的差异，如表 6 – 3 所示。欧盟《数字市场法》第三条对平台守门人地位认定的标准为：一是具有重要市场影响；二是具有重要中介地位，运营一个核心的平台服务并且该服务是商业用户实现与终端用户交易的重要通道；三是具有稳固和可持续的市场地位。美国《美国创新与选择在线法案》第二条对守门人地位认定的标准主要是考虑较大规模、重要市场影响和重要中介地位。总体来说，守门人平台的认定依据主要是如下三个条件：一是平台具有巨大的经济规模，具有重要的市场影响；二是平台提供的核心服务是不同用户群体实现相互作用的必要通道，具有重要的中介地位；三是平台具有长期稳固的市场支配地位。显然，根据上述标准，界定平台是否是守门人地位平台并不需要以科学界定相关市场为前提，其并不是反垄断法意义上的市场势力或市场支配地位认定。

表 6 – 3　　欧盟、美国、中国反垄断事前监管对象的界定标准

国家/地区	依据	数量门槛标准
欧盟	重要市场影响	在过去三年中在欧盟地区年均营业额超过 75 亿欧元或者市值在上一财年至少达到 750 亿欧元
	重要中介地位	在上一年中在欧盟地区每个月的活跃用户数超过 4500 万家并且年活跃商业用户数超过 1 万家
	稳固市场地位	在过去三年中重要中介地位数量门槛标准始终满足
美国	重要市场影响	在过去 12 个月平台每个月至少拥有 5000 万家活跃用户或者月至少拥有 10 万家活跃商户
	较大经济规模	在过去两年平台的年净销售收入大于 5500 亿美元
	重要中介地位	在过去两年平台是产品或服务提供者实现交易的重要交易伙伴
中国	超大用户规模	在中国的上年度年活跃用户不低于 5 亿
	超广业务种类	核心业务至少涉及两类平台业务
	超高经济体量	上年底市值（估值）不低于 10000 亿元
	超强限制能力	具有超强的限制商户接触消费者（用户）的能力

资料来源：根据欧盟《数字市场法》第三条、美国《美国创新与选择在线法案》第二条和国家市场监督管理总局发布的《互联网平台分类分级指南（征求意见稿）》整理。

国家市场监督管理总局发布的《互联网平台分类分级指南（征求意见稿）》对超级平台的认定依据是四个：超大用户规模、超高用户体量、超强限制能力、超广业务种类。中国对超级平台的认定标准存在的问题：一是采用了单一的市值标准而没有采用营业额标准来确定平台规模。由于市值标准具有较大的波动性并受外部因素影响较大，采用单一的市值标准会增加不确定性，应该采用以营业额标准为主，以市值标准、用户数量标准等为辅的复合型数量门槛标准。二是鉴于平台双边市场的特性，平台活跃用户规模应该分别明确商家用户和消费者用户数量标准，以更好反映平台多边市场涉及不同用户群体以及具有交叉网络效应的特点，而不应仅仅关注终端活跃用户数。三是平台经济规模指标（经济体量、用户规模）没有充分考虑例外情况，在特定情况下即使一个平台没有达到规定的数量标准，其也可能具有强平台势力并具有较大社会损害风险，或由于数字经济快速发展而使很多平台都成为事前监管对象，为此需要有例外条款做出补充规定，防止单一数量标准的僵化[①]。四是没有考虑平台是否具有稳固的市场地位。由于数字平台市场的持续创新所带来的动态性，一个市场地位受到竞争威胁而趋于下降的平台不应被认定为具有守门人地位。五是中国特别提出了“超广业务种类”标准来反映平台是否具有生态势力。这一标准应该作为最后的判定指标，即只有在平台具有较大经济规模并且具有强中介地位的情况下，其核心服务涵盖多类平台业务，并且其核心服务在邻近市场中都具有较高市场份额的情况下，才能认定其具有生态势力。否则，一个平台仅在多个业务领域经营，但是在每个业务中都不具有重要的经济影响，则其并不具有生态势力。

---

① 欧盟《数字市场法》第三条六款对例外情况进行了说明，指出在认定守门人平台中要考虑平台规模、用户数量、规模经济与范围经济、用户锁定、进入障碍以及其他结构性因素。

四、事前监管的重点是守门人平台的行为监管

数字平台事前监管是行为性监管，重点是明确守门人平台的行为规则，既要明确守门人平台不得从事的行为，也要明确平台必须从事的行为。为了确保事前监管的科学性，防止监管失误，并更好地指导平台企业经营合规，事前行为监管应对守门人平台不得从事的行为做出分类规定。具体来说：首先，对于那些明确具有严重损害竞争效果的行为适用"本身违法"原则，明确规定守门人平台不得实施；其次，对于那些具有较大可能具有严重损害竞争效果，但在少数例外情况下可能会具有效率理由的行为则适用"可抗辩的本身违法"原则。为避免"一刀切"的禁止带来执法错误，事前监管禁止的行为必须具有充分的反垄断执法判例或市场调查基础，即有充分证据证明在特定市场中守门人平台的行为具有或较大可能具有严重损害竞争的效果；对于在特定市场或特别情况下较大可能具有严重损害竞争效果的特定行为，还要进一步明确该行为禁止适用所针对的特定场景。

欧盟《数字市场法》第五条和第六条对守门人平台提出了九项本身违法禁止行为（黑名单）和十项可抗辩本身违法行为（灰名单），美国《美国创新与选择在线法案》第二条对守门人平台提出了三项本身违法禁止行为和七项可抗辩本身违法行为（见表6－4）。总体来说，欧盟和美国事前监管立法严格禁止的守门人平台行为主要集中在如下几种：自我优待、歧视性平台条款、独占交易协议、最惠国条款、未获授权的多源数据整合、强制性捆绑等，对这些行为适用近似本身违法原则。欧盟和美国事前监管立法对于一般的捆绑或搭售、拒绝数据接入或兼容、阻碍互操作性、限制数据可携带、歧视性数据接入等行为则适用可抗辩的本身违法原则，在当事平台企业有可信证据显示该行为具有显著的效率效应的情况下，其并不构成违法。

表 6-4 欧盟《数字市场法》与美国《美国创新与选择在线法案》规制的平台行为

	《数字市场法》	《美国创新与选择在线法案》
黑名单	未授权的个人数据整合，最惠国条款，限制交易，独占交易，限制举报，强制使用平台服务，强制性服务捆绑，广告信息免费接入，策略性广告信息撤回	不公平的自我优待，限制平台用户竞争能力，歧视性平台条款
灰名单	利用不对称数据集、软件捆绑、APP 独占交易、自我优待、限制终端用户多属、阻碍互补性服务互操作性、拒绝接入广告绩效衡量工具及数据、阻碍个人数据携带、拒绝商业用户接入数据、拒绝与搜索服务提供者分享数据、歧视性商业用户接入条件、不提供合理且方便的核心服务终止条款	限制平台商家接入或互操作性，捆绑搭售行为，使用平台商家的平台交易数据来与商家进行竞争，限制商家接入或转移在平台交易数据，限制卸载预装应用程序（默认设置），搜索结果展示违背中立、公平、非歧视，对向政府举报商家进行报复

资料来源：根据欧盟《数字市场法》第 5 条和第 6 条、美国《美国创新与选择在线法案》第 2 条整理。

国家市场监督管理总局发布的《互联网平台落实主体责任指南（征求意见稿）》对超级平台提出了更为宽泛的 34 条责任要求，涉及数据算法治理、经营行为规范、平台治理责任、社会利益保护四大类内容。《互联网平台落实主体责任指南（征求意见稿）》上述规定存在的主要问题为：第一，没有明确全面地规定超级平台不得从事的禁止性行为，仅规定了捆绑搭售、多源数据整合、自我优待、限制互操作性四种行为，其他行为则笼统规定适用《反垄断法》《反不正当竞争法》《价格法》等法律。第二，没有对禁止的行为和要求履行的责任做出进一步的分类分级规定，而是更多地适用本身违法禁止，典型的如对数字平台“二选一”“大数据杀熟”等做出本身违法的严格禁止，且没有对法律禁止的特定行为所适用的市场或业务做出进一步明确。第三，部分禁止的行为是否一定具有严重损害竞争效果尚不明确，其是否具有严重损害竞争效果尚缺乏经济学理论、执法判例和中国数字平台市场研究的证据支持，容易出现“一刀切”的问题，可能会对行业的创新发展产生不利的影响。第四，所规定的大部分行为或平台责任已经具有相应的其他法律规定，一些内容规定明显混淆了市场监管与行业监管的区别，而且一些平台责任要求明显超出了国家市场监管总局的职权范围，如劳动者保护、环境保护、纳税义务等，这些规定会加剧部门之间的执法冲突，与国务院提出的“谁审批、谁监管，谁主管、谁监管”的要求不相一致。由于上述问题，导致《互联网平台落实主体责任指南（征求意见稿）》并不能为平台企业的发展营造稳定、可预期的政策环境，反而增加了政策不确定性和企业合规负担。

第七章　个人数据隐私保护监管

数字技术的发展可以使企业收集、存储、转移和处理大量的消费者用户个人数据。企业大量采集和利用消费者数据很大程度上促进了产品、服务和商业模式创新，提高了消费者福利和经济效率。与此同时，由于很多情况下消费者对数字商务企业是否采集其个人数据，如何存储和使用其个人数据，是否与第三方分享其个人数据等并不知情，数字商务企业恶意收集消费者用户隐私数据信息和大量个人隐私数据泄露事件的发生，引发了消费者对个人数据隐私安全的担忧，进而影响了对数字商务消费的不信任。为此，各国监管机构都在推进数据隐私保护的立法和监管政策制定，以保护消费者隐私，确保企业采集利用消费者数据不会造成对消费者的隐私伤害。

欧盟在2018年颁布实施了《通用数据保护条例》（简称GDPR），成为世界第一个对个人隐私保护制定系统法律规定的司法区。近年来，美国联邦贸易委员会不断完善消费者隐私保护政策与执法，美国加州2018年颁布的《加州消费者隐私法》（CCPA）确立了个人信息保护的统一规则和框架，中国2021年8月全国人大通过了《个人信息保护法》。但目前对个人数据隐私保护问题在基本理念和基本原则上还存在很多的争议和模糊性，从而也造成政策实施的不确定性，因此需要深化关于个人数据隐私保护的理论研究，为个人隐私保护立法和监管政策实施提供支持。

第一节 数字经济数据隐私保护难题

隐私是对他人获取和使用个人信息的控制能力（Westin，1967）。[①] 隐私通常被界定为“个人、群体或机构决定自己何时、如何以及在何种程度上与他人沟通信息的权利。”[②] 因此，隐私并不是追求绝对的个人信息隐藏或封闭，而是对他人使用自己个人信息的控制能力。在数字经济隐私保护政策中，隐私主要是针对个人数据信息。如欧盟《通用数据保护条例》（简称 GDPR）第 2（1）章指出，其仅适用于企业处理的与个人有关的数据，因为这些数据能够识别特定个人。

个人信息是能够识别特定人的数据信息，如个人姓名、家庭住址、邮箱、身份证号码、手机号、医疗健康记录、个人生物信息等。个人信息主要分为个人敏感信息和非敏感信息。目前隐私保护政策关注的重点是个人敏感信息，如欧盟《通用数据保护条例》（简称 GDPR）特别指出对于个人种族或民族出身、政治观点、宗教信仰，以及个人生物基因数据、健康数据等敏感数据信息的处理是被禁止的。非敏感信息是不能直接或间接识别特定人的数据信息，既包括用户的设备数据、浏览历史数据、在线交易数据等，也包括企业对用户原始数据信息进行脱敏处理后不会影响个人隐私的数据。

目前，关于数据隐私保护的理论研究主要有两种思路：一是将数据隐私看作是一项基本的人权，认为隐私就是个人享有的一种自由和安静，侵犯隐私就是对个人私人空间和个人自由的一种侵犯，很多法学家、政治学家通常基于隐私的人权观来探讨可能的隐私保护制度；二是将数据隐私看作是经济活动中的一种投入要素，基于信息经济学理论和

---

① Westin A. F. Privacy and Freedom, New York: Atheneum, 1967.

② Daniel J. Solove, A Taxonomy of Privacy. University of Pennsylvania Law Review, 2005, 154 (3): 477 - 560.

经济效率原则来探讨实现最优隐私披露和隐私保护平衡的隐私保护体制和监管政策，这一思想往往是由经济学家为主体所主张的并重点探讨如何在实现合理的个人隐私保护的同时促进数字经济创新发展。上述两种思路实际上是互补的关系，隐私的人权观更强调对个人隐私权的尊重和保护，而隐私的经济要素规则有助于政府采取有效率的方式来保护数据隐私，使数据隐私保护体制和政策能促进效率目标的实现。

经济学对隐私问题的关注主要集中在隐私的信息维度，即保护个人数据隐私和个人数据信息共享的权衡问题。正如阿奎斯蒂等（Acquisti et al.，2016）指出，隐私保护问题不应当狭隘地认为是阻止个人信息分享，而应当被看作是赋予数据主体对个人数据信息公开的控制。在经济学家的视野中，隐私保护并不是追求绝对的保护而是追求适度的保护，适度的隐私保护就是社会总福利最大化的隐私保护。消费者隐私保护和信息披露是一个问题的两个方面：一方面，信息披露可以使商家开发更具有个性化的服务，降低消费者搜寻成本和交易成本，并有利于市场机制更有效地配置资源，从而有利于整个社会；另一方面，商家滥用消费者隐私信息，对消费者实施更有针对性的高价格或带来个人隐私侵害，则会造成消费者福利损失。因此，从个人角度来说，隐私问题实际上是个数据信息公开边界管理问题，即确定最优的个人信息封闭和公开之间的边界。

在数字经济中，消费者个人数据分享会给其带来较大收益，基于数据商家可以开发更有针对性的个性化服务，可以降低消费者的搜寻成本，但很多数字商务企业采用记录程序和追踪程序来收集大量和多维度的消费者个人数据并与第三方分享这些数据，这引发了消费者对隐私问题的关注。消费者主要是担心自己的隐私信息被泄露或滥用，从而损害自己的利益。典型的如在在线电子商务中消费者会担心企业利用隐私数据来针对自己设定较高的价格，个人信息泄露带来的骚扰营销或广告，以及增加网络诈骗的风险等。因此，数字商务企业过度收集、使用或分享用户数据会对消费者用户产生较大的负外部性。同时，隐私泄露或隐私侵犯会造成消费者的不信任，进而影响数字经济的发展。

在数字经济背景下，数据隐私既是一项个人人格权，同时个人数据也是一种重要的经济要素。由于数据隐私是重要的人格权，缺乏数据隐私保护会造成对个人隐私的过度侵犯，但由于数据是数字经济最重要的生产要素，大数据驱动的创新是数字经济发展的根本动力，过度的数据隐私保护在维护消费者隐私的同时却可能以牺牲创新和增长为代价。因此，消费者隐私保护问题并不仅仅是单纯的隐私权保护问题，也是一个设计最优的制度来合理平衡相关方利益来实现最优个人信息披露程度的制度设计问题。数据隐私保护是在保护个人数据隐私安全的同时促进个人数据信息合理利用，进而促进数字经济发展。正如汉默克和鲁宾（Hammock and Rubin，2011）强调指出，目前隐私保护的优先问题应该是对隐私保护给消费者带来的影响进行系统的经济学分析。[①] 核心问题是市场中的企业是否有恰当激励来提供最恰当的隐私保护，隐私保护政策如何权衡隐私保护与数据利用的经济价值创造的关系。

第二节　数据隐私保护市场失灵与政府失灵

一、完美市场中的数据隐私保护

以希思黎弗（Hirshleifer，1971）、波斯纳（Posner，1978）、斯蒂格勒（Stigler，1980）、瓦里安（Varian，1997）为代表的学者们都将隐私问题看作是消费者的理性决策问题，隐私经济学分析主要关注于理性消费者的最优隐私决策问题，即理性消费者对个人隐私信息的成本与收

① Hammock and Rubin，2011. Applications Want to Be Free：Privacy Against Information，*Competition Policy International*，May 19，2011.

益进行权衡问题。消费者既希望避免商家过度使用或滥用其信息，但同时他们也希望适度分享信息以实现满意地与商家或平台的相互作用。由此，理性消费者的成本—收益权衡会产生最佳的信息公开。瓦里安（Varian，1997）指出，消费者隐私信息本质上是消费者和商家之间的数据信息交易问题，适当地与商家分享某些信息会降低消费者搜寻成本并提高消费者福利，由于信息是由商家或第三方来收集并交易的，由此信息披露也会给消费者带来一定的负外部性，烦人的广告营销等会给消费者带来成本并降低其福利。为此，消费者理性地进行隐私信息的成本—收益权衡决策，适度地向商家披露部分类型的个人信息并对其他类型的个人信息进行保密，或者控制个人隐私信息的开放幅度和范围。

在隐私保护市场模式下，隐私保护完全是通过不同主体之间利益机制的作用来实现。芝加哥学派经济学家认为，市场机制之所以能提供最优的隐私保护是因为隐私信息是一种通过私人谈判可以交易的商品，理性的私人主体之间的私人谈判可以实现最优的资源配置结果。从隐私信息市场运行来说，企业之所以重视隐私不仅因为隐私数据信息是一种投入品，同时隐私保护也是一种重要无形资产或声誉，即一个企业的隐私政策可能构成其开发品牌声誉或产品服务质量的重要组成部分，好的隐私保护会如同好的声誉或高服务质量一样给其带来高回报。一个企业在隐私保护上的不良表现会使其失去良好的声誉，并由此招致企业收入的下降。因此，在竞争市场中，市场竞争机制也为平台企业高质量的隐私保护提供了重要的激励约束机制。

芝加哥学派经济学家主张通过有组织的数据隐私信息市场交易来实现最佳的隐私保护或个人信息披露，通常都反对对信息自由流动和数据隐私进行政府监管，认为隐私保护监管会增加市场运行成本，降低市场机制的有效性。波斯纳（Posner，1978）、斯蒂格勒（Stigler，1980）指出，由于隐私保护会阻碍提高交易效率的信息流动，增加市场运行成本，因此隐私保护会损害经济效率。具体来说隐私保护监管会产生三种效率损害效应：一是信息自由流动是竞争市场和实现经济效率最重要的因素，隐私监管限制信息自由流动，提高了市场交易的信息成本，会阻碍实现有效率的交易匹配，带来市场资源配置的扭曲和低效率；二是隐私保护增加了信息不对称，会增加交易成本，阻碍有效率的交易实现；三是隐私保护会降低企业生产性投资激励并带来分配的不公平。

因此，芝加哥学派经济学家反对政府干预个人信息市场，认为政府干预信息流动的监管政策不仅往往是无效的，更多的时候往往是有害的。即政府监管会带来资源配置的低效率和不公平的再分配，产生严重降低市场效率和社会福利的“既无效率又无公平”的结果。正如劳顿（Laudon，1996）所主张的，隐私保护要采用市场化方法，即“如果认为隐私具有重要的社会公共价值，则解决方案应该采取市场机制，因为其更有力且代价更低。”①

二、数据隐私市场的市场失灵

市场机制实现有效隐私保护主要是来自于两个重要的约束机制：一是消费者的理性偏好。对于消费者来说，数据隐私保护是个人隐私安全成本与数据分享收益之间的权衡问题。更多的消费者愿意根据企业的隐私保护表现来进行购买决策，则市场机制对企业的约束越强。二是市场的有效运行。在市场竞争结构下，企业之间的竞争不仅体现为产品本身，也体现为不同企业的隐私保护水平，一个不注重隐私保护的企业将被竞争对手所替代，竞争压力会激励企业不断地改进隐私保护工作。在现实当中，由于存在隐私保护的市场失灵，市场机制并不能充分实现最优的隐私保护。

（一）隐私悖论：消费者隐私决策是理性的吗？

消费者隐私披露理性决策的观点受到大多数经济学家的质疑，并认为消费者隐私决策是非理性的，消费者的隐私决策往往是短视的并且隐

① Kenneth C. Laudon, Markets and Privacy, Communication of ACM, 1996, 39 (9): 92-104.

私偏好具有明显的时间不一致性（Choi，Jeon and Kim，2019）。消费者非理性隐私决策的主要现象是“隐私悖论”。“隐私悖论”是指“消费者通常声称关注自己的隐私，但是在很多情况下其行为表现却与其所宣称的相反，其对私人隐私披露比较轻率并且也不积极采取提高隐私保护技术”的言行不一的现象。在现实当中，存在大量的隐私悖论现象，即消费者主张自己很关心隐私问题，但是却不愿意支付成本或采取措施来保护隐私，有时是一边抱怨隐私问题而同时又向企业免费提供隐私信息。[①]

在现实当中，存在大量的隐私悖论现象，消费者在在线活动中通常并不认真阅读商家给出的隐私条款而是简单地同意。[②] 索洛夫（Solove，2013）指出消费者隐私决策并不是理性的：一是消费者通常并不阅读隐私政策；二是即使消费者阅读隐私政策，其也并不充分了解这些政策；三是即使消费者阅读并了解隐私政策，其通常也缺乏充分的信息知识来做出决策选择；四是即使消费者阅读和了解隐私政策、依据充分的信息进行决策，他们的决策也会受到各种因素的干扰。隐私悖论的存在显示存在两种市场失灵，即消费者可能并不关心个人数据保护，或不愿意采取措施来保护个人数据隐私。2015 年欧盟委员会对 21707 个消费者阅读在线隐私政策的调查发现，只有 18% 的消费者阅读隐私政策，31% 的消费者完全不阅读，49% 的消费者部分阅读。[③] 富勒（Fuller，2019）对谷歌用户调查发现，有 82% 的用户不愿意为提升隐私保护支付任何费用。

（二）消费者隐私决策面临严重的信息不对称

数据市场具有显著的信息不对称问题，即隐私问题的透明度严重不足，消费者通常对个人信息在什么时间、何种方式和何种程度被数字商

① German Monopolies Commission，Competition Policy：The Challenge of Digital Markets 74（Special Report No. 68，2015）.

② Wolfgang Kerber，Digital Markets，Data and Privacy：Competition Law，Consumer Law and Data Protection，Journal of Intellectual Property Law & Practice，2016，11（11）：856 - 866.

③ European Commission，Data Protection—Report 84，Special Eurobarometer 431，2015.

务企业收集和使用，以及是否被转让或与第三方共享并不知情。由于数据收集处理过程缺乏透明度或缺乏明确的告知程序，平台往往采取消费者默认同意设计，消费者对于其隐私数据的使用通常并不知情。阿奎斯蒂（Acquisti，2004，2007）指出消费者和商家之间在数据隐私信息上存在严重的信息不对称，即消费者通常并不知道自己的数据信息被收集以及事后商家如何使用这些信息，因此无法实现最优的隐私保护谈判解。现实当中，很多数字商务企业提供的隐私政策太长或者以用户不太容易懂的方式描述或呈现，造成尽管消费者同意其政策，但是并没有充分理解有关的条款。由于数字商务企业隐私政策的不透明以及消费者面临较高的隐私政策学习和监督成本，造成消费者无法做出最优的理性隐私决策，产生决策行为偏差，从而使基于私人合约谈判的隐私交易机制无法有效发挥作用会产生数字商务企业过度披露用户隐私信息的问题，必然出现隐私保护不足的问题。同时，由于数字商务企业大量收集多维度个人数据以及如何使用这些数据缺乏透明度，有可能滥用消费者隐私数据信息，并给消费者用户造成损失。由于很多消费者用户担心其个人隐私安全的风险，会对在线交易产生不信任，从而影响数字经济发展。

（三）个人数据具有外部性

个体数据具有外部性是因为个体之间的数据具有相关性，平台企业可以依据一些人的数据推断出其他人的行为或偏好。因此，数据具有社会性维度。数据的社会性维度会产生外部性。当一个人披露个人数据信息时，他也提供了影响其他人的信息。由于个人决策仅仅考虑个人的成本和收益，没有将这种外部性内部化。数据外部性可能为正，也可能为负。当一个人的信息披露影响了其他人的隐私，使平台或第三方更好地识别其他人的隐私信息，则就形成了负外部性。数据应用方可以根据已经披露信息的人的信息来预测其他人的行为并进行决策。当一个人披露个人信息并导致其他人的信息被识别，这会降低其他人信息的价值。[①]

---

① 阿西莫格鲁等（2021）称之为“子模块性”。

在此情况下，数据的价格将远远低于个人的隐私价值，这可以解释为何平台企业都是免费或以极低的价格来采集和使用个人数据。在负外部性情况下，尽管个人想保护个人隐私数据，但是负外部性使个人的隐私保护没有价值，由此导致个人缺乏进行隐私保护的积极性，即消费者无法实现其所期望的最优隐私保护程度，造成过度的信息分享或披露（Choi et al.，2019；Bergemann et al.，2020；Ichihashi 2020；Fainmesser et al.，2021）。[①]

在数据负外部性的情况下，平台企业可以以极低的价格获取数据，而大量占有数据的收益则非常高，从而导致过度采集使用个人隐私数据信息。平台企业过度使用数据会产生收入分配扭曲，即更多的剩余从消费者转移到平台企业。因此，在消费者理性决策的情况下，隐私数据负外部性会对隐私保护产生不利的影响，个人没有隐私保护的激励，平台则过度采集和使用个人数据。如果存在一个追求社会总福利最大化的社会计划者，对隐私数据采集和使用实行有效的监管，依据社会边际收益等于保护边际成本来确定最优的隐私数据保护水平，则可以实现对消费者福利和生产者福利的兼容。

（四）不完全竞争与谈判力不对等

隐私市场完美观点成立的一个重要前提是隐私信息双方的私人合约谈判是基于双方谈判力对等分配的基础上，即任何一方都不可能多占有双方交易的租金，对等谈判的结果一定是双方平均分配交易租金的纳什谈判解。但是在现实当中，数据企业往往是居于市场支配地位的大型平台企业，由于谈判势力的不对等分配，一个消费者用户要与一个大的数字平台企业进行谈判往往是成本高昂的。尤其是在数字平台具有明显的市场支配地位和消费者用户面临较高的转换成本的情况下，消费者用户往往缺乏对等谈判的能力，无法通过合约谈判来达成最优的隐私合约，

① 这也可以解释“隐私悖论”产生的原因，在负外部性的情况下，单个消费者的数据价值非常低，相对于隐私保护的成本来说，理性的消费者会选择弱保护或放弃隐私保护。乔伊等（Choi et al.，2019）指出，在此情况下，对消费者加强隐私教育或信息提供并不会解决这一问题。

这阻止了最优谈判解的出现。因此，单纯的市场化隐私谈判交易不会带来社会福利最大化的隐私信息分配。同时，隐私保护具有公共产品属性，单个消费者会有搭便车的激励，希望其他人与数字平台企业谈判，自己免费享受好的隐私保护政策。对于任何单个人来说，其参与合约谈判以争取高水平隐私保护的成本可能会超过其预期收益，缺乏谈判的激励。“搭便车”问题的存在进一步降低了私人交易合约的有效性。

（五）个人数据市场交易机制的制度障碍

由于个人数据市场的运行存在障碍，在现实当中市场机制无法有效解决最优隐私保护问题。首先，单个个体数据的价值非常低。在数字经济中，单个数据通常是没有价值的，只有足够数量数据汇总在一起并经过深度挖掘才能产生有价值的信息或知识。其次，单个个体的数据交易可能面临较高交易成本。相对于单个数据的低价值，较高的单个数据交易成本可能会导致市场机制失灵。再次，即使个体数据交易是有效的，但是由于个体数据的价格机制形成主要是由个人偏好所决定的而非主要由成本所决定，在不同个体对数据价值的偏好存在较大差别的情况下，个人数据交易的价格机制很难形成。最后，个人数据信息的人格权属性也限制了市场机制的作用。欧盟 GDPR 等隐私法规都将公民的数据隐私界定为一项基本的人权，而人格权往往是不可交易的。这在一定程度上排斥了将隐私数据作为一种可交易的商品，尤其是个人敏感数据往往是不可交易的，因为作为一种基本的人权其本身是不可以通过金钱来进行交易的。

三、数据隐私保护的政府失灵

由于隐私信息市场失灵，政府监管就具有了合理性。隐私保护政府监管机构通过实施强制的法律规则将会阻止企业从事侵犯消费者隐私信息的行为。在个人隐私保护中，政府监管政策通常主要采取事前隐私保护标准要求和事后对违规违法企业进行处罚。在政府监管理论中，支持政府监管会纠正市场失灵观点的重要前提假设是政府监管机构能实现公共利益目标，并且监管行政成本和产业的合规成本不会过高。但是现实当中，上述条件很难得到满足。首先，数字经济是一个快速创新的领域，在动态的经济环境中，政府监管政策会面临较大的政策过时的失效风险，政府干预往往会扭曲市场竞争并阻碍技术创新，因此政府监管机构缺乏充分实现公共利益目标的能力和政策工具。其次，不恰当的数据隐私保护会扭曲数字经济的商业模式并不利于消费者福利。数字经济的典型商业模式是数字平台企业通过向消费者提供免费服务来免费获取消费者用户数据，这是一种典型的双向免费商业模式。如果对消费者个人数据实行严格的保护或者采取赋予消费者对个人数据的产权，则数字企业采集消费者用户数据需要支付更高的数据成本和谈判交易成本，而且这势必改变多边平台市场免费服务的商业模式，转而向消费者收费来获得利润。再次，政府不恰当的监管活动往往会给企业带来过高的合规成本，增加企业负担和降低企业竞争力，从而阻碍数字经济创新发展。

总体来说，对于政府隐私监管政策实施的效果，经验分析发现不恰当的政府监管会产生如下几个方面的负面结果：

一是过度隐私保护会扭曲市场机制并阻碍数字经济发展。巴伦和斯塔登（Barron and Staten，2000）对美国信用卡行业的经验分析发现，对金融机构获取和交易关于借款人和申请人信息的严格隐私保护法律会阻碍其对消费者的甄别，并带来高抵押价格、低的被拒绝率和高违约率。戈德法布和塔克（Goldfarb and Tucker，2011）对欧盟实施《隐私与电子商务指令》对在线广告行业影响的实证分析发现，隐私保护政策实施明显降低了在线广告市场的有效性，对在线广告行业造成破坏性影响，尤其是对小规模平台和业务单一平台的负面影响更为突出。[①]

二是隐私保护会扭曲数字市场竞争。坎贝尔等（Campbel et al.，

---

① 《欧盟隐私与电子商务指令》要求企业以消费者知情同意为前提来实施信息收集和处理，不满足这个前提条件的个人数据采集将构成对消费者隐私的侵害。

2015）的经验分析显示，在采取消费者“知情—同意”的隐私监管原则下，消费者更偏爱具有宽业务范围的大规模网络平台，由此消费者“知情—同意”监管政策会给小企业和新进入者带来进入壁垒，同时强化大规模多元化平台的市场势力，从而产生扭曲市场竞争的负面效应。

三是过度的隐私保护会阻碍数据驱动的创新。阿杰里德等（Adjerid et al.，2013，2016）对美国医疗信息分享的经验研究发现，个人隐私保护如果不能同时激励医疗机构对数据的分享和使用则会带来较低的绩效结果。由于隐私监管对技术创新具有异质性影响，其既可能促进创新也可能阻碍创新，而这主要取决于具体的隐私监管法规或政策的具体规定。米勒和塔克（Miller and Tucker，2015）对美国基因隐私法对基因检测和个人化药品开发的影响研究发现，“知情—同意”原则会阻碍个人获得基因检测，明显提高了医疗机构的基因检测成本并阻碍了药品开发创新。

四是隐私保护监管会影响收入再分配。赛伊和斯滕巴卡（Shy and Stenbacka，2015）分析了无隐私保护、有限隐私保护和完全隐私保护三种消费者隐私保护程度的福利效应，他们的分析显示，在完全隐私保护体制下，由于完全隐私保护禁止企业收集消费者隐私信息并进行彼此交换，这会弱化企业之间的竞争，此时消费者剩余最低而企业利润相对最高。由于隐私保护具有天然的再分配影响，不恰当的隐私保护反而会降低消费者福利。

四、数据隐私保护中的政府与市场

（一）个人数据隐私保护需要实现政府与市场的最佳组合

隐私保护的市场机制和政府监管并不是替代关系，市场机制和政府监管实际上是一种互补的关系并且呈现出动态的组合变化，政府监管强度往往受到技术手段、市场发育程度（交易成本）的变化而变化。因此，个人数据隐私保护不是完全取代市场，完全依靠政府监管来解决个人数据隐私保护问题。数字经济中的个人数据隐私保护要实现市场机制与政府监管的合理组合和动态优化。总体来说，面对个人数据隐私保护的市场失灵，政府隐私保护监管具有四项基本职能：完善法律、教育服务、行政执法和制度创新，如表 7－1 所示。

表 7－1　隐私数据市场失灵与监管政策应对

市场失灵	消费者非理性决策	信息不对称	谈判力不对等	市场机制不完善
政策重点	面向消费者的隐私宣传和隐私服务	依法确立“知情—同意”基本原则	立法赋予消费者完备的个人数据隐私权	培育个人数据市场交易价值
监管职能	教育服务	行政执法	完善法律	制度创新

（二）个人数据隐私保护应充分赋权消费者

隐私保护政策应以充分尊重和保护个人的信息自决权为核心。隐私保护政策的一个特殊性在于其主要是更多地涉及大量私人权益，并且个人对隐私价值的判断存在非常大的差异性和情景依存性。为此，隐私保护需要尊重消费者的意愿，不仅支配企业不能剥夺消费者的决策权和选择权，政府也不能完全代替或取代个人的信息自决权。因此，个人数据信息保护应充分尊重和保护个人数据自决权，在信息充分的情况下由个人自主决定其个人信息的公开程度，这也是各国隐私保护法都将“知情—同意”原则作为个人信息处理最基本原则并同时通过立法赋予消费者必要个人信息权的重要原因，即倾向于通过信息主体自治以保护个人信息。

在某种程度上来说，隐私问题主要是个人和数字企业之间的私人合约问题，隐私保护政策应更好地促进私人合约谈判，通过赋予消费者知情权、决定权、退出权、数据可携带权等个人信息权，来消除或降低消费者非理性、信息不对称、谈判力不对称等市场失灵，并采取针对性的政策设计来降低或消除市场失灵对个人信息披露许可的影响，以促进有效的私人合约谈判，从而确定最佳的个人数据信息公开边界。

（三）要注重发挥市场化个人数据隐私保护机制的作用

隐私保护政策应注重市场化私人合约谈判的基础性作用。由于个人隐私信息保护问题本质上属于私权保护，完全取代私人合约谈判的政府行政监管会带来“一方受益、一方受损”的零和博弈结果或利益双损的结果，私人隐私信息合约谈判则有利于实现利益兼容的双赢结果，因此隐私保护政策应该鼓励私人主体之间的合约谈判，隐私保护监管政策不能完全采用行政手段来替代市场化的私人合约谈判机制，即隐私保护不能严重扭曲私人主体的行为激励。

个人数据隐私信息保护需要充分发挥市场机制的基础性作用，政府监管不应取代或限制市场化的私人合约机制，而应促进市场机制发育和完善。因此，隐私保护政策设计的核心是消除隐私市场失灵，政府一方面要完善隐私数据保护相关法律制度，通过向消费者合理赋权和明确企业采集使用个人数据信息规则，增强消费者对个人信息的自决权和控制力，综合运用隐私保护法、竞争法等法律来规范强势数字商务企业的数据采集处理行为，促进个人数据安全基础上的采集利用；另一方面，还要积极探索个人数据市场化流转交易机制，培育个人数据市场交易中介组织（如个人数据信托），降低个人数据市场化的交易成本，充分发挥市场机制在实现最优隐私保护中的决定性作用。

（四）个人数据隐私保护要发挥企业自我治理的基础作用

个人隐私保护要突出数字平台私人监管的基础作用。在数字经济中，政府监管已经由传统的政府一元主体演变为“政府 + 平台”二元主体。在数字经济隐私保护中，私人监管比政府监管具有更多的优势。数字平台企业的隐私保护会对其赢得用户信任和维护良好的声誉产生重要的影响，企业有激励投资于用户隐私保护，同时企业具有实行隐私保护的信息优势和监管手段优势。当然，由于数字平台企业是追求企业利益最大化目标，私人监管并不保证一定会实现社会最优的隐私保护水平。为此，应该形成政府监管下的私人监管体系，强化对企业履行保护用户数据隐私安全义务的监督和问责，形成政府监管与平台私人监管协同的合作监管体制。为此，政府监管应重点强化平台企业的主体责任，督促其完善隐私保护技术和组织保障，并增强平台企业隐私保护可问责性。

（五）完善政府监管治理制度保证政府监管有效

数据隐私保护要始终坚持审慎监管原则，建立和完善数据隐私保护审慎监管的制度保障，既要防止监管不足，更要防止监管过度。要特别防止将强硬的行政性监管看作是解决隐私保护问题的主要或唯一方式，对不同类型数据或行业采取“一刀切”的监管政策，而应更多采用软监管政策手段和试验性监管措施，突出隐私增强技术（PET）等技术性解决方案在隐私保护中的突出作用，避免不恰当的监管政策扭曲市场竞争和企业创新激励，并造成对消费者福利和数字经济发展的损害。为此，需要建立和完善审慎监管的实施制度，既合理保护个人隐私，也促进数字经济创新发展。

第三节　数据隐私保护制度模式与政策体制

一、数据隐私保护制度模式

保护消费者个人隐私安全的政策理念分为两种：一是隐私保护的人权观，二是隐私保护的合约观。隐私保护的人权观主要是欧盟所坚持的，隐私权被置于人权保护高度，是凌驾于其他利益之上的基本权利。隐私保护的合约观主要是由美国所坚持的，隐私保护主要通过有效的商业交易规则来平衡。

（一）欧盟以人权保护为理念的隐私保护模式

隐私的人权观认为，隐私是自由或自决权的同义语。个人隐私保护，不仅涉及公共机构对个人隐私的侵犯，也涉及私人商业企业对个人隐私的侵犯。隐私保护的人权观强调隐私保护的是根据道德伦理确立的个人隐私权，认为隐私权是个人人权的必要组成部分，即个人有权控制关于自己的私人信息。由于市场机制无法实现道德伦理所要求的隐私保护水平，并且隐私权作为个人人格权的一部分本身是不可转让的，不能适用产权规则，因此创造一个可以交易的个人隐私市场是被禁止的，基于司法和行政监管就成为主要的隐私保护手段。

欧盟将隐私看作公民的基本权利，这一政策理念最初是来自于欧盟成员国政府对行政强制权收集个人敏感数据行为的法律规范，主要是来自于德国联邦议会法院提出的保护公民个人信息自决权。[①] 欧盟2000年的《欧盟基本权利宪章》关于"个人数据保护"的第8条明确指出，个人数据只能基于特定目的、基于当事人同意或者依据有关法律而被公正地处理，个人有权了解和更正被收集的个人数据。《通用数据保护条例》（简称GDPR）则进一步强调了这一理念，第1章2～3节指出，法律保护的是数据所有人的"基本权利和自由"，特别是在不影响个人数据自由流动的情况下来保护公民的数据权益。

欧盟对隐私保护采用了政府监管为核心的制度应对，将政府监管看作是保护个人数据隐私的主要手段。《通用数据保护条例》对数据隐私保护基本原则和具体政策做出了全面详细的规定，并设立专门的监管机构负责个人隐私保护监管政策实施。GDPR试图通过立法来对数字商务企业提出透明度、明确数据控制者的责任、明确个人权利组成等来保护个人数据隐私安全。欧盟GDPR确定的个人数据权包括知情权、接入权、更正权、删除权、限制处理权、反对处理权、可携带权。欧盟GDPR个人隐私数据保护的基本原则包括知情同意、最小必要性、有限目的、准确性、存储限制等。

---

① Federal Constitutional Court (Bundesverfassungsgericht), Judgement of 15 December 1983, 1 BvR 209/83 and others - Census, BVerfG 65, 1.

尽管对欧盟数据隐私保护提出严格的行政监管，但从立法目的来说，GDPR 不仅仅是保护个人隐私权，同时也是为了构建一个统一、信任的欧洲数据市场，促进数字经济创新发展。但很多经济分析显示，GDPR 实施并没有充分实现个人隐私保护和促进数字经济发展之间的平衡，总体来说 GDPR 的实施对欧盟经济和商业的影响是负面的。GDPR 的负面经济影响主要体现在如下几个方面：一是具有较高的合规成本。克里斯坦森等（Christensen et al.，2013）估计，为了遵守 GDPR 的要求，欧盟每个中小企业在 IT 硬件的支出将在 3000 欧元至 7200 欧元。美国咨询公式 PwC 的调查数据显示，为了遵守 GDPR 的要求，相关的美国公司中 68% 的企业需要支出 1 百万美元至 1 千万美元，9% 的企业将支出超过 1 千万美元（PwC，2017）。GDPR 带来的高合规成本将严重阻碍市场竞争和数字经济发展。二是扭曲市场竞争。坎贝尔等（Campbell，Goldfarb and Tucker，2015）、马修斯和塔克（Marthews and Tucker，2019）的分析指出，以“知情—同意”原则为基础的隐私监管将有利于大的在位企业，特别是有利于多市场经营的大企业，而不利于新进入企业或小企业，从而会扭曲市场竞争。高尔和阿维夫（Gal and Aviv，2020）的分析认为，欧盟 GDPR 的实施限制了市场竞争，强化了大企业市场支配地位。三是阻碍数据共享和创新。贾健（Jian Jia，2018）经验分析发现，GDPR 的实施限制了数字经济高技术风险投资，对高技术创业企业发展产生了显著的不利影响，阻碍了欧盟技术创新。高尔和阿维夫（Gal and Aviv，2020）分析也指出，GDPR 的实施阻碍了数据占有人之间的数据共享，不利于数字经济创新发展。

（二）美国注重利益平衡的隐私保护体制

美国的隐私保护合约观认为，个人隐私数据是一种有价值的财产。隐私保护的合约观强调隐私保护的重点是强调利益相关方基于合约谈判的隐私交易可以实现有效的隐私保护，尽管现实当中由于市场失灵的存在，市场机制并不足以提供最佳的隐私保护，因此隐私保护政策的重点是了解利益相关方的利益诉求、谈判成本、信息不对称、谈判势力不对称等影响有效谈判的因素，并采取针对性政策来降低或消除这些因素的影响，促进私人合约机制的更好作用。对于隐私保护，美国采取了更少监管负担和更注重发挥微观主体自我监管基础作用的隐私保护体制，政府主要是提供基本的原则性指导而非具体来实施这些原则，并且更注重发挥市场交易合约机制的基础性作用来促进数据开放共享，从而促进数据驱动的创新和数字经济发展。

美国对个人信息隐私保护的综合性法律规定是1974年的《隐私法案》，其主要是针对政府机构在采集、使用、开放公民个人数据中保护个人隐私信息以及个人权利等做出了比较详细的规定，以规范政府处理个人信息的行为，平衡公共利益和个人隐私保护的关系。作为《隐私法案》重要组成部分的《公平信息实践法则》成为个人隐私数据保护制度的基石，该法则规定个人有权知晓他人收集和使用关于自己的个人信息，个人有权拒绝个人信息的使用，个人有权更正不准确的个人信息等权利。在克林顿政府时期，美国政府推行“我的大数据”计划，对数据隐私问题确定了企业为主体的“自我监管”体制。为此，克林顿政府制定了隐私保护的基本原则并强烈建议私人企业应该将其作为私人规制战略的重要组成部分。在此情况下，FTC宣布了隐私保护应该遵循的五个基本原则：告知/知晓，选择/同意，接入/参与，一体化/安全，执行/赔偿。[①]

美国隐私数据保护立法的基点是确保个人对其数据的使用、存储和分享能以与其利益一致的方式来进行，从而保持充分的信任。美国加州2018年颁布的《加州消费者隐私法》（CCPA）确立了个人隐私数据保护的统一规则。CCPA赋予消费者用户的隐私权包括知情权、删除权、拒绝销售权、接入权、非歧视权、退出权[②]，在此基础上CCPA明确了

---

① Federal Trade Commission Statement before the Committee on Commerce, Science, and Transportation, Washington, DC, May 25, 2000.

② 个人退出权仅适用于个人数据信息的销售和分享环节，不适用于个人数据信息采集环节。在个人退出后，数据的交易和共享才必须获得个人的再授权。

企业隐私保护主体责任和赋予消费者用户的诉讼权和获得赔偿权。CCPA 特别指出鼓励企业采用经济手段来平衡个人隐私保护与数字经济商务发展，鼓励企业通过向消费者支付合理的价格来换取或购买消费者隐私信息。

（三）数据隐私保护的模式选择

欧盟隐私保护体制具有较强的政府干预主义特征，强调通过政府强有力的隐私保护监管来保护数据主体的权益，但相对忽视微观主体之间基于经济利益的私人合约谈判机制和数据的价值创造问题。欧盟隐私保护偏重人格权保护而忽视数据要素最大化利用的效率目标，隐私人格权理念监管模式具有明显的政府主导和自上而下的行政命令控制体制，隐私保护监管重心是事前规则明确和事后监管问责。欧盟隐私保护监管体制的主要弊端是具有较高的企业合规成本，其不利于数字经济市场竞争和创新发展，特别是不利于中小企业的市场进入和创新发展。美国隐私保护体制具有较强的自由市场体制特征，尊重微观主体的自由决策权并鼓励经济手段的运用和重视释放数据要素的价值创造潜能。美国隐私保护监管体制主要是突出企业自我监管和偏重事后纠偏，但相对忽视了事前监管的预防作用，并且过于严格的隐私保护监管会扭曲市场竞争并阻碍创新。

由于个人隐私信息具有人格尊严、商业价值和公共管理等多重价值，因此数据隐私保护制度需要权衡多种目标和系统构建制度体系。由于个人数据收集主要是消费者用户和商家之间的私人关系，并且消费者并不是追求绝对的隐私保护，而是寻求在数据分享带来的收益和可能的预期风险之间寻求平衡的适度隐私保护。为此，采取欧盟和美国的中间模式可能是更好的选择，即个人数据人格权保护基础上促进私人主体之间的合约谈判，并建立事前监管、事中监督和事后问责的全流程监管体制，这种混合体制模式能在合理保护个人隐私数据基础上实现最优的数据开发利用，既有效保护个人数据主体权益，也有利于促进数据采集利用，充分维护个人数据不同相关主体的权益，从而实现个人隐私保护与促进数字经济创新发展。

二、数据隐私保护的政策体制模式

关于隐私保护的政策模式目前还存在较大的争论，一种观点认为隐私保护是市场竞争的重要质量维度，隐私保护应该主要通过反垄断法来加以治理；另一种观点则认为隐私问题并不属于反垄断法管辖的范畴，应该由专门的隐私保护法来加以治理。现实的问题是，隐私侵犯往往和市场竞争缺乏或市场势力具有很大的关系，隐私问题和竞争政策存在较大的交叉。在数字经济中，尽管大多数情况下消费者免费使用平台提供的服务，但是消费者付出的是数据，即平台企业免费收集和使用用户数据。平台之间较弱的市场竞争会使支配企业收集更多的用户数据和提供更少的隐私选择。在此情况下，由于用户无法转向其他替代平台，企业间数据隐私条款的竞争缺乏会造成用户不得不接受与其隐私偏好不一致的隐私条款。因此，竞争问题会直接影响隐私问题和消费者保护问题，如何协调反垄断与隐私保护的关系成为重要的政策问题。

（一）市场竞争是否会促进隐私保护

奥尔豪森和奥库里尔（Ohlhausen and Okuliar，2015）为代表的学者建议可以将隐私看作是一种非价格竞争形式，隐私被看作是产品质量的一个维度，特别是在数字平台服务往往向消费者以零价格提供商品的情况下，隐私成为重要的非价格竞争维度。在对消费者实行免费的行业，企业之间的竞争主要是看谁提供更好的隐私保护或提供更透明的隐私保护政策，隐私保护水平的质量竞争会促进企业加强隐私保护。一般来说，企业投资于用户隐私保护的动力来自于两点：一是保护竞争战略资产。数据是企业重要的竞争战略资产，其有激励防止被竞争对手所获取；二是维护良好声誉。良好的隐私保护会增加企业的声誉资产，从而给其带来更高的声誉回报。因此，维护竞争性的市场会促使企业提供更好的隐私保护。由于平台之间竞争不充分会降低平台企业对披露收集和使用用户数据信息的激励，市场垄断会不利于个人数据隐私保护。

市场竞争会促进企业提升消费者隐私保护水平的观点主要面临两个问题：一是消费者对企业采集和利用其个人数据拥有完全信息，并且对隐私保护的偏好是一致的。隐私市场失灵理论显示，消费者存在明显的信息不对称和隐私偏好偏差，限制了市场竞争促进隐私保护的作用发挥。二是消费者和数字平台具有对等的隐私合约谈判力。以消费者数据采集利用为基础的数字平台市场往往是市场冒尖的市场结构，大规模采集和商业化应用消费者个人数据信息的平台企业往往具有非常强的市场支配地位，在市场竞争严重缺乏的情况下，支配企业未必具有向消费者提供较强隐私保护的激励，并且消费者往往被迫接受不合理的隐私政策条款，支配企业并不必然具有促进隐私保护的激励（Harbour and Koslov，2010）。因此，市场并不必然产生最优的隐私保护结果。市场竞争要成为促进企业改进隐私保护的动力必须基于相对完善的隐私数据市场和相对有效的企业市场竞争。为发挥市场竞争促进隐私保护的作用，应在完善隐私数据市场化机制的同时需要通过有效的竞争执法来维持市场竞争。

（二）反垄断政策是否应关注隐私问题

奥尔豪森和奥库里尔（Ohlhausen and Okuliar，2015）为代表的学者指出隐私问题应该成为竞争法的关注问题。隐私属于市场竞争的非价格维度，如果一些企业拥有太强的市场势力会造成对竞争及其非价格维度的伤害。反垄断执法机构不应仅仅关注于企业行为对价格进而对消费者福利的影响，也要关注企业行为对隐私等非价格维度的影响。当企业通过误导消费者的消费者数据信息收集政策来获取垄断势力的时候，反垄断执法机构应该对其采取执法行动。斯塔克和格鲁内斯（Stucke and Grunes，2016）为代表的学者则反对采用反垄断政策来应对隐私保护问题，认为运用反垄断法会面临诸多难题并且不足以保证能有效解决隐私保护问题。首先，隐私保护法与反垄断法具有明显不同的目标，隐私保护主要是保护私人权益，反垄断法则是追求维护社会整体利益，因此反垄断执法机关的执法政策手段并不完全适用于解决私人隐私问题；其次，数据驱动的产业往往具有显著的网络效应并提供免费商品或服务，不平衡价格结构是平台商业模式的主要特征和实现网络效应与价值创造的重要机制，在数据采集利用并不一定损害消费者利益的情况下，反垄断政策是否需要介入以及如何介入面临很大的问题；再次，由于数据无处不在且可以低成本获取，在支配企业排除小规模竞争者接入数据以获取竞争优势行为中，数据本身扮演的角色尚不清楚，竞争政策干预的依据和效果是不确定的。因此，现行反垄断政策还不能很好地应对大数据采集利用所带来的对消费者隐私侵犯问题。

在美国谷歌公司并购 DoubleClick 案中[①]，针对各界对并购可能引起的伤害消费者隐私问题的担忧和希望反垄断机构采取行动的呼声，联邦贸易委员会在案件裁决声明中指出，反对运用反垄断政策来解决隐私损害问题的主张，"联邦反垄断法对企业并购审查的目的是识别和救济其可能造成的对市场竞争的损害。联邦贸易委员会缺乏处理与反垄断无关问题的法律授权，只有在处于快速变化行业中一个公司隐私行为可能对市场竞争造成损害时，联邦贸易委员会才会干预。"[②] 根据这一表述，显然只有在隐私是竞争损害的一部分时，反垄断机构才会介入。

欧洲法院在 Asnef－Equifax 案中也指出，任何与个人敏感数据有关的问题本身不是竞争法管辖的问题，个人数据隐私问题应该依据相关的数据保护法律来解决。[③] 在脸书并购 Whatsapp 案中，欧盟委员会进一步指出"任何来自于高集中市场支配企业的隐私问题的关注并不属于欧盟竞争法管辖的范围而是属于欧盟数据保护法的管辖范围。"[④] 但根据

---

① Statement of Federal Trade Commisission Concerning Google/DoubleClick, FTC File No. 071－0170.

② Statement of Federal Trade Commission Concerning Google/DoubleClick, FTC File No. 071－0170, at 2 (Dec. 20, 2007).

③ Case C－238/05, Asnef－Equifax, Servicios de Información sobre Solvencia y Crédito, SL and Administración del Estado v Asociación de Usuarios de Servicios Bancarios (Ausbanc).

④ European Commission, Facebook/Whatsapp, COMP/M. 7217, dated 03. 10. 2014, 164.

欧盟竞争法，在具体的反垄断案件执法中，如果企业对消费者数据的采集和利用行为构成影响市场竞争的重要维度，则可以成为反垄断法管辖的对象。在欧盟微软并购 LinkedIn 案中，欧盟委员会指出“在消费者将隐私看作是一个重要的影响质量因素并且并购双方将基于隐私保护来展开竞争的情况下，隐私关注可以成为竞争影响评价的重要考量因素”。[①] 2019 年 2 月 7 日德国联邦反垄断局裁定脸书公司采集、合并和使用用户数据构成非法滥用市场支配地位。德国联邦反垄断局指出，在数据驱动的社交网络行业，支配企业处理和使用个人数据，不仅是数据保护问题也是竞争法问题，即数字行业支配企业的数据收集与处理以及相关的条款是与竞争法高度相关的问题。德国联邦反垄断局调查发现，脸书公司违反《通用数据保护条例》的数据采集和处理行为，不仅对消费者造成伤害，而且还强化了其市场支配地位并造成对其他社交网站的伤害。因此，构成了欧盟竞争法所禁止的剥削性滥用行为。[②] 在 2016 年德国反垄断局和法国竞争局合作发表的研究报告指出，尽管个人数据保护法和竞争法追求不同的目标，但是如果企业个人数据处理行为影响了市场竞争，则可以将其纳入竞争政策的审查中。[③]

（三）反垄断政策介入的隐私侵犯行为

总体来说，反垄断法保护的是竞争过程，隐私法保护的是个人的隐私权。在反垄断竞争效应评估中引入消费者隐私保护的相关内容会削弱传统竞争审查所依据的经济学效率基础。但当市场当中的竞争体现为不同的隐私保护模式竞争时，隐私确实会成为影响竞争的重要因素，此时适用反垄断法的分析框架来分析则是可行的，因为其本身就属于反垄断法的范畴而非隐私法的范畴。隐私收集使用接入会影响市场竞争，在位

---

① European Commission (2016). Mergers: Commission Approves Acquisition of LinkedIn by Microsoft, subject to conditions. Retrieved from: http://bit. ly/2he9Pva.

② 德国联邦反垄断局指出，这一违法判定是基于德国联邦法院的案例法做出的，即构成剥削性滥用行为不仅包括过高的定价也包括不恰当的合同条款和条件（剥削性商业条款）。

③ Autorit'e de la Concurrence and Bundeskartellamt, Competition Law and Data, 24 – 25, 2016.

企业的数据采集利用会构成进入壁垒，拒绝接入消费者用户数据会封锁竞争者。因此，在隐私保护存在扭曲市场竞争风险的情况下，反垄断机关就可以对其加以规制。

反垄断机关规制的消费者隐私问题主要是涉及支配企业实施的严重伤害市场竞争的隐私政策。支持对企业隐私行为适用反垄断政策的理由：一是大量采集消费者的数据信息会增强平台的市场势力；二是具有市场势力的平台可能会收集远超过竞争水平的消费者用户数据信息，或者实行远低于竞争水平的隐私保护，前者类似于传统的垄断性高价格，后者类似于垄断企业实行的低产品质量。在具体的反垄断执法中，反垄断主要针对如下两类行为：

一是数字平台过度采集消费者用户数据行为。斯塔克（Stucke，2018）认为，过度采集用户数据可以被看作是一种剥削性滥用，即支配企业采集高于竞争市场的用户数据等同于向消费者征收不合理高价格。斯拉奇和罗伯特森（Ezrachi and Robertson，2019）认为，既然剥削性定价构成非法，剥削性收集用户数据也应构成非法。在具体案件中，如果案件涉及降低隐私保护水平或过度收集消费者数据信息，则需要将隐私作为判定企业滥用行为是否非法的重要考虑因素。但是在具体案件当中，反垄断面临的一个重要问题是如何区分合法的数据收集和过度的数据收集、合理的隐私保护和非合理的隐私保护（Robertson，2020）。因为在缺乏竞争市场最优隐私保护水平标准的情况下，要判定何种水平隐私保护是恰当的将非常困难。对于采集个人数据是否构成剥削性滥用的反垄断审查，罗伯特森（Robertson，2020）提出将交易条件的比例原则、平等原则、不可或缺原则以及参与方的谈判力作为判定隐私数据收集水平是否合理的考虑因素。科兰杰罗和马乔尔（Colangelo and Maggiolino，2018）认为，企业不公平获取消费者数据是指“与合同目的无关，不必要地限制了当事人的自由，不成比例的，单方面施加的或严重不透明的限制。”

二是涉及数据隐私的企业并购。如果一个企业的支配地位是建立在对消费者用户大数据占有的基础上，如果其并购另一家企业也是出于强化这种数据垄断优势，则并购会消除两家企业对向消费者提供更好隐私保护的竞争，从而降低产品或服务质量。[①] 在企业并购反垄断审查中，只有当隐私保护是相关市场企业之间竞争的重要维度，并且对市场竞争产生重要影响的情况下，反垄断机关才会将隐私问题作为反垄断审查的重要考虑因素。

第四节 数据隐私保护监管政策构建与优化

有效的数据隐私保护监管能充分保护消费者隐私权，增强消费者参与数字经济活动的信心，同时会促进企业更规范地采集利用个人数据，促进数据市场发展和数据驱动的创新。

一、数据隐私保护政策的基本导向

第一，个人数据隐私保护需要合理权衡多维目标。首先，个人数据隐私既具有私人利益，也具有公共利益。个人隐私保护需要协调私人利益与公共利益，在特定领域应该是国家利益和公共利益优先，需要立法明确个人信息保护的同时对涉及公共安全等重大公共利益的个人信息处理实行豁免。其次，个人数据隐私保护既要充分保护个人隐私信息的人格权，也要充分释放数据促进数字经济创新发展的巨大潜能，合理平衡个人、数据处理企业和政府的三方利益关系。隐私保护主要是实现对个人数据信息的开发利用建立在合法性基础上，即在充分保护个人数据信息权益的基础上促进数据信息有控地开发利用和流转，实现隐私保护和

① CMA，The commercial use of consumer data（2015），p95. Allen P. Grunes and Maurice E. Stucke，No Mistake about it：The Important Role of Antitrust in the Era of Big Data，University of Tennessee Legal Studies Research Paper No. 269（2015），p4.

数字经济创新发展的平衡。

第二，个人数据隐私保护应以促进数据开发利用为导向。隐私保护立法重点是通过明确个人对数据信息拥有必要权益，增强个人对数字商务企业采集和处理其个人数据的控制能力，在实现对个人隐私合理保护基础上更好地促进数据自由流动和更大范围的开发利用，从而使数据能够为社会创造更大价值。因此，隐私保护实际是多重目标权衡下的相对保护或适度保护，不是绝对个人隐私权保护或个人数据封锁，是个人数据在开发利用中保护、在合理保护基础上开发利用，即通过向消费者赋权使其能够对数字商务企业采集利用其个人数据实行有效的控制，确保企业依法合规采集和利用个人数据。由此，个人数据隐私保护不应采用单一的行政监管体制，应在提高行政监管效能的同时发挥市场化经济激励机制的独特作用，鼓励数字商务企业通过付费或经济补偿方式来与消费者达成个人数据采集利用协议，并试点个人非敏感数据的市场化交易机制，发挥市场机制在促进个人隐私保护和数据要素开发利用中的作用。

第三，个人数据隐私保护政策应针对不同类型数据实行分类设计。不同类型个人数据对数据主体的利益影响不同，并且不同类型数据在不同应用场景的隐私侵害风险程度也存在较大的差别。因此，应区分不同类型的个人数据及应用场景来采取差别化的隐私保护政策，实行差别化的监管强度。首先，隐私保护政策应区分敏感数据与非敏感数据。由于个人敏感数据是个人人格权的重点体现，是个人信息保护的重点，应实行高强度监管，明确企业不能违犯的红线；对于个人非敏感的在线交易数据或在线活动行为数据则应鼓励开发利用为主，实行“选择性退出”政策为主的个人数据隐私保护政策，并鼓励建立企业与个人之间通过经济补偿机制来采集利用个人非敏感数据；对于经过处理无法识别自然人的匿名数据，数据的使用不会带来对特定自然人的识别并造成对其权益的侵害，应重在鼓励数据通过市场来实现流转交易和共享再用。其次，隐私保护政策应区分行业或应用场景差异。由于较大的行业差异，应实行通用性个人隐私信息保护监管与行业监管的结合，对金融、医疗等特定行业和儿童隐私数据、生物数据等领域可以制定专门的法律来实行有针对性的行业监管。

第四，个人数据隐私保护应重点针对支配性数字平台企业。由于支配性平台企业拥有大量多维度数据和更大的个人隐私泄露传播性，更容易带来对个人隐私的严重侵犯和造成巨大的社会性危害。因此，支配性数字平台应是隐私保护监管的重点对象，隐私保护政策应对支配性数字平台提出更高的责任要求。同时，由于小规模企业个人信息泄露的危害程度较小，以及为避免通用隐私保护政策给小企业带来过高的合规成本并影响其有效参与市场竞争，隐私保护政策应建立“避风港”制度，对小企业实行豁免或降低数据安全义务要求。欧盟委员会发布的 GDPR 影响评估报告也指出，GDPR 的一些法律义务不适用于小企业。[①] 美国《加州消费者隐私法》则明确指出，隐私保护法律规定仅适用于年收入 2500 万美元以上的企业。

二、数据隐私保护监管政策体系构建

（一）充分赋能消费者

个人数据隐私保护关键是保证消费者对个人数据的决策权，由其决定哪些数据被分享以及和谁分享、如何使用。因此，个人数据隐私保护重点是强化个人对数据信息的控制力。首先，充分赋权消费者。中国《个人信息保护法》规定了个人信息权包括知情权、决定权、查阅权、复制权、更正权、删除权、解释权等基本权益。但是对于消费者如何有力维护个人数据隐私权还需要进一步的制度建设，以及加强消费者教育，提高消费者个人隐私保护意识。其次，完善“知情—同意”原则

---

① Commission Staff Working Paper, *Impact Assessment Accompanying the GDPR*, SEC (2012) 72 final, 25 Jan - uary 2012.

实施机制。“知情—同意”原则是个人数据信息采集使用的基本原则，要求企业收集和使用消费者个人信息需要事前以明确的方式告知消费者并获得消费者明确表达的授权同意。目前，数字企业都实施了隐私保护政策事前告知，但是由于不同的企业提供的隐私保护政策告知文本存在差异以及部分文本的过于复杂，导致消费者并不能充分认知数据采集和使用的风险，因而无法做出理性的选择，为此应完善“知情—同意”原则的实施机制，监管机构可以出台格式化合同文本。最后，建立个人隐私侵犯的民事赔偿制度，为消费者维权提供充分激励。

（二）落实企业保护用户数据隐私安全的主体责任

数字企业是用户数据隐私保护的第一责任人，个人数据隐私保护监管重在落实企业的主体责任。企业需要采取有效的技术和组织措施来促进消费者隐私保护，在整个产品生命周期都维持全面的数据管理程序，以确保遵守法律和保护隐私数据安全。根据国际经验，企业履行隐私保护义务应重点强调以下几点：首先，企业需要采取有效的技术措施来保护用户隐私安全。企业数据隐私保护应突出通过事前的技术设计来保护隐私，这要求隐私保护应该在最开始企业开发产品或服务或系统设计时就应该一并考虑进来，将个人隐私保护内嵌到技术系统设计中。其次，强化企业遵守法律和保护隐私数据安全的组织保障。数字商务企业的责任一般包括：数据收集和使用必须事前告知消费者并获得明确的同意；设立专职的数据安全管理负责人；要建立消费者请求处理的程序或机制，并保留有关的请求和处理记录；在数据侵权违法发生时要告知监管机构和数据主体。最后，为保证企业充分履行用户隐私安全保障义务，要强化透明度和问责机制建设，实施有效的内部风险评估制度，并建立消费者用户投诉处理机制。

（三）完善数据隐私保护监管机构体制

首先，建立实施有力的隐私保护专门监管机构。建立专门的隐私保护机构是国际加强个人隐私信息保护的基本趋势。欧盟数据隐私保护执法机构是“欧洲数据保护主管”，每个成员国都设立独立的个人隐私信息监管机构（DPAs）来负责隐私保护法的实施。美国消费者隐私信息保护机构是美国联邦贸易委员会（FTC）下属的消费者保护局，其监管工作的重心是立法建议、执法调查和消费者服务。根据《个人信息保护法》，中国个人信息保护主管机关是国家网信部门。由于目前国家网信办主要是以国家网络与数据安全保护为中心，更偏重公共利益保护，因此需要增强其处理针对普通消费者隐私保护事务的监管职能和服务能力。为提高监管效能，应通过立法赋予个人数据隐私监管机构必要的监管职权、装备必要的设备、强化智能监管，并配备专业的监管人员，加强对数据隐私的风险监控和行政执法。其次，建立有效的部门协同监管体制。隐私保护监管机构与其他机构应分工明确，并建立有效的协同合作机制。目前，中国数据信息保护主要是由国家网信办负责并由相关行业部门负责行业监管的“1 + X”体制。由于隐私保护的行业差异性，隐私保护监管还需要与行业监管机构形成有效的协同监管体制，以及政府监管机构与行业组织私人监管密切合作的合作监管体制。再次，完善隐私保护监管的行政程序，建立审慎监管的制度保障。隐私保护监管应建立动态的风险评估机制，增强监管政策针对性和精准性，并重点建立隐私保护政策影响评价制度，特别是强化隐私保护政策制定的成本—收益分析，防止隐私监管政策给企业带来过高的合规成本，阻碍数字经济创新发展。

（四）创新数据隐私保护监管政策手段

隐私保护监管应减少强硬的行政性命令——控制政策、“一刀切”的政策制定和运动式执法。隐私保护应综合运用市场机制、平台自我监管、技术性解决方案等多种政策机制，通过各种政策手段的合理组合和协同作用来实现最佳的政策效果。具体来说：一是要突出行业组织的私人监管作用。政府监管机构应该和行业组织合作，推动行业组织制定共同的隐私行为准则，政府监管机构对于严格遵照执行的企业实行较轻的监管，而对不接受共同行为准则或不严格执行的企业则实行重点监管。

二是创新隐私保护技术性解决方案。隐私保护应该突出技术手段和技术性解决方案的突出作用，鼓励隐私保护技术的开发与应用，实现数据的可用不可见。三是强化隐私保护风险管理。强化风险管理，加强隐私风险监测和评估，推行企业隐私保护标准化认证工作。四是完善行政机关侵犯个人数据隐私行为的问责机制。中国《个人信息保护法》规定政府机关违法行为仅是由其上级部门责令改正，这难以有效监管行政机关滥用个人信息行为，因此需要建立更完善的监管问责机制来保证行政机关信息采集处理行为的合规。五是完善企业侵犯个人数据隐私的民事赔偿。由于个人隐私保护主要是涉及私权保护，为此需要完善隐私侵害的民事赔偿制度。《个人信息保护法》规定对于私人企业侵犯个人数据隐私行为，个人可以通过法院诉讼来寻求民事赔偿，但很多细节问题尚不明确。因此，需要对个人民事损害赔偿的救济程序、赔偿额标准及考量因素等问题做进一步的细化说明。

第八章　数字非法有害内容监管

第一节　非法有害内容监管需求

一、非法有害内容的监管需求

数字平台不仅成为一种重要的促进不同主体之间实现交易或相互作用的中介，而且也是促进信息知识传播的新媒介，人们日益在线搜集获取信息、沟通交流、在线娱乐和在线学习。因此，数字平台不仅促进经济高效运行，而且也日益成为影响人们沟通交流、文化传播、思想观念和伦理道德的重要力量。数字平台信息内容的消费具有网络化与便捷性，供给具有低成本复制、生产者与消费者合一等特点，容易成为生产和传播淫秽色情信息、恐暴内容、谣言传言、极端思想、偏见观点、版权侵权等非法有害内容的温床。因此，需要加强对非法有害内容的监管。

根据欧盟的界定，非法有害内容包括：恐怖主义内容、儿童性侵、非法的仇恨演讲、版权侵权、其他知识产权侵权（如假冒商品、设计侵权）、非法商业行为（如诈骗、欺诈、订阅陷阱）、违反其他社会准则或服务条款的行为。[①] 英国政府 2020 年发布的《网络有害内容白皮

---

① DG Connect, Public consultation on measures to further improve the effectiveness of the fight against illegal content online, p18, available at https: //ec. europa. eu/info/consultations/public – consultation – measures – furtherimprove – effectiveness – fight – against – illegal – content – online_en.

书》依据有害内容的传播程度以及对个人和社会带来的影响，将其分为三大类：第一类是“明确规定的有害内容”，包括儿童剥削和性虐待、恐怖主义内容和活动、有组织的移民犯罪、现代奴隶制度、极端色情、复仇色情、骚扰或网络跟踪、仇恨犯罪、鼓励和协助自杀、煽动暴力、销售非法商品或服务、发送给18岁以下人士的不雅照；第二类是“涵义不太清晰的有害内容”，有网络欺凌、极端主义的内容和活动、造谣、恐吓、暴力内容和吹鼓自残；第三类是与“未成年人有关的有害内容”，如色情、交友内容等，旨在保护未成年人免受色情、低俗内容的侵害。

中国将网络非法有害信息内容划分为非法内容和有害内容两大类。根据2019年12月国家互联网信息办公室发布的《网络信息内容生态治理规定》，第六条规定了11种禁止的非法内容（违法信息），主要是影响国家政治安全和恐怖主义、邪教、民族仇恨、色情、暴力等内容；第七条规定了9种有害内容（不良信息），主要是涉及虚假、炒作丑闻、性暗示、歧视性、低俗等内容。

为了方便分析，我们将非法内容和有害内容看作是两类信息内容。非法内容是指数字平台的数字内容包含大量违反国家法律的内容，如盗版侵权、假冒伪劣商品、虚假广告、侵犯个人隐私、恐怖主义、色情暴力、儿童性侵等严重危害的违法内容。有害内容是指虽然没有违法但是对其他人或社会产生一定的伤害，有害内容包括网络霸凌、虚假新闻或信息、鼓励自残或自杀的内容、歧视性或侮辱性言论、网络骚扰等。在中国现实的监管政策中，往往采用“网络信息内容”的表述，本书则主要采用“非法有害内容”的表述。

二、数字内容产业的商业模式

数字内容产业主要包括网络新闻、在线视频、数字阅读、数字音乐、网络游戏等行业。数字内容产业的商业价值主要是通过数字媒体平台中介来实现，数字内容平台是典型的多边市场。数字内容平台涉及三边用户：一是内容提供商。内容提供商既包括第三方生产的数字内容或经过其授权带来的数字内容，也包括用户产生的内容，在短视频行业用户生产的内容在快速增加；二是广告商。广告商在在线广告市场购买平台在线广告，通过平台向目标用户提供精准的个性化广告投放；三是用户侧。平台通过提供数字内容来吸引用户的注意力，并且往往对消费者用户实行免费，然后通过向广告商收费来盈利（如图 8 - 1 所示）。在中国数字内容产业，数字内容平台的收费模式具有多样性，主要是向会员收取注册费（订阅付费）、用户主动打赏（打赏付费）或向广告商来收费，也可以概括为用户付费和广告费收费两种模式。

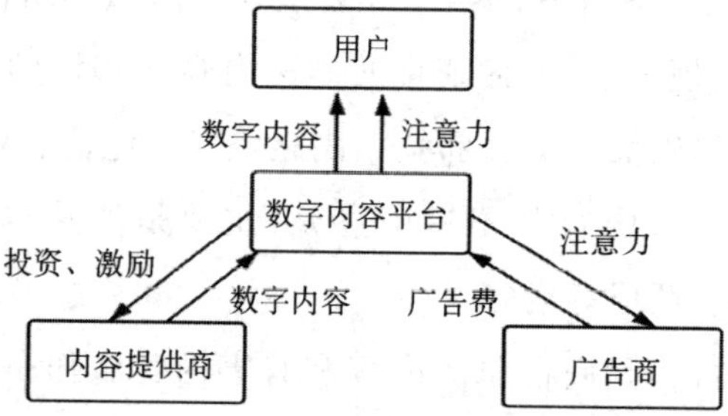

图 8 - 1　数字内容多边平台模式

数字平台内容产业本质上是属于“注意力经济”，即通过播放吸引用户注意力的数字内容来实现高用户流量，基于高用户流量然后通过高广告费收入来实现高盈利。为了实现吸引用户注意力，平台鼓励编辑制作声誉较差但内容产品具有吸引用户眼球效应的内容。平台还为传统广播公司无法播放的内容提供了平台，甚至可能与非法内容制作者或上传人合谋以吸引流量，对缺乏编辑制作声誉的低成本媒体如短视频博主等提供奖励。由于网络效应，对流量吸引会形成正强化的反馈机制，从而放大非法有害内容的影响。

在数字内容产业，平台之间的竞争实际是用户注意力的竞争，一个平台越能吸引用户，则平台的用户基础就越大，用户点击量就越高，平台的竞争优势将越显著，平台通过在线广告获取利润回报的收入也越高。由于很多非法有害内容迎合了消费者的独特偏好，更能吸引受众的眼球，其对吸引用户注意力和增加平台流量具有重要的贡献，因此平台往往对非法有害内容采取纵容态度。

数字内容消费网络效应使非法有害内容获得更大范围的传播。数字内容的消费与其他产品消费的一个非常大的不同是存在明显的“信息瀑布效应”，即信息内容消费者往往更关注更多人关注或讨论的话题，即一个话题越流行，讨论、阅读的人越多，就会吸引越多的人来关注这个话题或数字内容产品。孙斯坦（Sunstein，2016）分析指出，数字媒介内容消费中消费者存在明显的“回音室”效应，即消费者更偏好与其价值判断或观点相近的内容，这一点在政治类新闻或信息内容中体现得特别明显。

在数字内容具有消费网络效应和信息瀑布效应的情况下，数字内容平台之间的商业竞争会促使企业采取更加极端的差别化战略以吸引受众的注意力。由于数字内容平台采集大量的每个用户的数据，借助大数据分析技术可以精准识别每个消费者的偏好，然后通过大数据算法来向用户提供个性化的内容推送，即向特定消费者用户提供他本人偏好的数字内容，这一方面降低了消费者的搜寻成本，但另一方面也导致消费者用户接触到的信息内容受到限制，产生“信息茧房”问题。随着时间的推移，这种对不同信息内容的过滤性定向推送会导致消费者用户更加极端的认识，并增加社会的偏见。因此，数字内容产业具有显著的爆炸性增长和短时间的迅速大范围传播的特征，当数字内容平台传播对未经授权音乐、电影和视频的下载或上传等侵权内容和大量色情、暴力乃至恐怖主义的内容，往往会在短时间内造成非常大的社会性影响。

三、数字非法有害内容的产生与负外部性

在数字平台非法有害内容的传播中，存在明显的私人利益与公共利

益的冲突。非法有害内容的生产者生产和上传非法有害内容会为自己带来较高的回报，而且在很多情况下会增加平台的点击量和流量，从而增加平台的收入，但非法有害内容的传播会对知识产权权利人、社会特定群体乃至整个社会的公共利益造成伤害。例如，在在线购物平台，假冒商品会给通过平台进行交易的商家和消费者带来好处，并会增加平台的收入，但是对品牌持有企业来说则会构成较大的伤害；在数字版权盗版侵权盛行的情况下，软件开发者、数字内容原创者的创新激励会丧失；暴力色情内容在为传播者带来利益的同时会对儿童和社会伦理价值等产生较大的伤害。因此，数字平台非法有害内容本质上属于负外部性问题。

外部性理论中的负外部性是指某个经济主体的经济行动给其他经济主体或社会带来损失，而该经济主体却并不为此承担成本，此时边际社会成本要高于边际私人成本。数字内容平台非法有害内容的生产或传播，存在明显的私人利益与公共利益的冲突。数字内容平台通过生产和上传非法有害内容以在较短时间内抓住受众的眼球进而增加平台的点击量和流量。由于数字内容平台传播非法有害内容给其他经济主体或者社会造成的巨大成本并不由其自身承担，为了追逐更高的报酬往往会有较强的激励提供更多的非法有害内容以获得更多受众的注意，而高品位的信息内容却被边缘化，进而形成一个恶性循环。因此，数字内容平台在生产或传播非法有害内容过程中，会使全社会所承担的边际社会成本要远高于数字内容生产者或平台的私人边际成本，数字内容生态市场供应的非法有害内容数量Q_1要明显大于市场最优数量Q_2（如图8－2所示）。

数字内容平台生产或传播非法有害内容不仅污染网络生态环境，也给社会带来严重的不良影响，主要体现为：一是影响社会稳定。如基于性别、宗教、民族、性取向等对特定群体发布歧视性或仇视言论，并在算法定向推送的助推下形成“信息茧房”效应进一步固化人们的偏见，引发极端言行，从而激发社会矛盾，影响社会稳定。二是引导不良的社

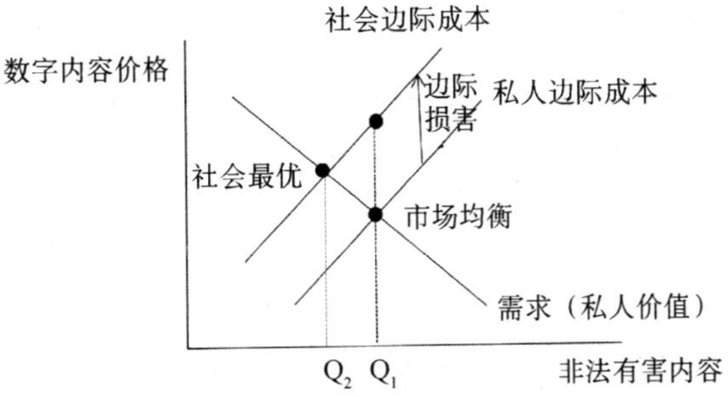

图 8-2　数字非法有害内容的负外部性

会风气。如功利主义、金钱至上、偏执的女权、娘炮等有害内容的大肆传播，以及网络谣言、虚假新闻、机器生产的明星流量等，都对社会价值观产生负面影响。三是影响个人身心健康。霸凌、辱骂、骚扰、谣言、自虐自残等信息内容以及网络视频游戏带来的青少年沉迷等问题会严重影响受众的身心健康，特别是儿童色情制品、性虐待和带有性暗示等内容给儿童的身心健康带来严重伤害。四是催生非法灰色产业。一些不法分子通常会在境内外采用一些技术手段以较低的成本搭建网赌平台或色情表演平台，进行淫秽色情表演、赌博、诈骗等来谋取非法利益。五是威胁国家公共安全与政治安全。极端主义、恐怖主义内容的传播会严重威胁公共安全，境外势力利用网络散播颠覆政治体制的言论会严重威胁国家政治安全。

第二节　非法有害内容监管制度

一、非法有害内容监管的难题

由于数字内容平台的经济利益和社会价值往往是交织在一起的，以及互联网内容传播的高速度和大范围，平台大量非法有害内容的出现会产生较大的社会负外部性，造成严重的经济与社会性损害。2021 年国务院办公厅印发的《关于加强网络文明建设的意见》指出要加强网络文明建设，强调了加强网络空间行为规范以及加强网络空间生态治理的迫切性和必要性。因此，强化网络信息内容监管，营造清朗的网络空间成为数字经济监管的重要内容。

如何监管具有负外部性的非法有害内容成为数字经济监管的重要政策问题。目前，数字经济网络非法有害内容监管面临的挑战是：首先，如何明确数字平台的责任。随着数字内容产业的发展，数字内容平台成为非法有害内容传播扩散的中介，同时由于显著的网络效应数字平台日益成为数字经济的“守门人”，其很大程度上掌控数字经济社会的信息流动。由于数字内容的生产和消费主要是用户，作为中介的平台该对非法有害内容造成的损害承担何种责任，以及为防止非法有害内容的出现和大范围传播平台应该承担哪些必要的义务？其次，数字内容产业是一个快速创新的领域，数字平台信息内容新业务新模式不断涌现，在线商业模式具有明显的多样性以及在线内容呈现指数化增长，新业态新模式的不断涌现给政府监管带来巨大的挑战。再次，如何实施有效的监管。以 YouTube、抖音、快手等直播短视频为代表的数字内容平台的一个重要特点是“用户创造内容”，用户既是内容的消费者也是内容的生产者，数字内容生产者和消费者合一，内容生产者的多样化和数量众多，很大程度上增加数字内容监管的难度。

二、非法有害内容监管的基本原则

一是法治原则。网络信息内容监管要坚持法治原则，制定完备的法律，并依法实行监管。一方面政府监管机构要依法执行监管，做到执法有据、程序公正，不滥用执法权力；另一方面在越来越将网络信息内容审查权授权给数字内容平台的情况下，数字内容平台对网络内容的审查和屏蔽、删除等行为也要有明确的法律依据或法律授权，并遵守法定的处理程序和建立相应的争议处理机制。

二是比例原则。目前各国在网络信息内容监管中都强调数字内容平台的注意义务，要求数字内容平台在治理非法有害内容中承担更大的责任。但是确定数字内容平台的责任应该遵循比例原则，应该综合考虑风险和损害程度、平台企业的技术能力、平台企业规模差异、平台是否存在过失责任等因素来合理配置，防止平台责任配置过轻和平台责任配置过重两种情况，实现比例相称的平台责任配置。

三是透明原则。无论是政府行政监管还是数字内容平台的自我治理都要遵循透明原则。政府需要通过立法明确非法有害内容的类型和认定标准，明确处罚的依据和标准，公开审查结果，定期发布监管报告。数字内容平台的自我治理要明确公示允许上传的内容和不允许上传的内容，公示非法有害内容的认定标准和处理程序，并定期向监管机构提交报告并向社会公开。

四是问责性原则。网络信息内容监管应确保可问责性。对于数字内容平台是否充分履行必要的注意义务，需要有有效的外部问责机制。对于政府监管机构的行政执法，要有相应的行政救济和司法救济制度。

三、网络信息内容监管制度框架

非法有害内容监管主要由六部分组成：完备的法律、职权配置科学的监管机构、治理有效的平台责任体系、坚实的治理技术保障、积极有为的多元主体治理、守法文明的内容生产者（如图 8 – 3 所示）。

一是完备的法律。依法监管首先需要具有完备的法律，对监管适用的对象、禁止传播的数字内容、平台责任、执法程序和处罚措施等都做出明确的法律规定。

二是职权配置科学的监管机构。监管机构是监管的主要执行主体，监管机构应定位科学、职权配置合理、执法能力充足、执法手段有力、执法程序公正、部门间有效协同。

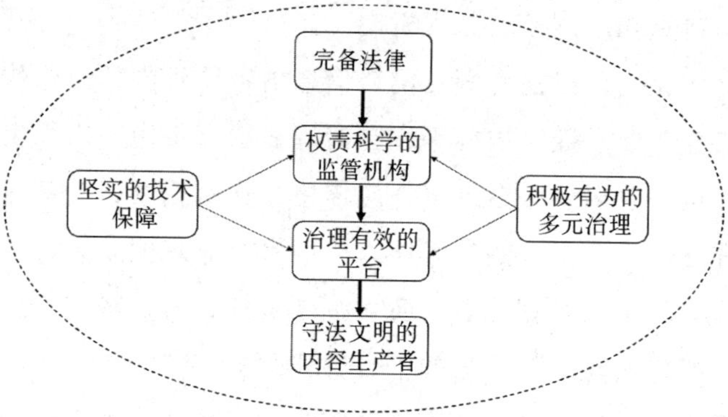

图 8-3　网络信息内容监管制度框架

三是治理有效的平台。数字内容平台是履行非法有害内容治理的直接实施主体，为此需要合理配置数字内容平台的注意义务，明确“通知—行动”义务，并建立有效的透明和问责制度来保证数字内容平台以透明、公正、适度的方式履行注意义务。

四是坚实的治理技术保障。面对海量的数字信息内容，对非法有害内容的风险监测、识别过滤和屏蔽删除等成为高负担的工作。大数据和人工智能技术为核心的网络信息内容治理技术能极大地提高工作效率和工作精度，全面提高监管治理的有效性。为此，要加强技术开发和技术应用，全面提高非法有害内容治理的技术保障能力。

五是积极有为的多元主体治理。网络信息内容的生产和传播涉及多元主体的利益，需要建立便捷的多元利益相关者参与治理的渠道，建立有效发挥不同利益相关者治理作用的机制，实现多元共治。

六是守法文明的内容生产者。网络信息内容监管主要是针对大量用户生产的内容，因此需要加强用户的法治宣传教育和文明意识，自觉不从事生产非法有害内容的活动。

第三节　非法有害内容监管中的平台责任

一、平台责任体制配置

（一）平台责任体制配置的法经济学分析

平台是非法有害内容的重要传播平台，在非法有害内容的监管中，最重要的是如何合理确定平台应该承担的法律责任，并激励平台采取合理的注意义务。对数字非法有害内容来说，如果平台对其完全免责，即不承担任何责任，则私人激励会导致非法有害内容的过度泛滥，会对数字版权创新者或社会公众造成严重的伤害，不利于数字内容产业的创新发展。但如果对平台提出过于严格的责任，则平台为规避侵权责任风险可能会放弃某些新业务、新模式的发展，也不利于数字经济创新发展。

欧盟委员会 2017 年提出三种平台责任体制：严格责任体制、基于风险产生方法的责任体制、基于最小成本风险管理的责任体制。[①] 根据法经济学侵权责任配置理论，责任体制应该激励企业承担合理的注意义务。责任规则要求没有达到合理注意义务要求的一方要对自己的过失行为给另一方造成的损害给予相应赔偿。考特和尤伦（2016）指出，侵权行为的三个要素是：被告对原告的过失，原告遭受损害，过失是损害的直接原因。在司法实践当中，侵权责任主要有两个极端的情形：严格责任和完全免责。

责任配置应有助于以最低的社会成本实现对损害行为的预防。根据

① European Commission, *Commission Staff Working Document on The Free Flow of Data and Emerging Issues of The European Data Economy Brussels*, SWD (2017) 2 final, at 43.

法经济学理论，责任体制设计的最重要目的是以最有效率的方式实现对非法有害内容的防范与控制。责任配置应该体现效率原则，即履行注意义务成本更低的一方应承担更大的注意义务。因此，责任体制应该首先明确哪一方能以最低的成本来履行合理的注意义务，即确定“低成本避免者”。卡拉布雷西（Calabresi，1970）指出侵权责任设计应使包括预防成本、损害成本和行政成本在内的总社会成本最小化。考特和尤伦（2016）指出，法经济学分析显示，侵权责任的基本原则是使包含预防损害的成本和损害的成本在内的社会总成本最小化。

假设社会总成本为SC，预防水平为x，单位预防成本为c，损害为L，损害出现的概率为$\rho(x)$，其取决于预防水平x，则社会总成本为：

$$SC = cx + \rho(x)L \quad (8-1)$$

在公式（8－1）中预防损害成本cx随预防水平的上升而线性增加，损害成本$\rho(x)L$随预防水平x的上升而下降。

根据社会总成本最小化原则，对公式（8－1）求最优预防水平x的一阶导数可得：

$$c = -\rho(x^{*})L \quad (8-2)$$

根据公式（8－2），社会最优的责任分配应该是使边际社会成本等于边际社会收益的水平。显然，在损害L给定的情况下，如果预防的成本下降，则损害发生的概率也应下降，即在预防成本下降的情况下，相关主体应该提高预防水平来降低损害发生的概率。根据著名的汉德公式，违反注意义务的公式为$\rho L > B$，其中B为履行注意义务的成本。根据汉德公式，如果预期损害大于履行注意义务的成本，并且被告没有采取预防措施，则其就需要承担过失责任。

公式（8－2）确定了社会最优的预防水平x^{*}，其也是法律意义上的“合理注意”标准。在图8－4中，当相关主体的预防水平低于x^{*}时，其需要承担相应的损害赔偿责任，当相关主体的预防水平高于x^{*}时，则其将不承担损害赔偿责任，即其不存在过失。

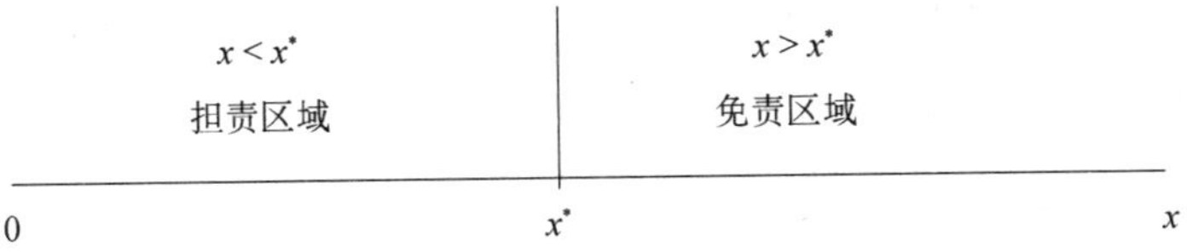

图8-4　预防成本与责任配置

上述分析显示，平台责任配置必须考虑技术约束及平台的实施成本。平台责任配置必须考虑平台中介所能采用的防止非法有害内容的工具和技术约束，以及这些事前注意审查措施的社会成本。通常，当平台具有有效的技术手段并且监督成本比较低的时候，平台应该承担更大的责任来监督和删除非法有害内容。当平台履行事前注意义务面临较大的技术约束并且具有较高的实施成本时，平台应该承担的事前审查义务要求则应该相对降低，即平台责任配置不应以阻碍或限制平台的发展为代价。

平台责任配置应为相关主体提供最佳的实施合意行为的激励。根据各方对造成损害的过失责任程度来决定各方应该承担的责任。非法有害内容本质是一种负外部性，责任分配体制实际是实现外部性内部化的一种机制，在责任体制的成本—收益约束下，相关主体的理性决策会促使其采取社会合意的预防行为，即履行合理的注意义务，以免承担相应的过失责任成本。即责任配置应该激励相关主体以有效率的方式履行合理的注意义务。如平台的决策通常遵循边际收益等于边际成本原则，通过责任分配的外部性内部化会促进平台投入资源来履行合理的注意义务，其最佳的投入水平为额外一元的投入等于额外一元的损害成本节省。

平台责任配置应实现动态优化。平台责任配置并不是固定不变的，平台责任应该随平台的注意成本、违法危害程度等因素的变化而变化。平台对非法有害内容的注意成本很大程度上取决于技术进步带来的对非法有害内容识别审查成本的下降，如果平台的注意成本非常高，则应对平台配置较低的责任，如果技术进步使平台的注意成本大幅下降，则平台就应承担更大的责任，没有尽到合理注意义务的平台就应该对非法有害内容的损害承担更大的责任。另外，网络有害内容的危害越严重，则平台承担的责任应该越大。

（二）平台责任配置定位

平台应该承担间接责任而非直接责任。平台的基本定位是信息服务的中介，即平台是信息内容的传输者而非生产者，因为此时平台是以被动的方式来参与信息内容的传播，因此其承担的是有限责任[①]；但是对于既是传输者又是生产者的平台，则应承担直接责任，因为此时平台是以主动的方式来参与信息内容的传播。侵权内容的上传者是非法有害内容的直接责任人，其应该对非法有害内容承担直接责任；同样，数字版权权利人、非法有害内容的直接受害者则是积极维权的直接当事人。

平台不应对第三方上传的内容承担直接法律责任，但负有合理的注意义务。在大多数情况下，平台中介应该是承担间接的连带责任。即平台不是非法有害内容的直接责任人，由于平台的服务在客观上为非法有害内容提供了帮助或行为便利，所以承担间接的连带责任。在平台没有卷入非法有害内容的编辑制作或者对非法有害内容缺乏实际知识的情况下，平台应该获得责任豁免。对有目的地为第三方传播非法有害内容提供便利或积极参与非法有害内容的制作传播的平台则不能获得责任豁免，同时对于严重危害社会的非法有害内容，平台必须负有“屏蔽”义务，严禁上传。

“通知—行动”规则很好地分配了不同主体之间的责任，有利于发挥各自的信息优势。依据“通知—行动”义务，当非法有害内容存在时，受害方具有主动发现非法有害内容的激励和信息优势，其发现对自己造成侵害的非法有害内容后及时向平台告知非法有害内容并要求平台对其加以删除，平台确认后应及时删除非法有害内容，并告知内容上传者，如果内容上传者对此有异议，可以向平台提出“反通知”。

---

① 在1997年雷诺诉美国公民自由联盟案（Reno v. American Civil Liberties Union）中，美国联邦法院裁定，互联网服务提供商不应被视为出版商，其不应对使用其服务的第三方上传内容承担法律责任。

（三）平台责任配置的基本原则

1. 促进创新发展原则

数字非法有害内容的责任配置主要是建立一个明确的法律环境，促进数字经济在保证网络空间信息内容健康的基础上实现行业创新发展。责任配置一方面应有利于消除非法有害内容，营造清朗的网络空间，另一方面平台责任配置应有利于保障数字内容创新者的合法权益，有利于新业态新模式的创新发展，促进数字内容创新和商业模式创新，要防止不恰当平台责任要求阻碍数字内容产业的创新发展。

2. 比例原则

比例原则要求对平台提出的责任要求应该是实现监管目标所必要的，不能超出实现监管目标所必要的水平。这要求平台责任要求需要根据平台的行为对损害的贡献程度以及损害的严重程度来合理确定平台应该承担的责任，即平台承担的原则应该与其行为造成损害的比例份额相称。过度的责任要求会导致平台强化对所有内容的审查，带来过度审查问题，会对平台商业模式发展和消费者用户的交流表达、个人隐私等经济社会价值造成伤害。

3. 成本—收益原则

从经济效率的角度来说，责任规则应该最小化损害的总成本，这要求合理权衡损害程度和监督防范成本。从理论来说，责任规则应带来最优水平的防范行动，即最优的注意义务。在完全责任规则下，责任方出于成本收益考虑，采取注意行动的程度会在行动边际成本等于由此节省的边际责任赔付额，即经济效率意义上的社会最优注意努力。在过失规则的情况下，只要平台履行了必要的注意义务，则其就免于承担责任。这会鼓励平台采取所要求的注意投入水平，但不一定是社会最优注意水平。

4. 有效激励原则

平台责任配置应该合理激励平台主动过滤和删除非法有害内容。根据委托代理理论，平台实际是受害方和政府监管机构的代理人，由于平台的私人利益目标，其往往缺乏实施事前审查和事后积极采取删除行动的充分激励。这也被称为“好撒玛利亚悖论”，是指平台中介由于担心失去避风港原则的保护，不愿采取过于积极的防范非法有害内容的措施。[①] 因此，平台责任配置应该为平台履行合理的注意义务和删除行为提供有效的激励，即平台责任配置应该鼓励平台主动采取技术或组织措施来加强事前过滤审查和事后删除非法有害内容。对于平台主动履行对非法有害内容过滤义务的行为，法律应该给予责任豁免。

5. 过失原则

根据过失原则，只要平台履行了合理的注意义务则其就不承担责任，只有在其没有尽到合理注意义务的情况下，其才应承担相应的责任。构成侵权行为的第一个要素是被告对原告没有尽到法定的责任，即潜在的侵权人没有履行合理注意义务。[②] 对有目的地便利第三方有害内容的上传和传播、积极地参与有害内容的编辑制作和传播、对有害内容完全知晓且不采取积极删除行为的平台，其不能获得法律责任的豁免。

6. 整体协调原则

平台责任配置应该与其他的相关政策保持协调。平台责任配置是数字非法有害内容监管体系的重要基础和组成部分，其只有与数字内容治理体系整体相协调才能有效发挥作用。数字非法有害内容监管涉及多个不同领域的法律规则，如数据安全、隐私保护、知识产权保护、文化与社会价值、政治安全等。每个部门如果都依据各自的单行法律来对平台提出自己的对平台责任要求，则会造成平台责任过度、重复或冲突的问题，政出多门和相互不一致会严重增加平台履行注意义务的成本。因此，平台责任配置需要进行整体设计，保证这些相关领域法律之间的协调，以为平台提供明确统一和稳定的政策，并消除不同政策冲突可能带

① “好撒玛利亚人”来自于美国《通信规范法》230 条（c）款（2）的规定，该条款指出在下列情况下在线服务提供者不承担责任：“任何出于善意自愿采取的行动，以限制访问或获得提供者或用户认为属于淫秽、淫乱、污秽、过度暴力、骚扰或其他令人反感的材料。”

② 目前对于“合理”注意义务的界定是参考注意的“合理”水平界定，这个标准具有较大的模糊性。

来的执法失误。正如海尔伯格等（Helberger et al.，2018）指出，平台责任体制应该由相互冲突的责任体制走向彼此合作的责任体制。

（四）非法有害内容相关主体的责任分担与多元共治

数字非法有害内容具有复杂的多元主体，如内容提供者、平台、受害方、消费者、政府机构等，是多元主体共同作用的结果。因此，需要合理配置各方应承担的法律责任，需要多元主体协同来解决。海尔伯格等（Helberger et al.，2018）指出，数字平台非法有害内容的传播是一个"多只手"推动的问题，不同的主体以不同的方式造成这一问题的发生。在此情况下，要确立谁应该对什么行为负责、对损害结果负多大责任是非常困难的。在数字内容产业中，平台责任问题涉及三方或多方的关系：平台、平台用户、内容提供商、受害方。因此，合理的平台责任配置需要平衡多方的关系，建立多元主体参与的分工合作治理模式。具体来说，非法有害内容涉及的主要主体为：

1. 在线平台是非法有害内容传播扩散的中介

数字平台既可能是被动的信息传输者也可能是一个积极的信息传输者，被动的信息传输者往往对非法有害内容不承担法律责任，但主动的信息传输者则不能得到责任豁免。平台对监督和控制平台用户上传的内容具有独特的信息和技术优势，其能更高效率地审查和删除非法有害内容，因此平台承担必要的事前审查和事后通知—删除义务是非常合理的。避风港原则实际就是明确了信息服务提供者和版权人的责任，即由版权人对发现的非法有害内容及时向平台中介进行告知，由平台中介负责删除或屏蔽意识到的任何侵权内容。

2. 非法有害内容上传者/提供者

平台非法有害内容的提供者既可能是一个专业的用户，也可能是单个消费者，相对说来专业的用户应该承担更大的责任。在数字经济下，很多时候信息内容使用者和生产者合一、平台和内容提供者合一，此时合一的用户、合一的平台就应该承担更大的责任。

3. 非法有害内容的使用者或用户

在非法有害内容的传播中，一些用户可能发挥了积极的作用，如一些用户主动搜索和购买盗版侵权产品，对短视频色情直播表演进行打赏等。但对大多数用户来说，其对非法有害内容缺乏准确识别的信息和能力，如无法识别网上购买或消费的产品或服务是否是盗版侵权。因此，平台用户更多的是非法有害内容负外部性的成本承担者，其应对发现的非法有害内容积极地投诉举报，在受到侵害时能积极维权。

4. 非法有害内容的受害者

非法有害内容的受害方及其代理人是及时告知平台非法有害内容存在的最佳主体，特别是受害方为企业主体时，其更有能力来维护自己的权益,[①] 其向平台提供非法有害内容的详细信息并要求平台采取有效的措施来删除非法有害内容。当然如果其滥用“通知—删除”程序，则应承担相应的法律责任。

5. 政府监管者

政府是公共利益的代表者和主要维护者，面对数字非法有害内容泛滥和传播带来的社会危害，政府是监管规则的制定者和执行者，在数字内容监管中发挥核心主体的作用。政府的职责主要是完备法律、完善执法机构体制、创新监管政策工具，强化对平台、内容生产者/发布者等微观主体的监管，并有效防范风险和处理风险。

二、数字内容平台责任体制的演变

目前，对于第三方通过数字平台传播非法有害内容等行为，平台到底该承担何种责任问题成为理论和政策关注的重点。网络分享平台、短视频等带来日益突出的数字版权保护和有害内容传播的问题，典型的如

---

① 但是如果非法有害内容的受害方是高度分散的，则由于集体行动的搭便车问题，单个个体的维权意愿会非常低。

一个在线视频平台的用户上传未经版权人许可的视频，直播平台存在的色情表演，新闻平台的假新闻等。其核心问题是平台中介是否应该对通过其平台向公众发布的内容承担责任，即平台是否应为其用户的不当行为承担责任，以及平台中介是否应采取一些具体可行的措施来审查并删除非法内容。

（一）平台责任的“避风港”原则及其演变

目前，国际上对平台中介的责任基本采取有限责任体制，即确立避风港原则。根据避风港原则，在平台传输第三方上传的内容时，其将免于对其承担责任，除非平台明确意识到非法内容的存在并且没有采取充分的行动对其加以制止。即只要数字平台尽到合理的注意义务和采取了“通知—删除”行动，就可以免于承担法律责任。

避风港原则是建立在平台是网络服务提供者的中介属性定位的基础上，并合理平衡促进数字经济产业发展和版权人创新激励，赋予了平台对用户通过平台中介实施的侵权行为承担有限责任。美国 1998 年通过的《数字千年版权法（DMCA）》，欧盟 2000 年版《电子商务指令》，以及中国《信息网络传播权保护条例》第 13 ~ 18 条、《侵权责任法》第 36 条和《电子商务法》第 42 条都确立了信息中介有限责任的避风港免责原则和“通知—删除”规则。

1. 美国

避风港原则起源于美国《通讯规范法》第 230 条，其指出“交互式计算机服务提供者或用户不得被视为另一信息内容提供者所提供的任何信息的发布者或发言人”。这一规定实际是指出发布他人提供的信息交互式计算机服务提供者可免于承担责任。[①] 美国 1998 年通过的《数字千年版权法（DMCA）》第 512 条明确设立了避风港制度及“通知—删除”规则。美国法律确定“避风港”原则主要是基于以下两点考虑：首先，“避风港”原则是基于当时的平台技术能力做出的符合比例原则

① 美国目前正在讨论如何修改 230 条以更好地强化平台的责任。

的义务要求。美国上述法律规定主要考虑到在线网站用户生成的内容具有庞大的规模，如脸书就有超过10亿用户，YouTube用户每分钟上传100小时的视频。在此情况下，平台中介要事前审查来防止侵权和有害内容出现往往不具有可行性，同时将责任强加给仅仅提供信息传送服务的平台中介也是不公平的。在此情况下，只要其履行了“通知—删除”义务就可以免责。其次，平台责任“避风港”原则主要是出于实现促进数字经济发展和保护创新激励的合理平衡而制定的。在当时的技术情况下，如果要求平台为其用户的行为承担责任，则这些数字平台的发展将被完全扼杀。正如《数字千年版权法》立法目的所指出的“确保互联网的效率持续提升，互联网的服务种类和服务质量持续改进，同时又不会损害美国富有创意的天才成果—电影、音乐、软件、文学作品。”[①] 因此，“避风港”原则为平台提供或转载用户生成的侵权或非法有害内容的免责提供了法律保护，它成为促进美国在线内容、社交媒体等数字内容产业创新发展的重要推动力。

从平台角度来说，首先，作为互联网服务提供商它们不可能在不造成不可避免的延迟和费用的情况下检查所有通过平台的信息内容的合法性。互联网服务提供商认为，在法律层面它们不应被归为出版商并承担向公众所提供内容的法律责任，而是应该被归类为像美国邮政服务公司和电话公司一样的承运人，对所载内容不承担任何责任，只是负有保密义务。由于互联网服务提供商只是信息传送者而不是内容生产者，追究它们的责任是不公正的。其次，对平台提出过高的责任要求会阻碍数字经济发展。数字平台发展依赖于迅速实现的用户基础和网络效应，如果平台承担无限责任则会给新企业和新业务的发展带来过高的成本和不确定性，会阻碍数字经济的创新发展。

2. 欧盟

欧盟2000年发布的《电子商务指令》为信息社会服务提供者确立

---

① Lenz v. Universal Music Corp., 572 F. Supp. 2d 1150, 1156 (N. D. Cal. 2008).

了基本的法律框架，该指令的目标是为信息社会服务消除跨境障碍，提供一个有利于数字经济创新发展的市场环境，并保护欧洲的基本权利。[①]《电子商务指令》第 12 条至第 15 条规定了信息服务提供者责任豁免的避风港原则，即当信息服务提供者的信息传输行为“仅仅是技术性的、自动的和被动的”，即信息服务提供者对有关信息既不知情也没对其加以控制，则可免于承担责任。《电子商务指令》主要针对三种类型的信息服务提供者的责任豁免条件做出了规定：

（1）纯管道传输服务提供者。纯管道传输服务者具有近乎完全地被动传递信息的角色。《电子商务指令》第 12 条指出，信息服务提供者不对所传输的信息承担责任的条件是：不是首先进行传输的一方；对传输的接受者不做选择；对传输的信息不做选择或更改。

（2）缓存服务提供者。《电子商务指令》第 13 条指出，如果所提供的信息存储服务是为了使根据服务接受者的要求而上传的信息能够被更加有效地传输，则信息服务提供者不应因对信息的自动、中间性和暂时的存储而承担责任。缓存服务提供者责任豁免仅适用于以下情况：提供者没有更改信息；提供者遵守了获得信息的条件；提供者遵守了更新信息的规则；提供者不干预为获得有关信息使用的数据而使用的合法技术；提供者在获悉非法信息内容事实后，迅速地移除或阻止他人获得其存储的信息。

（3）托管服务提供者。托管服务提供者具有更积极的角色，对平台内容具有一定的控制，因此面临更严格的义务要求。《电子商务指令》第 14 条指出，如果提供的信息服务包括存储由服务接受者提供的信息，服务提供者不因根据接受服务者的要求存储信息而承担责任的条件是：服务提供者对违法活动或违法信息的事实或者情况没有任何“实际知识”或注意到其存在；服务提供者一旦获得或者知晓非法信

---

① 《电子商务指令》指出，其根本目的是保证对欧洲基本权利的尊重，如表达自由、个人隐私保护、产权保护（包括知识产权）、商业经营自由。

息，就迅速删除该信息或者阻止他人接入该信息。

根据《电子商务指令》，对数字平台实行责任豁免主要依据两个条件：一是其对非法行为或信息内容是否知情或对有关信息实行了控制；二是平台是否履行了“通知—删除”义务，即一旦服务提供商了解或知晓非法行为或内容，平台有义务删除或阻止用户访问这些内容。如果平台有能力注意到非法有害内容的存在，并且没有及时采取制止或删除措施以确保无法接入非法有害内容，则应承担相应的责任。

欧盟委员会认为，确定平台责任要同时考虑不同利益目标和多个利益相关主体，上述平台免责原则显著降低了数字经济新业务新模式进入市场的门槛，极大地促进了数字平台商业模式的发展。但近年来随着平台商业的创新发展，在线交易平台、搜索引擎、社交媒体、视频内容平台日益成为平台经济的主体，同时网络平台存储非法内容、传播虚假信息和侵犯版权问题日益突出，而且出于自身利益平台缺乏主动过滤和删除非法内容的激励。[①] 因此，《电子商务指令》规定的网络平台对非法内容不承担责任的合理性越来越受到质疑。

（二）“避风港”原则的局限性及其突破

避风港原则的确立主要是针对数字经济发展初期的情况，为了更好地促进数字经济的发展而制定的，但是由于数字经济的快速创新发展，特别是数字平台在经济社会中的主导作用日益突出和非法有害内容的大量出现及其对创新的危害，避风港原则的有效性受到了挑战，在某些市场中避风港原则给平台的责任豁免甚至产生了不利于数字经济创新发展的效果。因此，对平台的责任要求不能再仅仅局限在责任豁免的中介责任，强化平台主动监管的责任观念日益上升，平台责任体制正逐步向平台规制责任转变。平台责任要求的变化主要是因为以下几个原因：

首先，避风港原则本身就包含平台积极行动的要求。根据避风港原

---

① 《电子商务指令》第 15 条明确禁止成员国强制要求中介服务提供者承担对其传输和存储的信息进行一般性监督的义务来对传输的信息内容进行审查监控。但是根据该条规定，成员国对中介服务提供者提出特别的监督措施要求则是允许的。由此，在法律适用上存在较大的模糊性。

则，如果平台对违法信息知情或在知晓违法信息后没有及时删除，则平台仍然要承担相应的责任。这实际上就包含激励平台进行积极的自我监管的立法倾向。欧盟《数字千年版权法》已经明确要求版权人在发出通知之前，对涉嫌侵权的内容进行初步的审查，并采取积极的“通知—删除”行动。根据美国《千禧年数字版权法》确立的“红旗原则”，当侵权事实显而易见时，法院能推断提供信息存储的网络服务提供者应该知道该行为，则网络服务提供者应当主动对这种侵权行为进行制止，而不能以不知道侵权事实存在为理由来逃避其应有的注意义务。如果其没有尽到应尽的义务将承担相应的侵权法律责任。“红旗原则”意味着网络服务提供者应主动履行合理的注意义务。[①]

其次，大数据、人工智能、区块链等技术的发展为平台对上传内容审查提供了重要的技术手段，大幅降低了平台过滤审查信息内容的成本，平台有能力以较低的成本来履行过滤责任。避风港原则的最初设计主要考虑当时的技术约束而把平台责任的重点放在事后的“通知—删除”义务，但当这种技术约束不存在的时候或者这种要求不会对数字经济发展造成阻碍的时候，提出进一步的要求就是合理的。目前，一些平台已经开始采用内容合法性的自动识别算法技术来对上传内容进行过滤审查。如 YouTube 使用 Content ID 软件来识别和管理侵权内容，权利人可以利用该系统来对可能侵权的内容进行审查。目前，腾讯公司已经开发并投入使用“视频基因比对技术”来进行版权管理。

再次，数字平台的发展使避风港原则适用的现实基础发生重大改变。避风港原则针对的主要是自身不生产信息内容而是为他人信息内容分享提供技术便利和支持的中立性平台中介。数字平台商业模式的快速创新发展，使避风港原则所依据的平台类型发生了很大的改变，原有的网络服务提供者概念界定和类型划分无法充分适用社交媒体、流媒体等

---

① 中国 2013 年修改的《信息网络传播权保护条例》第 23 条中也对“红旗原则”做出了明确规定。

新型数字内容。特别是由于多边平台商业模式的网络效应和注意力经济特征，内容分享平台有激励充分挖掘在线内容的网红效应并通过在线广告来获取高利润回报，因此在线内容平台并没有激励来对侵权和有害内容进行过滤，反而是纵容侵权、色情、虚假信息等内容的传播以谋取利益。同时，数字平台的垄断化趋势日益明显，支配平台日益扮演了“守门人”的私人规制者角色，其能够制定用户接入平台的标准并具有一定的处置权，决定了其他企业能否进入市场。因此，搜索引擎、社交媒体等数字平台并不是一个完全的中立者或“消极的/被动的”，平台应该承担相称的积极过滤义务，而非消极的“通知—删除”义务。

最后，“通知—删除”要求实施存在模糊性。在侵权争议中，作为网络服务提供者的平台扮演的角色是将权利人的投诉传递给被投诉人，再将被投诉人的反通知传递回给权利人，并视情况完成删除或恢复操作。现有法律对如何界定内容的非法性、如何认定平台对非法有害内容的“不知情”、如何认定平台是积极行动还是消极行动、如何认定平台是否履行了告知删除义务以及如何明确界定“通知”和“删除”等问题还没有明确说明。

平台责任体制变化的基本趋势是明确要求平台自动识别非法有害内容，即强化平台的事前过滤责任和事后“通知—删除”行动责任。欧盟2016年《单一数字市场版权指令》第17条提出，平台从事的在线内容分享是向公众传播行为，在线内容分享平台需要积极履行两个基本的义务：一是授权寻求义务，即尽最大努力获得权利人的版权许可协议；二是版权过滤义务，即对于权利人已经提供了相关必要信息后，尽最大努力阻止侵权作品不被获得，或在收到权利人发出的充分实质通知后，迅速采取行动从其网站上移除或断开访问，尽最大努力防止它们将来被上传。如果内容分享平台未尽到上述义务，向公众提供了用户已上传的受版权保护的作品或其他事项的访问权限，则它们现在就是版权法意义上的侵权者。第17条确定的内容分享平台的责任也被进一步概括为“事前过滤+事后通知删除”的一体化义务要求，这在一定程度上突破了《电子商务指令》确立的避风港原则。

2020年2月11日，美国参议院知识产权委员会召开听证会审查避风港原则实施的有效性及改进问题。2020年9月23日，美国司法部提出立法提案要求对《通信规范法》第230条进行修改以强化在线平台的内容审查责任，重点是在坚持平台责任豁免基本原则的同时强化平台的责任。2020年12月15日欧盟公布了《数字服务法》在扩展信息服务提供者的概念和类型划分的基础上，重点对平台责任、内容控制、数据共享、监管政策等问题做出明确的规定，从而要求数字平台在对非法有害内容监管中扮演更积极的角色，特别是还进一步明确“通知—行动”框架，明确区分“积极的”和“消极的”平台中介角色，引入“好心人”条款来鼓励平台主动地监控内容的合法性并善意地加以处理，鼓励平台的私人规制治理。①

总体来说，数字平台的责任要求应在坚持避风港原则的基础上，强化平台的积极行动者角色，实现事前过滤义务和事后通知—删除义务的结合，平台应采取有效的手段来主动治理非法有害内容，充分发挥平台私人监管的积极作用，并建立政府监管与平台治理协同的合作监管体制。

第四节　中国数字非法有害内容监管政策优化

一、中国数字非法有害内容监管体制评价

（一）政府监管法律体系有待进一步完善

为加强网络信息内容监管，近年来国家密集出台了一系列法律法

① The European Commission adopted a Recommendation on measures to effectively tackle illegal content online（C（2018）1177 final）and supported the development of the EU Code of Practice on Disinformation on 1 March 2018.

规。总体来说，目前与网络信息内容相关的法律法规主要包括全国人大常委会制定的《关于维护互联网安全的决定》《关于加强网络信息保护的决定》《中华人民共和国网络安全法》，国务院发布的《信息网络传播权保护条例》《互联网信息服务管理办法》等法律法规，以及国家网信办等部门发布的部门规章以及规范性文件，初步构建了网络信息内容监管法律体系。

中国非法有害内容监管法律体系还存在以下不足：第一，法律依据层级不高。目前网络信息内容监管的相关的规定多以部门规章或规范性文件的形式颁布，对数字内容的约束力和指导力不强，还缺乏对数字非法有害内容监管做出系统统一规定的高层级法律。第二，对非法有害内容中的高风险信息内容缺乏专门的法律规定。国际上非法有害内容监管都采取分级分类监管，针对恐怖主义内容、暴力内容、儿童性侵和虐待、数字盗版侵权等危害性特别大的网络信息内容都通过制定颁布专门的法律来加以针对性地严格监管。目前尚未出台针对上述网络信息内容监管的专门法律。第三，数字内容平台责任有待进一步做出明确的法律规定。现有法律规定对平台责任的规定相对模糊，数字内容平台具体需要履行哪些责任义务还没有明确的法律规定，对平台履行注意义务和“通知—行为”的程序还缺乏明确规定。第四，违法行为的法律责任规定不统一、不明确和威慑力不足问题比较突出。目前多部相关法律都对网络信息内容违法行为的法律责任做出了规定，但是各部法律之间的规定非常不统一，不同处罚措施的适用条件和标准不明确，现有的罚款额度过低导致缺乏威慑力。

（二）监管机构体制有待进一步优化

目前，国家对网络非法有害内容监管主要由国家互联网信息办公室牵头，统筹协调国家广播电视总局、国家新闻出版署、文化和旅游部、工业和信息化部、公安部多个部门共同进行，是典型的“1+X”模式。“1+X”监管机构体制模式的优点是将政府监管的集中统一行动和部门专业化优势结合起来，提高了政府监管的有效性。但由于现有的法律并没有对各个部门的职权边界给予科学界定，“1 + X”监管机构体制模式也存在部门间职责交叉、权责重叠等问题，增加了监管协调的难度和行政协调成本，也会增加企业的合规成本。其次，常态化监管执法体制尚未形成。目前监管机构主要是通过采取专项行动的方式来执法，典型的如“净网 2019”、2020“清朗”未成年人暑期网络环境专项整治行动。尽管专项治理行动在数字非法有害内容治理中起到了重要的作用，但这毕竟不是一种常态化执法体制。再次，行政执法的透明度和程序规范有待提高。目前对于网络非法有害内容监管的行政执法程序还缺乏明确、具体的法律规定，特别是对非法有害内容的认定、处理措施、争议处理以及公安机关介入的边界等的程序规定还比较模糊，不利于构建规范、透明、公正的监管体制。最后，行政执法和法院司法的关系还有待理顺。目前网络非法有害内容监管主要是行政执法，这有利于维护公共利益，但是在非法有害内容给公民个人带来损害的情况下，个人如何寻求民事损害赔偿还面临一定的制度障碍，如何寻求保护公共利益与保护私人利益的平衡尚需进一步通过完善监管制度来加以解决。

（三）数字内容平台的主体责任有待进一步明确

2020 年国家网信办发布的《网络信息内容生态治理规定》明确规定了数字内容平台应当履行信息内容管理的主体责任，但对数字内容平台的责任要求仍有待明确。首先，对平台在非法有害内容治理中基本角色和应该承担的基本义务缺乏原则性规定。其次，没有针对不同类型的平台提出分类治理的责任要求，而是笼统地对所有类型平台提出统一的要求，不利于提高针对性和降低平台企业合规成本。再次，用户投诉反馈机制不健全，无法有效激励平台履行“通知—行动”义务。在政府强监管体制下，数字平台往往过度对内容进行过滤删除，或者对侵权内容的“通知”不及时采取行动。最后，数字平台信息内容治理的透明度不足。数字内容平台并未切实履行透明度要求，数字内容平台并没有按要求编制并发布透明度报告，平台对内容上传和内容屏蔽删除往往缺乏明确公示的事前规则或标准，存在一定暗箱操作。在相关主体对平台处理结果有异议的情况下，平台往往不及时处理答复，存在一定的滥用网络信息内容屏蔽和删除权问题。①

（四）非法有害内容违法行为处罚措施有待加强

目前相关法律法规规定的法律责任存在如下的问题：首先，由于非法有害内容的危害更多地涉及社会性危害，企业违法所得往往远远低于社会损害，并且很多非法有害内容的提供者并不是以盈利为目的，因此采用违法所得作为罚款依据并不科学。其次，罚款额度缺乏威慑力。2021 年 1 月国家网信办发布的《互联网信息服务管理办法（修订草案征求意见稿）》针对不同违法行为提出两种罚款标准：一是对擅自从事网络服务、散播非法有害内容的当事人，有违法所得的，没收违法所得，处违法所得 3 倍以上 5 倍以下罚款；二是对侵犯信息服务提供者和用户合法权益等行为处以 10 万元以上 100 万元以下罚款。与欧盟《数字服务法案》规定的上一年度全球营业额 6% 的罚款和英国《在线安全法》规定的 1800 万英镑或上一年度全球市场营业额 10% 的罚款额度相比，中国对数字内容平台的罚款力度尚有待提高，现有的罚款数额还无法对非法有害内容的传播形成有效的震慑。再次，民事诉讼制度有待完善。对于侵犯他人合法权益的行为更多属于私权侵权问题，应该主要通过民事诉讼来解决，以保护公民的基本权益，但目前民事诉讼仍面临非常高的制度障碍。

二、非法有害内容监管的优化路径

中国迫切需要建立完善的数字非法有害内容监管体制，通过对平台

---

① 《网络信息内容生态治理规定》第三十四条赋予平台对非法有害内容可以采取警示整改、限制功能、暂停更新、关闭账号等处置措施。为防止平台滥用内容管理权，《网络信息内容生态治理规定》第二十二条“网络信息内容服务平台不得通过发布、删除信息以及其他干预信息呈现的手段侵害他人合法权益或者谋取非法利益。”但是这一规定在实际执行中仍面临一些问题有待明确：一是如何界定“他人合法权益”；二是如果平台的行为侵害了用户的合法权益，消费者如何维权，平台应该承担何种责任。

非法有害内容的科学监管来建立一个健康的平台生态，促进数字内容产业创新发展，并维护社会公共价值。

（一）完善非法有害内容监管法律体系

数字非法有害内容监管需要充分发挥法律法规的指引和规范作用，应制定颁布更高层级的《网络信息内容法》，并同时对儿童保护、数字版权等重要领域的网络信息内容监管制定专门法律法规，以形成完备的法律体系。目前，数字非法有害内容监管立法的完善应主要包括以下几个方面：一是通过立法对数字非法有害内容进行明确界定，并对其进行更加准确系统的类型划分；二是确立风险为基础的分级分类监管体制，按风险危害程度不同对非法有害内容进行分级，以对危害级别不同的非法有害内容采取不同监管强度；三是明确数字内容监管的基本原则和监管机构的职责定位，在强化网络信息内容监管职责的同时还要增强监测预警、合规指导和公众服务等功能；四是进一步明确平台的主体责任，明确平台应该履行的合理注意义务和“通知—行动”义务，以及平台应该履行的透明度义务和投诉处理机制与程序；五是明确利益相关者应该承担的责任和义务，分别对网络信息内容生产者、网络信息内容服务平台、信息内容服务使用者、行业组织、监管机构等各自的角色、义务和行为规范做出规定，确立多元共治体制；六是对数字平台传播非法有害内容应负的法律责任进行进一步明确，建立综合法律责任，明确不同行政处罚措施适用的条件，设立罚款总额和年度销售额比例两种罚款额比选制度，增强罚款的威慑力。

（二）建立有效的非法有害内容监管机构体制

第一，建立定位科学、权责明晰的非法有害内容专门监管机构。监管机构的职责应包括：规定数字企业处理非法有害内容的基本行为规则；对非法有害内容进行风险评估并颁布风险评估指南与风险预警；依据透明、可问责性原则来对数字企业履行注意义务和“通知—删除”义务的情况进行评估检查；向初创企业和中小企业提供支持以促进企业经营合规；进行网络安全和网络信息安全教育，提高全社会网络安全意识和网络文明程度；促进网络信息内容治理技术的发展和应用；对违反法定注意义务的公司采取相应的行政处罚措施。

第二，强化部门协同执法体制建设，完善综合执法体系。为了更好地发挥多部门协同执法机制的效能，需要进一步完善非法有害内容监管的跨部门协同机制。为此，应充分明确各个部门专业职责，厘清各个部门的监管职责边界，减少职责交叉和职责空白，严格执法责任和问责机制；与此同时应加强由国家网信办牵头的统一执法，强化牵头部门的主体作用，实现既分工明确又协调配合的多部门协同执法运行机制。

第三，组建更专业的行政执法队伍，提升监管执法能力。未来为了更好地实施网络信息内容监管，应组建有技术专业背景、法律背景等专业人才组成的专门的网络信息内容监管执法队伍。行政执法查处行政违法行为和公安机关查处犯罪行为的边界要分开，公安机关介入应仅限于涉及犯罪的非法内容。即只有在涉及犯罪的情况下，公安机关才能介入，有害内容的监管尽量不要动用公安机关的力量，应主要靠平台治理和行政监管。另外，非法有害内容监管应主要针对具有社会危害的信息内容，以维护公共利益为目标，涉及私人侵权行为的信息内容应由私人通过民事诉讼的方式来维护个人权益。

（三）建立分级分类的非法有害内容监管体制

第一，建立以风险为基础的分级监管体制。非法有害内容监管应采取风险为基础的分级分类监管。首先，对严重危害程度的非法有害内容要明确加以禁止，主要是网络恐怖主义、仇恨言论、儿童性侵或虐待、政治颠覆性言论、侵犯版权等内容通过制定专门法律加以严格禁止，明确数字内容的禁区和红线。对高风险危害的信息内容，平台需要设立必要的技术手段来直接屏蔽并立即删除。其次，对于中等危害程度的非法有害内容主要适用“红旗原则”，平台需要向监管机构报告或通知有关人员，主动采取事前过滤和事后删除行动。再次，对于低危害程度的非法有害内容，主要是政府监管下的平台治理，平台自我治理包括事前

“过滤”和事后“通知—删除”行动，其中重点是履行“通知—行动”义务，平台应遵循“通知—反通知—删除”的基本程序来处理当事人投诉或举报的非法有害内容。

第二，针对不同类型平台实行分类监管。不同类型的平台具有不同的传输内容类型，不同类型平台非法有害内容所依赖的平台商业模式也明显不同，并且不同类型平台非法有害内容传播的损害程度也具有较大的差别。因此，对平台非法有害内容监管不能采取“一刀切”的政策，需要对不同类型数字内容平台实行差别化监管政策。如欧盟《电子商务指令》区分了三种类型：纯管道传输服务者、缓存服务提供者、托管服务提供者；美国《数字千年版权法（DMCA）》区分了接入服务、缓存服务、存储服务、链接服务四种信息服务提供者。中国应在充分调研的基础上对网络信息内容平台服务进行科学的类型划分，设计差别化监管政策。

第三，针对不同规模的平台实行差别化的监管责任要求。支配数字平台应该承担更多的责任，是非法有害内容监管的主体，应重点强化对支配平台的责任要求。由于支配性平台传播的非法有害内容具有更广的传播面，其造成的社会危害或给受害方造成的损失更大，并且支配平台具有更强的技术研发能力和技术解决方案研发应用的显著规模经济，其可以以更低的成本来履行对非法有害内容的过滤责任。因此，支配数字内容平台应该承担更多的责任，甚至在一定情况下可以附加特别的要求，小规模平台或新进入企业则可以豁免某些责任。对不同规模平台实行差别化的责任要求也可以防止“一刀切”的监管政策造成对市场竞争和小企业创新发展的伤害。

（四）合理配置数字内容平台的主体责任

第一，强化平台内容治理的主体责任。非法有害内容监管政策的核心是促进作为中介服务提供者的平台对网络非法有害内容采取更负责任和更积极的过滤和“通知—删除”行动，确保平台中介服务不被用来传播非法有害内容，从而构建一个清朗、安全的网络空间环境。平台责任要求应以数字经济创新发展为目标，要根据比例原则来合理确定不同类型平台的责任，激励其采取必要的积极行动来履行必要的注意义务，激励平台实施积极的自我治理。

第二，强化平台充分履行合理注意义务和“通知—行动”义务。首先，平台应对非法有害内容进行风险评估与识别，当非法有害内容是非常明显并且对个人和公共安全构成严重威胁时，平台应该及时屏蔽或立即删除该有害内容。即对于符合“红旗原则”的非法有害内容，平台应合理注意，可以采取直接删除行动，履行必要的过滤义务，从而发挥积极防控非法有害内容的主体角色。其次，平台应积极履行“通知—行动”义务。政府应通过立法明确平台该义务，让平台企业承担更多的责任来处理由非法有害内容造成的危害，并且在当事人告知平台存在侵权内容的情况下，平台能够及时采取行动。再次，平台应该建立恰当、有效和容易接入的用户投诉处理机制，平台还应该积极处理用户的投诉并采取与监管政策相一致的处理行为。

第三，强化数字内容平台的透明度和问责性。在非法有害内容监管中，要强化透明度和可问责要求。平台关于内容审查标准、审查程序、删除行动、投诉处理等相关条款要明确和公开，使用户能够容易接入并知晓上述内容。为保证平台有效履行对网络非法有害内容应承担的合理责任，保证其履行责任的透明度和可问责性，政府监管机构应该要求数字内容平台每年提交履行平台责任的年度报告，并对社会公开。报告应对平台履行非法有害内容的“过滤义务”和“通知—行动”义务、保护用户隐私、打击虚假广告等的成效，以及平台为此进行的技术开发与配备、程序和组织制度保障、人员与经费投入等做出说明。

第四，防止平台滥用内容管理权。中国的数字平台基本都在运用人工智能算法等技术手段来审查平台内容并对其传播加以控制，许多平台设置了敏感词条的机器自动识别或屏蔽删除功能，甚至采取封号删帖等手段来处理非法、有害或争议内容。一些支配数字平台滥用内容管理权，粗暴删除、终止、短期停用用户的账号，特别是在目前消费者生活日益数字化和数字服务被捆绑到支配平台的情况下，这种权利滥用会给用户带来较大的损失。为了确保平台依法履行过滤义务和“通知—删除”义务，防止其滥用信息内容治理权，应该强化“通知—删除”过程的透明度和程序规定，确保平台以透明和公平的方式对非法有害内容进行过滤和删除。平台对用户上传内容的审查和处理需要依据明确公布或告知其审查处理规则，审查处理要遵循合理的程序（“通知—反通知”程序），要明确告知用户并说明采取屏蔽、封号删帖、删除或下降侵权内容等处理措施的依据和理由。对于平台错误处理给用户造成较大损失的，平台要承担相应的赔偿责任。

第五，强化算法透明和中立性要求。平台中介基于算法的内容推送应保证推送行为不系统地偏向特定的极端主义观点或非法有害内容，或者对自己制作的内容或关联单位制作的内容给予优先推荐。特别是对于新闻合成类的平台，其呈现的新闻内容应该保持必要的客观中立性和透明度，防止虚假信息的传播，为此深度合成的信息内容必须在显著位置做出特别标注，从而让受众能知晓该信息内容是通过人工智能算法深度合成的。

（五）创新非法有害内容监管政策措施

第一，注重技术性解决方案在非法有害内容监管中的突出作用。技术手段是应对非法有害内容的重要政策工具，特别是人工智能技术的应用在非法有害内容的识别、审查和删除中发挥了无法替代的作用。数字内容监管应鼓励数字平台主动采取技术性自动过滤系统并将其作为重点。典型的如欧盟2019年《欧盟版权指令》第17条特别强调鼓励平台采用自动的过滤技术性系统来识别非法有害内容，这种自动的过滤技术性系统有可能成为新的平台产业标准要求。

第二，强化人工智能算法的监管。鉴于数字内容平台的信息内容个人化推送主要是依据大数据算法对个人偏好的分析来实行的，其可能会强化个人偏见，以及深度合成的信息内容对版权侵权和虚假信息的传播问题，需要强化对算法推送内容的监管，对算法提出明确的透明度和中立性要求。数字内容平台基于人工智能算法的内容推送应保证推送行为不系统地偏向特定的极端主义观点或非法有害内容，或者实行对自己制作的内容或关联单位制作的内容给予优先推荐的自我优待或歧视性行为。特别是对于新闻合成类内容，平台呈现的新闻内容应该保持必要的客观中立性，并且要在新闻展示页显著位置明确标注该新闻是深度合成的新闻，从而保证消费者的知情权，让受众看到可信的内容。为确保人工智能算法应用不会带来严重的风险，应该建立人工智能算法应用事前认证制度，对于极高风险的算法直接加以禁止。

第三，提高违法违规行为的处罚力度。对于非法有害内容的处罚应该建立综合法律责任体制，即建立包括行政责任、民事责任和刑事责任的法律责任体制。首先，对于低危害的非法有害内容主要采取行政告诫、短期终止服务、整改要求等行政措施；对中等危害的非法有害内容实行最高罚款上限制度，如对于个人违法者最高罚款 10 万人民币，对于企业违法者最高罚款 500 万人民币，或者违法所得的 3～5 倍，最后取两者中最高者；对于高危害的非法有害内容实行企业上一年度营业额一定比例的比例罚款制度，对违法企业处以上一年度销售额 1%～6% 的罚款，或者违法所得的 3～5 倍，最后取两者中最高者。其次，对于非法有害内容给当事人带来明确和严重损害的，违法行为实施人应承担直接责任，对于没有尽到合理注意义务、存在过失的平台则应承担必要的连带民事赔偿责任。最后，对于生产制作和传播非法有害内容对社会构成严重危害的极高危害行为，实施主体涉嫌刑事犯罪的，则依法采取刑事制裁措施。

（六）建立多元主体共治的非法有害内容治理体系

数字非法有害内容治理是多元主体合作的过程，政府、数字内容平台、用户、行业协会、专业机构、社会公众都应该参与进来，构建多元主体共治的非法有害内容治理生态。政府监管机构是维护公共利益的机构，其主要是制定完备的法律，明确数字内容平台的行为规则，并加强对非法有害内容的监督执法和问责。数字平台是非法有害内容治理的第一责任人，强化对平台主体责任的监督，鼓励数字平台创新治理技术和组织制度安排，通过强化平台主体责任来构建坚实的治理基础。行业组织是重要的私人治理组织，应加强行业组织在行业自律、技术解决方案推广应用、行业标准制定等方面的独特作用。用户应提升自身素质和品位，提高法治观念，规范自身言行，并对发现的非法有害内容及时向平台、相关部门进行反馈和举报，发挥公众监督作用。

第九章 数字经济反垄断监管

市场竞争会促进生产率提升、经济增长和消费者福利的提高，竞争政策已经成为市场经济国家基础性经济政策。数字经济发展给企业和消费者带来了诸多的益处的同时也带来高集中市场结构，一些大型数字平台实施的垄断行为对市场竞争造成严重的损害。因此，数字经济反垄断成为各国反垄断政策的重点关注。欧盟、美国、英国、澳大利亚等地区和国家的执法部门及政策咨询机构正在对以大数据和平台商业为核心的数字经济反垄断政策展开积极的研究和讨论，以使反垄断政策更好地适应数字经济现实。尽管数字经济的发展具有较大的独特性，但是目前主流的共识是，反垄断政策的基本原则仍然适用于数字经济，但是需要创新具体的反垄断审查方法和执法政策，以使反垄断政策更好地适应数字经济现实。

第一节 数字经济市场竞争与垄断

数字经济具有明显不同的经济规律和市场竞争特征，这些独特的经济规律和竞争特征对现行的反垄断政策带来诸多挑战。有效的数字经济竞争政策设计应该契合数字经济市场竞争的独特性，因此准确把握数字经济竞争特征是竞争政策制定的起点。

一、数字经济市场竞争的特征

（一）数据与算法成为影响市场竞争的重要因素

在数字市场当中，数据成为驱动市场集中和构成竞争壁垒的最重要因素。在数字经济中，数据是数字平台从事各种商业活动的重要投入要素，也是企业获取和维持竞争优势的重要战略资产。在数据成为决定企业竞争优势重要战略资产的情况下，大数据所具有的规模经济与网络效应，以及大数据算法对用户的锁定效应，往往会导致大数据控制者具有高市场份额和强数据垄断势力。一个拥有较少数据的企业将很难与掌握较多多维度大数据集的支配企业展开有效竞争。由此，数据构成新的重要的市场进入壁垒，控制数据会赋予数字企业较强的市场势力，并可能基于大数据优势来实施各种垄断滥用行为，带来单边垄断行为。同时，在寡头市场，企业之间算法定价会促进价格合谋，从而带来集体垄断行为。总体来说，平台既可能通过数据投资、研发和商业化应用来提高消费者福利和经济效率，也可能会利用数据来实行剥削性定价和过度采集使用用户隐私数据、提高进入壁垒和实施封锁竞争对手等单边的数据滥用行为，利用大数据算法定价来实现价格合谋，并实施以垄断数据为目的的企业并购。

（二）平台是主要市场竞争主体

数字经济市场竞争的主体是平台，同时由于规模经济和网络效应，平台往往具有较强的市场势力，成为威胁市场竞争的主要主体，因此，支配平台是数字经济反垄断的主要对象。数字经济平台具有双边市场的特性，平台两侧用户具有非常强的交叉网络效应，任何对单侧用户的决策都将通过交叉网络效应对另一侧用户产生影响。为吸引更多的不同用户群体通过平台来实现交易或相互作用，充分利用交叉网络效应，平台实行不平衡价格结构。同时，平台基于大数据和算法决策来为两侧用户的相互作用提供高效率的中介服务，并通过制定平台交易规则实行对平台生态监管。数字平台的多边市场模式、网络效应、大数据与算法决策、中介服务的提供者和私人监管者等新的经济特征，对传统反垄断政策提出了很多挑战，包括如何界定数字平台的相关市场、如何分析零价格下的消费者福利、如何分析支配企业定价中的价格水平与价格结构的竞争效应，如何审查在单侧市场的过高定价或过低定价等。

（三）高集中市场结构

在数字经济市场，由于网络效应、大数据与算法的结合，市场往往会出现“冒尖”，一家或少数几家平台企业占据大部分市场份额的“赢家通吃”或“赢家多吃”的高集中现象，少数大平台具有非常强且稳固的市场支配地位。例如美国谷歌长期占全球搜索引擎市场90%以上的市场份额，2020年脸书在全球社交媒体市场占据75.5%的市场份额。在2018年中国数字平台商务市场中，滴滴占网约车市场的份额为92.5%，百度占搜索引擎市场的份额为68.5%，美团占外卖市场的份额为58.6%，天猫占在线零售市场的份额为53.5%。在中国数字经济行业，网约车、在线视频、搜索引擎、在线外卖、移动支付、在线零售、在线音乐等行业的HHI值都超过2500，属于极高集中市场结构（如表9-1所示）。由于网络效应、大数据与算法的结合产生明显的支配地位自强化机制，新进入企业很难在市场当中与支配平台展开有效竞争，市场内竞争和市场进入竞争都受到削弱，市场可竞争性程度的下降产生可维持的市场势力。

表9-1　2018年中国主要数字经济行业市场结构

行业	支配企业（市场份额）	CRn（%）	HHI
网约车	滴滴（92.5%）、易到（4.3%）、神州专车（3.1%）	$CR_3=99.9$	8584.4
在线视频	爱奇艺（37.1%）、腾讯（32.4%）、优酷（14.1%）	$CR_3=83.6$	6561.6
搜索引擎	百度（68.5%）、神马（16.2%）、搜狗（5.95%）、好搜（4.6%）	$CR_4=95.3$	5022.0

续表

行业	支配企业（市场份额）	CRn（%）	HHI
在线外卖	美团外卖（58.6%）、饿了么（32.2%）、百度外卖（5.9%）	CR_3 = 96.7	4516.5
移动支付	支付宝（54.3%）、财付通（39.2%）	CR_2 = 93.5	4491.4
在线零售	天猫（53.5%）、京东（27.8%）、拼多多（7.8%）、苏宁易购（3.46%）	CR_4 = 92.6	3712.7
在线音乐	酷狗音乐（39.8%）、QQ 音乐（30.4%）、网易云音乐（15.6%）、酷我音乐（9.1%）	CR4 = 94.9	2679.4
在线旅游	携程（35%）、去哪儿（19%）、飞猪旅行（14%）	CR3 = 68.0	2178.0
在线广告	阿里（36.05%）、百度（21.30%）、腾讯（15.11%）、今日头条（12.2%）	CR4 = 84.7	2159.4
网络游戏	腾讯（41.6%）、网易游戏（15.4%）	CR2 = 57.0	2000.4

资料来源：作者根据多个渠道的相关行业分析报告的数据计算整理。

（四）普遍的跨界经营与生态竞争

跨界经营已经成为谷歌、百度、阿里等数字平台企业普遍采用的经营战略，支配平台通过跨界经营构建了以核心平台为中心的数字产业生态。典型的如美国谷歌公司的业务包括金融、地图、新闻、旅游、机票搜索、购物、图书、视频和云计算等；阿里的业务除了淘宝的在线零售还投资在线支付、物流、数字金融、社交媒体、数字娱乐、云计算等。数字平台的跨界经营一方面为平台企业的市场进入提供了便利，平台企业可以利用其用户基础、大数据等资产迅速进入新的业务市场，同时也会使相互竞争的平台在多个市场展开竞争，这会极大促进平台之间的现实竞争和潜在竞争。支配平台跨界经营也可能会带来反竞争风险：一是跨界经营提高了市场进入障碍，单一市场竞争的企业较难进入竞争；二是跨界经营会引起市场势力杠杆化问题，跨界经营的支配平台有激励将其在核心业务市场的市场势力延伸到相关业务市场，实行市场封锁行为；三是实现跨界经营的混合并购会消除潜在竞争者，将潜在竞争对手杀死在萌芽状态；四是在寡头市场多市场竞争和算法定价的结合有可能便利企业合谋。

（五）破坏性创新驱动的动态竞争的市场

争夺市场的竞争成为决定市场竞争的主导力量。数字经济的市场竞争体现为市场内的竞争和争夺市场的竞争，市场内的竞争也称为静态竞争，争夺市场的竞争也称为动态竞争。由于数字经济具有明显的高市场集中的特征，因此传统市场竞争的主体力量——市场内竞争的作用受到削弱，市场竞争过程由传统的市场内竞争为主日益转向争夺市场的竞争为主。争夺市场的竞争最主要的形式是破坏性创新对传统的商业模式和市场结构产生的颠覆式影响。在破坏性创新剧烈的市场中，即使一家企业目前具有市场垄断势力，但是其很可能会被潜在的破坏性竞争者所取代，潜在竞争压力对其市场势力的行使构成有力的约束。在位支配企业有激励实施各种针对破坏性竞争者的市场封锁行为或“杀手并购”，这些则会对潜在的创新竞争和市场进入构成严重阻碍，并严重影响市场可竞争性。因此，破坏性创新竞争成为决定市场竞争的决定性力量，保护市场中的破坏性竞争力量成为数字经济反垄断的重要政策关注。在破坏性创新与争夺市场经营权为主的动态竞争中，判断市场势力和竞争损害需要重点考虑动态竞争因素，突出对市场进入壁垒和动态创新激励的影响，将维护市场的可竞争性作为反垄断政策的重点，突出潜在竞争的作用。为了维护市场的动态可竞争性，反垄断执法应重点禁止严重阻碍破坏性进入者进入竞争的各种垄断行为，特别是独占交易协议、拒绝接入、捆绑等各种市场封锁性滥用行为和针对创业企业的杀手并购行为，确保创新性进入者能够自由进入，以充分维护市场的动态竞争和实现动态效率。

二、数字平台多层次垄断势力

在数字经济中，大型数字平台具有日益凸显的强垄断势力。平台垄断势力明显不同于传统反垄断经济学界定的“市场势力”，传统的市场势力概念界定太过狭窄，无法充分反映数据驱动的平台垄断势力。数据驱动的平台垄断势力也被称为“守门人势力”或“中介势力”。科恩（Cohen，2016）将平台势力界定为“采用技术性协议来影响不同的市场联结或限制参与特定市场的能力”①，这一概念界定突出了平台作为不同用户群体实现相互作用的中介所具有的垄断势力。总体来说，平台垄断势力包括三个层次：绝对垄断势力、相对垄断势力和生态垄断势力（如表9－2所示）。

表9－2　平台垄断势力与反垄断监管政策

垄断势力类型	相关市场	竞争损害	反垄断政策	政策目标
绝对垄断势力	平台间市场	损害竞争企业之间的自由竞争	事后反垄断执法	维护市场竞争
相对垄断势力	平台内市场	损害平台消费者和商家的权益	事前规制	维护公平和可竞争性
生态垄断势力	多市场	损害经济和社会秩序	事前结构控制＋事后反垄断执法	维护生态可竞争性

首先，绝对垄断势力是一家企业在相关市场占据绝对的优势地位，从而免受市场竞争的有效约束。绝对市场势力是单个企业在市场当中相对于竞争对手的势力，或免于市场竞争约束的能力，传统上通常采用价格偏离边际成本的程度来衡量。在数字经济中，数字平台绝对市场势力产生的机制主要是大数据的规模经济和网络效应所形成的自强化机制推动的市场势力。绝对垄断势力主要是平台与平台之间的市场竞争关系，绝对垄断势力的滥用主要是对市场的自由竞争构成威胁，特别是限制了竞争对手企业的竞争自由。

其次，相对垄断势力主要是来源于大数据算法的精准匹配和大数据驱动的交叉网络效应使平台不同用户群体只有通过平台才能实现交易或

① Cohen, The Regulatory State in the Information Age, Theoretical Inquiries in Law, 2016, 17(2): 369－414.

价值共创。在此情况下，平台是市场的“制造者”，平台利用数据、算法等来决定平台用户能否接入平台、能否参与平台组织的交易活动，并影响平台用户参与交易的收益。相对垄断势力也称为中介市场势力，即数字平台是不同侧用户实现交易或相互作用所必不可缺的通道，即在在线活动中，平台两侧用户或单侧用户对平台具有的强依赖性，特别是平台商家，如果不接入平台将根本无法获得相应的商业交易机会。相对垄断势力是平台内平台与用户之间的关系，是基于平台用户对平台的强依赖性所形成的严重不对称的谈判力分布。① 因此，相对垄断势力滥用损害的是平台商家和消费者用户的权益，扭曲了平台与其用户之间的公平交易。

再次，生态垄断势力的产生主要是大数据的范围经济和平台包络所产生的跨市场垄断势力。由于大数据具有范围经济，为了深度挖掘数据价值，平台将在核心业务市场采集的大数据来应用到邻近市场；同时，由于多维度性是决定数据价值的重要因素，平台进入多元化市场可以收集特定用户更加多维度的数据，从而更精准地对特定用户进行画像和实行精准营销。生态市场势力是指平台利用核心业务优势来进入邻近市场，构建核心资源与价值体系紧密相连的平台生态，此时平台是生态系统的控制者，从而形成强有力的平台生态势力。典型的如在线零售平台市场，京东、拼多多与阿里的竞争并不仅是与单一的淘宝平台进行竞争，而是与阿里的淘宝、支付宝、菜鸟、物流构成的生态体系的竞争。此时，创新型企业和初创企业很难成功地将创新引入特定市场。生态市场势力是多市场之间的价值共创关系，是多市场垄断势力。生态垄断势力滥用典型体现了“资本无序扩张”的本性，其产生的对多市场的掌控和过度的经济权力集中，会对经济秩序和社会秩序构成挑战。

---

① 根据德国新的《反限制竞争法》修正案，一个不具有市场支配地位的平台也可能会因为其具有相对市场势力而受到反垄断法的干预。

第二节　数字经济反垄断政策导向

一、坚守竞争政策的基础性地位

市场竞争是促进数字经济高效发展的根本动力，数字经济反垄断应坚守竞争政策的基础性地位。竞争始终是促进经济高效率增长和消费者福利的基础机制，维护市场竞争机制和竞争过程始终是竞争政策的根本任务。数字经济中市场势力的竞争损害不仅体现在向商家征收高佣金或接入费，封锁竞争对手进入市场或业务成长，也包括限制消费者的多样化选择、创新、隐私保护等。有效的竞争政策会有效维护现实和未来的市场竞争，从而促进企业高效率经营和保持创新激励，并促进社会总福利的持续提高。坚守竞争政策基础性地位应重点消除严重扭曲市场竞争的产业政策、阻碍创新发展的政府监管政策和大型平台企业实施的市场垄断行为。

二、坚持消费者福利标准并注重对非价格因素的审查

数字经济背景下仍应坚持反垄断消费者福利标准。长期以来，反垄断法都将促进消费者福利和防止消费者福利受到伤害作为反垄断法的根本目标。但近年来美国新布兰迪斯学派主张，数字经济反垄断不应仅仅追求效率和低价格，而应该追求包括就业、分配公平、小企业成长等多元目标，传统的消费者福利标准应该被抛弃（Khan，2017；Wu，2018）。尽管就业、分配公平、小企业成长等目标也很重要，但其主要不是由反垄断法来解决，而是由其他的法律或制度来解决。坚持消费者福利标准会有利于科学定位反垄断执法并有效发挥反垄断法应有的作

用。正如夏皮罗（2017）所指出“只要我们接受反垄断法的目标是促进竞争，则没有证据显示需要放弃消费者福利标准。”但数字经济反垄断的消费者福利标准应更加注重消费者福利的非价格维度。传统的反垄断经济学理论和竞争执法都是将价格作为重心，但是在很多数字平台行业，企业之间的竞争是非价格竞争。斯塔克和格鲁内斯（Stucke and Grunes，2011）指出，在数字经济中仅仅关注价格的反垄断执法会带来较高的执法失误成本。数字经济反垄断需要扩展消费者福利标准的内涵，数字经济反垄断消费者福利标准应突出影响消费者福利的非价格因素，特别是消费者选择权、隐私保护、财富转移等社会性目标。

三、将促进创新作为反垄断优先目标

创新是市场竞争和经济高质量发展最重要的驱动力量。在数字经济中，创新带来的动态效率对提升消费者福利和社会总福利具有特别重要的意义。反垄断政策应该由关注静态竞争转向重视动态竞争。动态竞争和动态效率主要是来自于创新，因此维护企业创新激励应该成为反垄断审查的最优先目标。创新优先的反垄断执法主要体现在以下几个方面：一是对于有利于创新的企业之间合作行为不宜适用本身违法原则。数字经济中企业之间的数据共享协议、联合制定技术标准、数字版权合作组织等合作行为往往是促进创新的，应实行宽松的反垄断政策，采用合理推定执法原则。二是为维护企业创新激励应谨慎适用“必要设施”原理。对高许可费、拒绝许可和拒绝接入数据等行为谨慎适用“必要设施”原理和“平台中立”救济政策，只有在案件所涉及的技术或数据充分满足必要设施条件时，才能依据必要设施原理要求企业向竞争对手开放数据或许可专利技术。三是严格禁止会严重损害市场竞争的垄断行为。企业并购控制政策特别禁止对高成长性创业企业的“杀手并购”，严格禁止封锁和排斥创新性进入者的“二选一”独占交易协议、自我偏向等滥用行为。四是审慎的反垄断监管，强化市场研究和程序正义，防止过度监管和错误执法造成对竞争的损害。数字经济反垄断执法不能以牺牲创新为代价，而应是更好地促进数字经济创新发展。

四、坚持结构主义与行为主义有机结合

从反垄断政策的角度来说，数字经济高集中市场结构是企业高效率经营的结果，但这种结果并不一定总是有利于整个社会的消费者或社会总福利，如果建立在企业高效率经营基础上的高集中市场仅仅是让支配企业获得巨额利润，而消费者和社会无法分享这种成果，则这种高集中市场并不是社会所期望的。进一步来讲，即使高集中市场结构是建立在效率基础上，但是其不应当牺牲未来的市场效率，不能阻碍市场的动态创新，即不能阻碍新企业进入新市场。从动态的意义上来说，只有在保持市场可竞争性基础上的高集中市场才能实现过去高效率和未来高效率的统一。支配企业的高市场份额不应牺牲市场的可竞争性，即在位支配企业的高市场份额不应成为潜在进入者进入市场不可逾越的障碍。支配平台不应实施数据垄断、封锁性滥用行为和消除潜在竞争的“杀手并购”等严重损害市场竞争的行为。因此，数字经济反垄断不宜坚持“反结构、不反行为”的思路，而应坚持结构主义与行为主义相结合的思路，既要防止支配平台通过并购来获得和强化市场势力，也要禁止其滥用支配地位维护和强化垄断地位的行为，以维护市场的可竞争性。在反垄断案件执法中，为了恢复市场竞争，执法机构可以灵活采用行为救济和结构救济。

第三节 市场界定与市场势力认定

一、平台市场界定的单市场方法与多市场方法①

数字平台给市场界定带来的主要问题是平台两侧用户是应该被界定在同一个相关市场还是分开界定为两个不同的相关市场，即采用单市场方法还是多市场方法。菲尔斯特鲁奇等（Filistrucchi et al.，2014）提出，多边市场两侧用户是否应被界定为同一个市场还是分别界定为多个市场应主要依据平台是交易型平台还是非交易型平台。交易型平台典型的如淘宝、京东、亚马逊、银行卡、支付宝等，交易型平台的主要特征是平台两侧用户发生可观察的直接交易，交易型平台需要将两侧用户界定在同一个相关市场，非交易型平台则分别界定为两个独立的相关市场。依据交易型平台与非交易型平台两分法的市场界定方法没有对二者的类型区分给出明确的标准，而且也没有对非交易型平台做进一步的分析，其所指出的非交易型平台应界定为多个市场的观点并不完全准确。因此，交易型平台和非交易型平台的两分法并不能为界定相关市场提供准确的指导，是一个有很大局限性的检验方法，不能作为普遍适用的反垄断审查规则。

在多边市场情况下，市场界定是采用单市场方法还是多市场方法，最为基础的决定因素是交叉网络效应。因为在交叉网络效应的情况下，平台对一侧用户的涨价不仅会导致该侧用户数量下降，同时还通过双向交叉网络效应导致另一侧用户的数量下降，从而使对单侧用户的涨价具有更大的市场影响，此时应采用单市场方法。如果不存在强的交叉网络

① 唐要家、唐春晖：数字平台反垄断相关市场界定，财经问题研究，2021，2.

效应或只存在单向的交叉网络效应，则对一侧用户的涨价并不会导致两侧用户的大量流失，此时应采用多市场方法。因此，市场界定的竞争约束分析需要针对不同类型平台，根据个案来审查两侧用户之间的交叉网络效应强度以及影响效应。一般来说，如果两侧用户具有非常强的双向交叉网络效应则应该将两侧用户界定为一个相关市场，采用单市场界定方法；如果两侧用户没有强交叉网络效应或者仅存在单向的交叉网络效应，则应该采用多市场界定方法。针对不同类型平台的交叉网络效应和两侧用户的交易关系，我们总结了不同类型平台市场界定方法（如表9－3所示）。

表9－3　不同类型平台的市场界定方法

平台类型	平台	交叉网络效应特征	市场界定方法
市场空间型	在线零售、网约车、在线房屋短租、在线订餐	双向交叉网络效应	单市场方法
供需协调型	在线支付系统	双向交叉网络效应	单市场方法
受众制造型	社交媒体、搜索引擎	单向交叉网络效应	多市场方法
关系匹配型	在线交友、网络招聘	双向交叉网络效应	单市场方法
技术支持型	操作系统、视频游戏、APP应用商店	单向交叉网络效应	多市场方法

资料来源：唐要家、唐春晖：数字平台反垄断相关市场界定，财经问题研究，2021，2.

二、商品免费供应下的市场界定

在数字经济下，平台向消费者提供的大量服务是免费的，零价格带来独特的反垄断难题。在零价格情况下，判断是否存在经济学或法律意义上的市场，目前主要重点关注两点：一是数字平台服务提供者和用户之间是否存在交易关系，二是数据是否能达成一种交易关系的支付。显然，判断是否存在市场，重要的是买方和卖方之间存在交易关系，有时双方不存在支付并不意味着不存在市场交易关系，并且在多边平台市场零价格也并不意味着产品或服务提供者不是在执行利润最大化决策。因此，零价格并不构成界定相关市场的障碍。

在数字经济中，数据成为最有价值的资源，平台向消费者提供的免费商品并不是真正的免费，消费者实际上付出了可以货币化的个人数据。市场经济本质上并不仅仅局限在价格机制，市场经济的本质是交易经济。在零价格商品的多边平台市场，尽管消费者支付零价格，但是消费者也相应地付出了“数据货币”。因此，商品或服务免费供应并不影响反垄断相关市场界定。在多边平台向消费者提供免费服务的情况下，平台企业是否无偿地采集消费者用户数据就成为市场界定的重要考量因素。德国新版《限制竞争法》第 18 条第 2 款明确指出，免费商品和服务也构成相关市场。在欧盟微软并购 Skype 案中，欧盟委员会将市场界定为以互联网为基础在线通信市场，尽管在该市场所有企业提供的服务都是免费的。[①] 因此，商品或服务免费并不影响界定反垄断相关市场。

三、平台市场界定的经济分析方法

传统的反垄断经济学理论和竞争执法都是将价格作为重心，但是在很多数字平台市场，企业之间的竞争是非价格竞争。在数字经济反垄断执法中，多边平台和免费供应是目前主导的市场界定方法——假设垄断检验的 SSNIP 检验方法将不再有效。一是数字平台对消费者用户实行零价格免费供应，这使主要依据价格变化来界定市场的 SSNIP 方法不再适用。因为在商品免费情况下，SSNIP 检验所假设的价格上涨是没有意义的。二是对假设垄断企业来说，多边平台零价格会使消费者对价格的略微上涨非常敏感，使依据涨价对假设垄断企业利润影响的分析不再准确。三是忽视交叉网络效应使 SSNIP 检验的准确性大幅降低。由于平台两侧用户具有交叉网络效应，一侧用户的价格上涨并不一定体现在该侧用户的反应，而是同时对平台另一侧用户也产生影响。由于 SSNIP 检验

---

① Case No. COMP/M. 6281 Microsoft/Skype（EC）No 139/2004.

忽视了价格上涨的交叉网络效应的间接影响，从而造成市场界定不准确。四是 SSNIP 检验仅关注价格水平，忽视了多边平台调整价格结构的影响。

一些学者尝试对 SSNIP 方法进行改进，以反映双边市场交叉网络效应的影响。一是总价格方法。埃姆奇和汤普森（Emch and Thompson，2006）提出，在两侧用户被界定在同一个相关市场时，可以采用两侧用户的总价格来应用 SSNIP 检验，即依据总价格变化对平台利润的影响来界定市场。但计算总价格面临的问题是如何赋予平台两侧用户价格在总价格中的权重以反映交叉网络效应。二是改进的 SSNIP 方法。菲尔斯特鲁奇（Filistrucchi，2008）提出了一个改进的应用于多边市场的 SSNIP 分析方法，阿费尔德（Affeldt et al.，2013）、科斯尼塔－朗格莱（Cosnita－Langlais et al.，2018）提出了改进的适用于多边市场的临界损失分析方法。在具体应用中，这些改进方法面临的主要障碍是如何衡量交叉网络效应及其强度，现有研究还没有有效解决该技术难题和克服数据缺失的问题，目前这些改进的市场界定方法还没有被反垄断执法机构所接受。三是 SSNDQ 方法。菲尔斯特鲁奇（Filistrucchi，2018）针对商品免费供应的情况下提出了 SSNDQ 检验，即假设垄断者实施一个“小规模但重要的非暂时性的质量下降”。SSNDQ 方法应用面临的主要障碍是质量指标选择，目前还没有普遍认可的质量指标，不同的指标选取对结果有较大的影响，由于数字平台提供的大都是服务或虚拟体验，消费者对质量的评价会受到个人偏好的影响，不同人对质量的感知存在明显差别，贸然应用到反垄断案件审查中将引起较大的争议，增加反垄断审查的不确定性。

在多边平台，市场界定的需求替代和供给替代方法依然有效。反垄断相关市场界定不是泛泛的市场界定，反垄断意义上的相关市场是针对特定市场并且重点分析对涉案企业市场势力构成竞争约束的力量。因此，在多边平台商业模式下，反垄断市场界定的基本理论依然有效，失效的只是市场界定工具而非市场界定理论。卡普洛（Kaplow，2010）、埃文斯和诺尔（Evans and Noel，2011）都指出，在多边平台商业模式下，传统的适用于单边市场的市场界定工具不再有效，反垄断需要抛弃对这些过时工具的过度依赖，反垄断执法不应刻板地局限在 SSNIP 和临界损失等检验方法，多边平台相关市场界定应该回到其本源，重在基于个案的经济现实来分析当事企业所面临的竞争约束。在分析数字平台所面临的竞争约束时，如果基于个案的经济现实并合理考虑交叉网络效应和影响平台竞争主要因素的影响，仍然可以准确判定平台的市场势力。

四、相关市场界定应修改审查程序

市场界定仅仅是方便反垄断执法机构科学地审查竞争损害效应的重要途径，因此市场界定是手段而非目的，反垄断法不应将市场界定作为案件审查所必须的前置程序条件。数字经济反垄断执法不应将市场界定看作是最重要的执法前提，避免市场界定成为反垄断执法行动的束缚，反垄断执法应该重在分析竞争损害而非市场界定。市场界定和市场势力认定是判断滥用市场支配地位和竞争损害的一个必要条件而非充分条件。在反垄断执法中并不是所有案件都需要市场界定，市场界定也不是反垄断案件审查的必要前置程序。在特定案件中，如果直接证据足以证明当事企业具有市场势力或产生严重伤害竞争的结果，则不需要进行市场界定。数字经济反垄断执法应该重在分析竞争损害而非市场界定，特别是在滥用案件中市场界定并不一定构成必要的程序。在此情况下，反垄断应“较少强调市场界定分析但更强调竞争损害理论和反竞争行为识别。”①数字经济平台反垄断相关市场界定应重点服务于竞争损害审查的根本目标并使市场界定充分反映特定案件商业现实，确立以竞争损害审查为中心的反垄断审查体制，为此需要改变反垄断案件司法诉讼

---

① Jacques Crémer，Yves - Alexandre de Montjoye，Heike Schweitzer，Competition Policy for the Digital Era，Final report，2019.

“谁主张谁举证”的证据责任配置结构，原告只需对被告滥用行为提出初步反竞争证据，重点是被告的行为严重伤害了市场竞争，随后举证责任转移到被告，被告负有举证证明自己不具有市场支配地位和被诉行为具有竞争促进效应的义务。

五、企业市场势力认定的关键考虑要素

在数字经济背景下企业市场份额和勒纳指数反映企业市场势力的信息作用明显弱化。首先，在快速创新的数字经济，动态的市场竞争使市场份额与市场势力之间的关系较弱，市场份额传达市场势力的信息作用大幅下降。在欧盟 Cisco and Messaget 案的裁决中，欧盟法院指出“在那些具有短创新周期的快速成长行业，企业拥有较大的市场份额往往是短暂的。在动态创新的情况下，高市场份额并不必然意味着企业具有市场势力。”[①] 其次，传统的市场势力衡量主要采用勒纳指数，即企业将价格定在高于竞争水平的能力，通常根据价格和边际成本的关系来判定企业是否具有市场势力。在平台不平衡价格结构、消费者免费或零边际成本的情况下，勒纳指数指标将不再有效（Rochet and Tirole，2006）。

数字经济企业市场势力审查应该重点关注反映数字经济特征的特别因素。市场势力审查应重点关注如下的因素：（1）行业动态创新性。在数字经济快速发展和动态创新的行业，一个企业拥有的高市场份额往往是短暂的，快速创新带来的争夺市场的竞争会降低在位企业市场势力。（2）数据拥有情况。数字平台拥有大数据会增强其市场势力，但如果大数据可以让竞争者接入或竞争者可以较低成本复制同样的数据或存在较充分的数据接入共享，则大数据并不一定会带来市场势力。因此，排他性控制大数据会增强企业市场势力。（3）网络效应。交叉网络效应强度是影响平台市场势力的最重要因素，如果平台两侧用户具有

---

① Case T－79/12 *Cisco and Messaget v. Commission*，ECLI：EU：T：2013：635，para 69.

较强的正向交叉网络效应，此时拥有较大用户基础的平台会具有较强的市场势力。（4）用户平台多属程度。平台多属会降低新进入者的进入壁垒，促进平台之间的竞争；在用户平台单属时，由于平台用户被锁定，则平台之间的竞争会相对较弱；在一侧用户单属而一侧用户多属的“竞争性瓶颈”结构，平台是多属用户接入单属用户的唯一通道，因此平台对多属侧用户具有强市场势力（Armstrong，2006）。（5）用户转换成本。用户面临的转换成本越高，则用户越难以在不同的平台转换，平台对用户的锁定效应越强，市场势力就越高。平台转换成本不单是指用户离开平台需要支付的货币成本，也包括其他的隐形成本，如合约成本、技术兼容成本、数据信息损失成本、直接网络效应损失成本、个人声誉重建成本等。

第四节　反垄断审查机制创新

数字经济反垄断应创新应对各种新型垄断行为的反垄断审查机制和执法政策，增强反垄断政策的科学性和针对性。

一、创新算法合谋的反垄断政策[①]

以斯拉奇和斯塔克（Ezrachi and Stucke，2016）指出，在数字经济下，亚当·斯密的“看不见的手”将被“数字的手”所取代，算法定价将成为数字经济新的重要的定价形式。数字商务企业普遍采用的大数据算法决策也引起来对企业借助算法来实现默契价格合谋的担忧。由于价格合谋一直被认为是企业滥用行为的首恶，并且算法合谋主要是通过人工智能的自我学习方式来实现的，对现有的反垄断政策提出了很多新

① 唐要家、尹钰峰：算法合谋的反垄断规制及工具创新研究，产经评论，2020，2.

的挑战，因此算法合谋问题成为各国反垄断机关面临的新课题。

（一）算法定价促进合谋的机制

算法定价促进企业合谋的机制主要体现在如下三个方面：一是基于算法的商业决策通常并不需要寡头企业之间通过直接的沟通来达成协议，算法会自动根据竞争对手的定价制定自己利润最大化价格。尤其是基于深度学习技术的算法能在没有人工指令的情况下自动制定合谋的价格，为合谋提供了自动实现的工具；同时算法能对市场条件的变化和竞争对手的定价自动做出反应，实现动态定价，更容易在市场变化中实现默契合谋。二是大数据和算法的结合明显提高了企业间相互作用频率和市场透明度。算法合谋通常是基于对大数据的动态处理和分析，算法使企业不仅可以实时地跟踪分析竞争对手的定价行为，并可以有效区分市场价格变化是单个企业的定价行为还是市场波动造成的，避免了不确定性引发的价格战，使寡头企业更容易及时准确识别单个企业的背叛行为。三是由于算法定价是基于竞争对手的定价自动做出的反应，会及时发现单个企业的背叛行为并快速自动实施惩罚性低价格，从而增强了惩罚的严厉性。由于算法价格合谋能够自动达成合谋协议，及时发现背叛行为，并迅速做出可信的严厉惩罚，从而使背叛合谋协议的行为变得无利可图，降低了单个企业的降价激励，促进了企业之间的价格合谋。由于算法降低了企业之间的沟通协调和监督成本、增加了市场透明度、提高了对背叛行为的监督和惩罚的有效性，算法在一定程度上会降低传统上价格合谋所要求的市场结构门槛，在企业数量相对较多、市场集中度门槛相对较低的寡头市场，或者在市场价格和供求波动较大的不确定性市场，企业之间也可能会实现相对稳定的价格合谋。因此，算法定价明显提高了价格合谋出现的可能性。

（二）算法定价的类型与反垄断政策

不同类型的算法合谋具有不同的合谋机制并对反垄断政策提出不同的挑战。基于算法导致的合谋效应，根据以斯拉奇和斯塔克（Ezrachi and Stucke，2017）对算法合谋的类型划分，我们对四种类型的算法合谋及其面临的反垄断问题总结在表9－4中，可以看出，对于信息传递者、轴辐协议、代理人这三种类型算法合谋，现有的反垄断法能够有效地加以应对，通过企业间的协议证据、信息沟通证据以及附加因素分析或算法审查，可以找到企业之间存在合谋动机和协议的确凿证据。但是对于自我学习算法合谋，现有的反垄断法尚缺乏有效的执法工具应对，在非法合谋的协议要件认定、主体责任确定和救济措施方面还存在明显的政策空白，因此现行价格合谋反垄断执法面临较大的政策缺口，需要通过反垄断政策创新加以解决。

表9－4　算法合谋的类型及反垄断政策问题

类型	类型	性质	协议证据	反垄断政策
信息传递者	显性合谋	实施已有合谋的新手段	明确证据	本身违法
轴辐协议	显性合谋	借助第三方实现合谋	混合证据	本身违法为主，个别案件合理推定
代理人	默契合谋	有意识平行行为	间接证据	合理推定为主，个别案件本身违法
自主学习	默契合谋	无意识平行行为	无证据	合理推定（审查依据和方法存在空白）

资料来源：唐要家、尹钰峰（2020）。

（三）算法合谋的反垄断政策创新

第一，创新认定违法的“协议”要件。根据各国法律，企业之间存在“协议”是认定非法价格合谋的要件，由于自主学习算法合谋是在企业之间缺乏任何协调或信息交流的情况下实现，依据现有法律无法认定其存在“协议”要件。目前主要有三种思路：一是使用集体滥用条款。欧盟在适用《欧盟运行条约》第101条禁止合谋规定失效的情况下可以适用第102条所禁止的共同滥用市场支配地位行为，即即使没有确凿的证据显示企业之间具有共同实现合谋的动机，但如果这些企业共同设定不公平的高价格将构成非法滥用。[①] 中国《反垄断法》也可以依据第 19 条关于集体市场支配地位的法律界定，激活"集体滥用支配地位"条款来有效规制自主学习算法合谋。二是反垄断法对合谋"协议"采取更宽泛的界定，而不是仅仅局限在企业之间存在明确的相互沟通证据上，应更多关注"一致行为"的事实和达成限制竞争合谋结果的事实，并加强附加证据因素的获取，从而确保竞争规则的科学适用。三是依据动机来认定非法的协议。哈林顿（2018）提出通过对算法程序进行审查来判断算法程序是否存在合谋的动机，如果对算法程序代码的审查发现其具有明确的反竞争合谋动机和产生反竞争合谋效果的可能，则应对其适用本身违法原则。

第二，明确当事企业法律主体责任。对于算法合谋，反垄断法律责任主体首先应该是由当事企业承担，在合谋事实成立的情况下，当事企业不能以自己不知情或未主动参与来免责，因为算法始终是工具，人才是主体。当事企业在采用算法时有责任确保算法的运用不会带来限制竞争的结果，这是其应尽的基本义务。即对于算法的使用，当事企业负有合理地注意和预测其可能产生反竞争非法效果的义务。算法始终是执行人的指令或任务的工具，本质上它是人实行合谋的一种便利机制。因此，不管何种形式的算法合谋，反垄断责任主体都应该是定价算法的使用者——当事企业和企业直接责任人。

第三，实行有效的算法事前监管。事前监管将算法设计放在突出的位置，坚持"基于设计来遵从法律"的原则，要求算法程序设计就要遵守和体现竞争原则，即从源头来消除算法合谋问题的产生。基于设计来遵从法律的规则要求算法开发者和算法使用者必须通过算法设计来确保遵守竞争法，即算法设计应该确保其不会带来反竞争的合谋效应。为

---

① ECJ, Judgment of 16 March 2000, C－395/96 P and C－396/96 P－Compagnie Maritime Belge Transports et al., ECR 2000, I－1365, ECLI: EU: C: 2000: 132, para. 41. *Monopolies Commission*, XXII. Biennial Report 2018, P. 217. Ezrachi, A. and M. E. Stucke, Two Artificial Neural Networks Meet in an Online Hub and Change the Future (of Competition, Market Dynamics and Society), SSRN paper, 2017.

此，对算法设计提出明确的“竞争中立”或“竞争友好”要求，要求算法开发者和算法应用企业要确保算法的设计和应用不会带来限制竞争的效果，从而突出技术设计的基础性和预防性作用。“基于设计来遵从法律”原则实际强调算法设计者和使用者的主体责任，突出算法使用者私人规制的主体地位，这是一种低强度和低成本的规制方式。

二、实施基于合理推定原则的纵向限制协议反垄断政策

反垄断经济学显示，纵向限制协议并不是必然导致反竞争的结果，其既具有效率促进效应，也具有反竞争效应。因此，对纵向限制协议不应采取同横向垄断协议相同的本身违法禁止原则，而应采用合理推定执法原则，基于个案分析来判定特定纵向限制协议是否构成非法。

（一）平台最惠消费者条款①

最惠国条款（简称 MFN 条款）也被称为最惠消费者条款。在线平台实施的最惠国条款有时也称为“跨平台价格校准协议”，通常是指平台企业要求商家在其平台提供的报价不应低于在其他平台或销售渠道的报价，给予其他平台或销售渠道的更低报价或更优惠交易条件也要同时适用于该平台，即商家不能向其他平台或在自己的官网提供更低的价格或更优惠的交易条件，这一要求能使该平台始终获得最好的报价或交易条件或者与其他平台或渠道等同的报价或交易条件。平台 MFN 条款实际上提供了一种平台之间价格校准的机制，它并不确定绝对价格水平，而是确立相对价格关系，即比价关系。

平台 MFN 条款既有效率促进效应，也有竞争损害效应，应采用合理推定原则。首先，在线平台实施 MFN 条款要求主要效率促进理由是消除搭便车问题、解决专用性投资套牢问题、降低合约谈判的交易成本；其次，平台企业主导实施的 MFN 条款的反竞争损害主要体现为两

---

① 唐要家、钱声绘：平台最惠国条款的竞争效应与反垄断政策，竞争政策研究，2019，4.

个方面：一是它可能成为寡头企业消除价格竞争和维持高价格的合谋机制；二是它是平台支配企业排斥竞争对手实现市场封锁的排他机制。现有的关于支配平台实施 MFN 条款竞争效应的理论和案例研究大都认为，MFN 条款具有较大的伤害市场竞争的可能，仅在特定情况下才会具有显著的效率效应，因此都主张对支配平台的 MFN 条款采取严格的反垄断执法（Baker，2018）。

在基于个案适用合理推定原则的反垄断审查过程中，为了提高反垄断审查的效率，执法机构需要重点关注更可能产生严重伤害竞争的平台 MFN 条款。根据反垄断经济学理论和欧盟、美国的司法判例，在下列几种情况下的平台 MFN 条款应该受到反垄断执法的严格禁止：（1）支配平台强制实施的针对不同平台之间定价或交易条件的 MFN 条款具有反竞争效应，商家主动实施的主要针对最终消费者的 MFN 条款通常反竞争危害会较小。（2）宽 MFN 条款往往具有削弱价格竞争、促进价格协调或封锁竞争者，应该受到反垄断执法的重点关注。窄 MFN 是单一的委托人与代理人之间的关系，往往具有消除搭便车和专用性投资套牢的效率基础，通常不会产生严重限制竞争的结果。（3）宽 MFN 条款和代理模式的结合往往具有促进合谋的效应，更容易产生限制价格竞争的合谋结果。（4）具有双重价格校准条款的 MFN 条款具有非常严重的竞争损害效应，应特别受到严厉禁止。[①] （5）具有高市场累积率的 MFN 条款。

（二）平台“二选一”独占交易协议[②]

双边市场支配平台实施的“二选一”独占交易协议应该受到反垄断法的重点关注。多边平台市场独占交易协议与单边市场独占交易协议具有明显不同的市场基础和行为机制。单边市场单一品牌生产商对其经

① 双重价格校准条款的 MFN 条款是指不同平台或最终消费者之间的 MFN 条款和不同商家之间 MFN 条款的结合。

② 唐要家、杨越：双边市场平台独占交易协议的反竞争效应，首都经济贸易大学学报，2020，4.

销商实施的独占交易协议通常仅仅限制了品牌内的竞争并且具有较强的效率基础，而多边平台市场支配平台实施的独占交易协议则明显限制了平台之间的竞争，具有明显的伤害市场竞争效应。具体来说：首先，相对于单边市场，在双边平台市场，跨侧网络效应使支配平台企业具有更强的激励和能力来实施以消除平台多属为目的的独占交易协议，以维护自己的市场垄断地位和获得高利润。其次，在多边平台市场，用户平台多属是促进市场竞争的最重要因素，维护平台企业之间的竞争是促进效率和创新的基础。平台多属是新进入平台能够获得参与竞争所必需的用户基础的主要途径，而独占交易协议则消除了这一便于进入者进入竞争的路径，从而构成对竞争对手的市场封锁。再次，由于双边市场的强交叉网络效应，这一独占交易协议会带来比传统单边市场更严重的社会福利损失。因此，由于平台市场的独特经济规律，支配平台实施的独占交易协议更容易产生长期的严重伤害市场竞争的市场封锁效应，因此对支配性平台企业独占交易行为应该给予更大的反垄断执法关注，而不是放任支配性平台通过反竞争的独占交易协议来维持和延伸垄断市场势力，对支配平台的独占交易协议采取过于宽松的反垄断政策。

数字平台独占交易协议具有独特的竞争损害效应。首先，由于数字平台提供的中介服务通常是一种无差别的同质产品竞争，此时即使一个支配平台具有领先的用户基础，其也很难阻止创新性竞争者的进入竞争，而“二选一”独占交易协议会使支配平台实现对商家的锁定，并且由于交叉网络效应这会进而增加平台对消费者的黏性，从而使竞争对手无法获得有效与其竞争的用户规模，实现对竞争对手的封锁。其次，在商家拥有自由选择权的情况下，支配平台征收高佣金率会造成商家流失，其实行高收费的能力将受到较强的竞争约束，独占交易协议使商家失去了自由选择权和与平台讨价还价的能力，增强了平台剥削性占有商家剩余的能力。再次，在寡头平台都采用“二选一”要求的情况下，独占交易协议会产生类似于地域独占的“市场分割”效应，成为一种缓解寡头价格竞争的默契合谋机制。在具体案件的反垄断审查中，独占交易竞争损害的直接证据主要体现为两个：一是支配企业实施独占交易协议后直接导致其市场份额明显上升同时主要竞争对手的市场份额明显下降；二是独占交易协议造成竞争对手退出市场或潜在竞争者无法进入市场。在双边平台市场，判断独占交易协议是否封锁竞争应重点关注其是否会限制竞争对手实现有效的用户临界规模或充分实现交叉网络效应。

多边平台独占交易协议的反垄断审查要素重点如下：（1）支配平台的市场势力大小，重点是平台的用户规模、两侧用户的转换成本、交叉网络效应强度、平台市场结构等。（2）独占交易协议涉及的商家是否是具有强顾客吸引力的知名品牌商家，即独占交易签约商家是否具有较强的交叉网络效应或用户流量吸引力。（3）独占交易行为是否具有市场累积效应，独占交易是否已经成为行规或受其影响的商业在相关市场具有较高的市场份额比例。

（三）转售价格维持①

转售价格维持是指上游企业对下游企业的产品销售价格进行限定，包括固定转售价格、最高转售价格、最低转售价格、建议转售价格等形式。在数字经济中，反垄断关注的重点是在线商务市场中的转售价格维持。数字经济转售价格维持具有如下三个新特点：一是转售价格维持的实施主要是借助算法软件来实现；二是转售价格维持的实施主要发生在平台，由于具有独特的交叉网络效应，平台对一侧用户实施的定价限制会对另一侧用户的效用产生影响；三是转售价格维持的竞争影响涉及多个主体和多个市场层次，转售价格维持同时影响消费者、生产商、经销商、平台等相关主体，其对市场竞争的影响包括品牌内竞争、品牌间竞争、平台内竞争和平台间竞争四个层次。

数字经济转售价格维持的效率效应主要体现为：第一，消除“搭便车”。在在线交易市场，品牌商品生产商往往会同时在线上和线下两

---

① 唐要家：平台经济转售价格维持反垄断原则的适用，上海财经大学学报，2021，8.

个渠道进行经销。消费者往往在线浏览网店，然后到实体店进行实物体验，最后到网店以低价格购买，此时实体店则变成了单纯的“体验店”，“店选网购”中消费者“跳单”行为成为搭便车行为的新体现。消费者搭便车行为会对高成本、高价格的实体店带来巨大冲击，而实体店关闭则会对品牌商品的销售造成不利影响。为此，品牌商品供应商可能会实行转售价格维持。第二，促进网络效应。在流媒体、应用软件平台，平台通常对媒体生产商、软件开发者的零售价格实行转售价格限制。由于数字平台的双边市场属性，平台的定价既要考虑价格水平也要考虑价格结构。数字平台实施的转售价格维持可能是平台实现交叉网络外部性内部化的重要机制。由于平台担心发行商索要高价格从而降低对另一侧用户的吸引力或者发行商之间的过度价格竞争会降低服务质量，为实现正确的激励，平台会实行转售价格维持来保持产品的低价格或促进经销商投资于促销服务和创新，从而吸引另一侧用户的参与，创造更大的平台生态价值。

数字经济转售价格维持的反竞争效应主要体现为：第一，价格合谋效应。如果具有支配地位平台对在平台上经营的重要品牌生产商都要求实行跨平台最低转售价格维持，则会促进平台内和平台间不同品牌的价格合谋。如果寡头品牌生产商之间共同实施在单个支配平台或多个平台的转售价格维持协议并借助算法定价实现对竞争对手定价的监督和及时反应，则会产生促进生产商之间合谋的效应。第二，市场封锁效应。如果支配平台要求所有或重要的品牌生产商在所有平台销售同一款商品都实行统一的最低零售价格，生产商在其他平台的定价不能低于在本平台的报价。此时，平台要求品牌生产商实施的跨平台最低转售价格维持实际是一种跨平台价格校准机制，其不仅消除了跨平台价格竞争并带来合谋效应，也可能会封锁新进入平台通过低价格吸引更多用户以获得有效参与竞争的用户基础，会产生市场封锁效应。第三，剥削性滥用效应。如果实施企业是相关市场具有非常高市场份额的支配企业，最低转售价格维持可能会成为维持市场势力和垄断性高价格的机制，提高整个产品系列的零售价格，对消费者构成直接的伤害，是一种单方的剥削性滥用。

数字经济转售价格维持反垄断政策：一是反垄断审查需要同时关注价格维度和非价格维度。在转售价格维持案件审查中，仅仅证明转售价格维持导致该品牌商品高价格并不足以证明其是反竞争的。如果转售价格维持导致品牌商品高价格时更好地促进了品牌商品之间的服务、声誉或创新竞争，则高价格本身就不是伤害消费者福利的。二是反垄断审查应重点关注限制平台间和品牌间竞争。数字经济转售价格维持不仅会限制品牌间竞争，也会限制平台间竞争，对这两种竞争的严重限制应该受到严格禁止。三是反垄断审查需要关注定价算法的作用。由于在线交易市场中转售价格维持是基于算法来实现的，反垄断应强化对算法的审查，特别是审查定价算法是一种品牌内的管理工具还是监测竞争对手价格变化并同步调整的便利合谋工具，对具有便利合谋效应的定价算法则应严格禁止。四是反垄断审查需要特别考虑数字平台市场的特点，包括平台的市场势力、交叉网络效应、消费者平台多属、平台商业模式等。

三、建立以竞争损害审查为核心的滥用行为反垄断政策

数字经济中支配平台具有更强的市场势力和更强的激励来实施滥用行为。在数字经济中，支配平台面临的竞争约束相对较低，商家和消费者对平台具有更强的依赖性，支配平台具有更强的市场势力，同时网络效应（特别是跨侧网络效应）会使排他行为具有更高的预期收益，从而为平台实施排他行为提供更大的激励。正如阿梅利奥等（Amelio et al.，2018）指出“传统市场的排他性行为仍然会被实施到平台竞争中，在某些情况下间接网络效应会增强在位企业实施封锁竞争对手的激励。”滥用市场支配地位行为主要分为两大类：一是剥削性滥用，即支配平台向第三方供应商征收不合理的高价格或向消费者过度收集个人隐私信息；二是排他性滥用，即支配企业排除其他企业参与市场竞争，排他性行为既包括保护或增强支配企业在核心业务市场的地位，也包括将

核心业务市场的市场势力延伸到相关市场的杠杆化行为。滥用行为反垄断审查的重点是竞争损害，即特定行为是否会“严重损害市场竞争”。

（一）自我优待行为[①]

搜索引擎、在线零售等平台日益进入上下游市场，典型的如谷歌进入下游专业搜索市场、阿里进入上游云市场、亚马逊在平台开展与商家相竞争的产品生产和销售等。在支配平台日益一体化经营的情况下，其有激励将核心业务市场的平台垄断势力延伸到相关市场，对自己的下属部门和其竞争对手实行差别化的政策，偏向自己的下属部门，歧视性对待纵向相关市场的竞争对手，使相关市场的竞争对手处于不利的市场竞争地位，从而利用核心业务市场的垄断势力来排斥和封锁相关市场的竞争对手。支配平台自我优待行为的竞争损害理论主要是两个：一是为了维护核心业务市场的垄断势力，封锁潜在竞争对手进入其垄断的核心业务市场；二是将核心业务市场的垄断势力延伸到下游市场，即实行垄断杠杆化行为。在大数据和算法定价的情况下，歧视性偏向行为也具有明显的效率效应，也是数字平台商业模式的重要机制，特别是对于搜索引擎、社交媒体等自我优待行为是支持其不平衡价格结构和吸引流量的重要手段。

基于算法的自我优待行为有助于平台提高针对用户的服务质量，并且是搜索引擎等平台商业模式的重要支撑机制，在很多情况下是具有效率效应的。但是在特定情况下，支配平台实施的自我优待行为会产生市场封锁效应。因此，对自我优待行为的反垄断审查应该坚持合理推定原则。反垄断政策应该特别明确如下两点：第一，谨慎使用“平台中立”规制政策，应采取“非歧视性”平台行为规制。为避免平台的歧视性偏向行为，一些学者提出了“平台中立”政策主张，但目前对于如何保证实现平台中立目标还缺乏有效的规制政策手段和体制保证，而且不恰当的“平台中立”政策会产生阻碍竞争和创新的风险。总体来说，

① 唐要家、杨越：支配搜索引擎偏向行为的市场封锁效应，产业经济评论，2019，6.

“平台中立”政策既缺乏理论基础，也缺乏实践支持，不应成为政策选择。对于自我优待行为，可行的是对支配平台提出相应的事前行为监管规则，要求支配平台不能对商家实行歧视性待遇，自我优待自己下属部门或特定商家。第二，反垄断审查需特别关注偏向行为对创新激励的影响。反垄断执法机构在判定自我优待行为是否违法时需考虑其对创新激励的影响，因为创新活动不仅能够提高用户的服务质量和在线体验，还能够提高商家与用户的匹配度和交易量。阻碍创新的自我优待行为会降低消费者的服务质量和其他商家参与市场竞争的能力。因此，反垄断法应禁止阻碍创新的自我优待行为。

（二）大数据算法价格歧视

算法价格歧视也被称为基于大数据的个人化定价，是指企业基于大数据算法来对消费者实行个人化定价。算法价格歧视可以使企业拥有近乎完全的信息，甚至可以实现一级价格歧视（完全价格歧视），使支配企业占有全部的消费者剩余，由此支配数字企业实行的算法个人化定价引起一些消费者的反对并呼吁政府进行反垄断干预。

大数据算法价格歧视反垄断应坚持总消费者福利目标。由于大数据算法价格歧视往往是在伤害消费者福利的同时有利于企业利润提高，消费者福利和社会总福利往往并不同步，因此反垄断规制政策首先需要明确是坚持消费者福利最大化目标。显然，根据消费者福利最大化目标，那些降低消费者剩余但有利于企业利润和社会总福利提高的价格歧视应该受到禁止；而根据社会总福利最大化目标，只有在既伤害消费者福利也伤害社会总福利的价格歧视才应受到禁止。由于价格歧视的福利结果往往是有人受益、有人受损，即在提高对某些消费者收费的同时降低对其他消费者的收费。因此，大数据算法价格歧视应该充分考虑对包括所有消费者在内的总消费者福利标准而非个别消费者福利标准。

大数据算法价格歧视反垄断审查应采取合理推定原则。经济学理论已经证明，不管是在线实施还是离线实施，价格歧视的福利效果通常总是优于垄断统一定价。在在线市场具有较强的竞争性的时候，价格歧视更可能是一种促进竞争和消费者福利的定价形式。经济学理论研究显示，在寡头竞争市场价格歧视往往是促进竞争的，除非价格歧视导致寡头企业之间实现价格合谋。因此，在反垄断审查中应避免适用本身违法原则，而应适用合理推定原则来综合判断其对所有消费者的总体影响。算法价格歧视的竞争效应受到消费者的信息掌握情况（搜寻成本）、消费者的策略性反应、转换成本、平台多属、隐私保护技术和隐私保护政策等因素的影响，对算法价格歧视的反垄断审查需要基于数字经济的独特规律来进行个案审查。但是，在实施企业为具有显著市场势力的平台企业时，垄断平台大数据算法价格歧视则会成为一种剥削性滥用的“不公平高价格”行为，应该受到反垄断法的严格禁止。

大数据算法价格歧视的规制政策应综合运用多部法律和多种手段。大数据算法价格歧视并不一定是发生在垄断市场或由支配企业实施，非支配企业也可能实施有害的价格歧视，并且大数据价格歧视不仅涉及到消费者权益和交易公平性问题，还涉及消费者隐私保护等问题。因此，需要依据《消费者权益保护法》《反不正当竞争法》《电子商务法》《个人信息保护法》等相关法律来综合执法。大数据算法价格歧视的反垄断规制政策，不仅包括政府的反垄断执法、隐私保护监管等行政行为，也要更多地采用市场化或技术性措施。政府应该鼓励针对个人的隐私保护技术的发展或比价网站的发展，鼓励消费者的隐私保护行动，降低消费者的平台转换成本，增强个人数据可携带权和平台多属性。

大数据算法价格歧视规制政策应突出透明义务和消费者知情—同意规则。大数据算法价格歧视的福利损害很大程度上取决于消费者的行为反应，特别是消费者的信息掌握程度或信息获取难度。增强消费者的知情权和信息获取能力能显著化解支配平台算法价格歧视的竞争损害。为此，应要求商家使用消费者个人数据实行个人化定价需要明确告知消费者，保障消费者的知情权，赋予消费者自由选择权。[①] 同时，反垄断机

① 唐要家、王逸婧：消费者隐私管理与垄断平台个人化定价福利效应，产经评论，2021，12.

关应特别禁止误导性或欺骗性个人化定价行为，如虚假声称针对某个人的价格是“最优惠价格”；虚假降价促销宣传；虚假价格折扣。

（三）不公平高价格[①]

平台对单侧用户高收费有可能是一种剥削性滥用行为。由于交叉网络效应，数字平台的定价往往是实行不平衡价格结构，往往是对消费者用户免费而对商家用户实行较高的收费。平台确定价格水平和价格结构是出于利润最大化而非社会总福利最大化，平台利润最大化定价价格结构并不一定符合社会总福利最大化目标。不能想当然地认为，在总价格水平不变的情况下，平台调整价格结构对用户福利和社会总福利的影响是中性的。在特定情况下，支配平台的价格结构会产生降低社会福利的效果，成为一种更多占有商家交易价值创造的租金攫取机制，构成反垄断法所禁止的剥削性滥用行为。

平台对单侧用户高收费的反垄断审查应突出平台定价的特殊性。由于支配平台不平衡价格结构既包含了反映效率的因素，也包含了市场势力滥用的因素，因此不应采用本身违法原则，而应采取合理推定原则。首先，反垄断审查需要同时考虑价格水平和价格结构。当支配平台通过提高单侧用户收费或同时提高两侧用户收费来提高总价格水平时，它是一种典型的非法不公平高价格；当支配平台提高一侧用户的收费，但同时降低另一侧用户的收费，此时总价格水平不变时，其福利效应是不确定的，需要采用合理推定原则来进一步地权衡分析。其次，反垄断审查需要考虑价格结构对平台所有用户的总体影响。如果支配平台对一侧用户的高收费造成的损害无法被另一侧用户的收益增加所抵消，则该行为就构成对竞争法的违反。再次，审查应重点关注交叉网络效应。需要考虑对单侧用户高收费所引发的交叉网络效应给该侧用户带来的收益增加，即对单侧用户高收费是否严重背离实现交叉网络效应或吸引两侧用户参与交易所合理必要的程度。

① 唐要家：平台不平衡价格结构的剥削性滥用效应，经济与管理研究，2021，3.

平台对单侧用户高收费的反垄断审查不应主要依据成本因素。传统上，反垄断法判定不公平高价格主要是依据成本因素和价格比较来做出判断，但是由于平台不平衡价格结构并不是遵循成本定价规则，因此基于成本的反垄断审查方法是失效的。同时，由于不同平台的收费模式存在差别以及相同收费模式下收费结构、收费所包含的服务内容等存在具体的差别，不同平台的收费水平往往不具有可比性。在双边市场中，判定对单侧用户的高收费是否合法需要同时考虑服务成本、交叉网络效应和市场势力。如果平台对单侧用户的收费严重背离单侧交叉网络效应贡献和平台服务成本，则该高收费主要是市场势力滥用的结果，应该受到禁止。如果对单侧用户的收费没有包含显著的市场势力因素，则不平衡价格结构并不构成违法。因此，需要同时考虑服务成本、交叉网络效应和市场势力来做出判定。

（四）拒绝接入数据

目前对于反垄断机关是否需要规制支配企业拒绝竞争对手接入其占有的数据行为进行干预还存在较大的争议。美国法学界和执法部门长期坚持认为，支配企业没有义务与竞争对手分享其占有的资源或资产。在美国潘汉德东部管线公司案中，法院指出“垄断者没有必要对竞争对手或者顾客提出的每一个需求都同意，垄断者的义务是消极的（即避免实施反竞争行为），而不是积极地促进竞争。”[①] 由于数字经济是数据驱动的创新，要求支配企业与其竞争对手分享数据会降低企业的创新激励。欧盟竞争政策执法机构也认可保护数据驱动创新的重要意义，主张在大多数情况下反垄断法不应强制要求企业与其竞争对手分享数据，但同时也指出在特定情况下，如果支配平台企业的数据满足必要设施属性，拒绝接入数据行为会严重伤害市场竞争，则反垄断执法机构可以对该行为加以规制。

对于拒绝接入数据是否适用“必要设施原理”尚存在较大争议。

① State of Ilinois v. Panhandle Eastern Pipe Line Co.

美国法院拒绝在拒绝接入数据的案件中运用必要设施原理，担心其会严重伤害创新投资激励。在美国脸书诉电力风险投资公司案中，法院就认定脸书不允许第三方网站接入其网站数据是合法的，认为脸书有权管理接入和使用其掌握的数据[①]。欧盟竞争法则对拒绝接入数据行为可以适用必要设施原理。根据欧盟竞争法，当一个企业拒绝其他企业接入其排他性控制的数据并且该数据是其他企业进入相关市场所“必要”的时候，其就有可能构成违反竞争法所禁止的非法滥用行为。欧盟竞争法对拒绝接入数据案件的反垄断审查主要判断接入数据是否是竞争者参与竞争所“不可或缺的”必要设施条件，以及拒绝接入是否会对市场竞争造成严重伤害的“竞争损害”条件。

总体来说，对拒绝接入数据应谨慎适用必要设施原理。在数字经济中，数据不仅是一种投入要素，更是一种维持企业竞争优势的有价值的资产，这是激励企业采集、加工、处理和应用数据并从事大数据驱动创新的重要动力，泛用必要设施原理会造成对数据开发利用和创新的阻碍。因此，对拒绝接入数据应谨慎适用必要设施原理。在数字经济中，由于数据具有明显不同于传统自然垄断行业“必要设施”的经济特征，在很多情况下数据并不满足“不可复制性”要求，因此必要设施原理应仅限于少数例外情况。即使反垄断机关干预拒绝接入数据行为，其在适用强制接入支配企业占有的消费者数据的救济政策时，需要同时考虑对支配企业给予合理的货币补偿并要获得消费者的知情同意，以维护支配企业的创新激励和保护消费者的隐私信息。

四、重构数字平台并购控制政策[②]

并购是数字经济平台企业快速成长并实现跨界经营的重要方式，传

---

① Facebook, Inc. v. Power Ventures, Inc. 844 F. 3d 1058 (9th Cir. 2016).

② 唐要家、唐春晖：重构数字经济并购控制政策，竞争政策研究，2021，6.

统上企业并购通常是促进效率的，但是数字平台的企业并购则往往具有较大的严重伤害竞争的可能。首先，由于数字经济市场内在的高集中化趋势，支配平台企业的并购往往会成为加剧市场集中和增加跨界经营的重要方式，从而严重降低现实的市场竞争。其次，支配平台对初创企业的“杀手并购”会严重损害市场的潜在竞争，典型的案例如消灭潜在竞争者的脸书并购 Instagram，谷歌并购 DoubleClick 等。再次，数字平台的跨界并购。谷歌、亚马逊、腾讯、阿里等大型数字平台通过建立并购进入多个与其核心业务相关的业务领域或新的不相关业务领域。最后，数字平台的并购通常会更容易导致强市场垄断势力。戈蒂埃和拉梅什（Gautier and Lamesch，2020）的经验分析发现，在 2015 ~ 2017 年美国五大高科技数字平台的并购的动机主要是强化核心业务的市场势力。①

由于传统并购控制政策的局限，平台企业实施的并购往往无法得到有效的监管。面对大型数字平台的并购浪潮及其带来的高市场竞争损害风险，数字平台并购控制政策则存在明显的执法不足。目前，很多学者和咨询机构都认为，传统过于宽松的企业并购控制反垄断政策是造成大型数字平台市场势力迅速增长并具有不可逆转市场势力的重要原因，都主张要重建平台经济的并购控制政策，对支配平台的并购实行更为严格的并购控制政策。②

（一）完善企业并购申报门槛

并购申报是并购反垄断控制的第一道机制。目前欧盟、中国等的并购控制政策都明确规定达到一定营业额标准的企业并购需要向反垄断机关进行申报。各国企业并购申报门槛主要是采用企业营业额标准。由于数字经济市场都是处于动态发展的市场，初创企业即使短期内规模不

---

① Gautier，Axel and Lamesch，Joe. Mergers in the Digital Economy，CESifo Working Paper，2020，No. 8056.

② Stigler Center（2019）的报告甚至建议，具有瓶颈势力平台的所有并购都应该向执法机关申报。

大，但是其创新性商业模式、网络效应和风险资本的结合有可能使其迅速成长成为一个具有较大用户规模的强有力竞争者。依据现行的并购申报企业营业额标准，由于初创企业刚刚进入市场并处在快速成长阶段，企业资产或销售规模并不能反映初创企业的竞争影响，可能使大量对初创企业的并购无法进入并购审查范围，从而使反垄断法无法消除对潜在竞争造成损害的并购。

为了防止对潜在竞争者或初创企业的并购，并购申报标准应该在现有企业营业额标准的基础上增加补充性的标准，可能的申报标准选择有三个：一是并购交易值标准。目前德国和奥地利已经在并购控制政策中采用了并购交易值标准，采用这一门槛标准的合理性在于初创企业的并购交易价格能够反映其对市场竞争的潜在影响。二是采用市场份额标准。目前在英国、葡萄牙、西班牙的并购申报要求就采用市场份额标准，即如果并购后的市场份额超过一定的门槛标准则要申报。三是支配平台的特别申报义务。由于上述两种门槛标准依然会过滤掉支配平台对初创企业的并购，因此需要对守门人地位的平台实施特别的申报义务要求，即其将要进行的所有并购都要申报。[①] 对于没有达到申报门槛要求的企业并购，守门人平台只需进行简易申报，反垄断机构如果认为并购存在较高的竞争损害风险，则要求守门人平台提交更为完整的详细申报，以对并购竞争影响进行详细审查。四是反垄断机关拥有自由裁量权，对于没有达到申报门槛要求的企业并购，只要其可能严重损害市场竞争，则有权进行审查或禁止。

（二）创新并购控制实体审查

并购控制政策是在并购行为尚未实际发生的情况下进行的事前控制，即针对的是竞争损害的“可能性”而非确定性。并购控制政策的根本目的是消除可能严重损害市场竞争的并购，以维护竞争性市场并促进消费者福利。因此，并购竞争审查的重点是并购是否会产生“严重

---

① 欧盟《数字市场法》（DMA）第12条对守门人平台提出该要求。

损害市场竞争”的效果。如果一项并购很大可能会严重削弱市场竞争，则该并购将被认为是反竞争的并受到禁止。由于受芝加哥学派的影响，20 世纪 80 年代以来并购控制政策不断弱化结构审查，同时竞争效应审查集中在以价格为核心的协同效应和单边效应，缺乏对创新损害和潜在竞争损害的充分分析，从而使并购控制政策在面对数字经济独特的企业并购特征时不再有效。因此，应基于数字经济现实来创新并购控制实体审查。

1. 强化并购控制的结构审查

根据美国《2010 年横向并购指南》和欧盟 2004 年《横向并购评估指南》，结构审查是企业并购控制政策的基础性步骤，并且都采用并购控制的“结构推定”，即在高集中市场并且导致市场集中显著上升的并购是反竞争的，除非并购企业有充分的证据证明并购具有显著的效率效应。在数字经济背景下，由于市场具有内在的高集中化趋势，并且高集中市场和支配企业强市场支配地位一旦形成往往具有不可逆性，并购会对市场内现有企业之间的竞争和以创新性进入者进入为核心的争夺市场的竞争都造成损害。因此，在数字经济支配平台具有非常高市场份额并且市场往往呈现极高集中度的情况下，更应强化结构审查和结构推定的应用。

目前，中国并购控制政策尚未采用结构审查制度，根据《反垄断法》和商务部、国家市场监管总局已经发布的企业并购控制相关法规，市场集中仅是并购竞争审查的考虑因素之一，并且也没有制定明确的结构审查量化标准，这一定程度上削弱了并购控制政策的明确性和有效性。因此，中国反垄断并购控制政策应强化结构审查，通过制定《企业并购指南》明确结构审查是并购审查的重要组成部分，并确立量化的并购审查的结构标准，对在高集中市场并导致市场集中度显著上升的并购适用“结构推定”。根据经济学分析，中国企业并购结构审查的 HHI 标准应该为：（1）当并购后市场 HHI 绝对值低于 1000 时，并购被认为不会产生限制竞争效果。（2）当并购后市场 HHI 绝对值介于 1000 ~

2000 时，如果并购导致 HHI 增加值低于 100，则并购通常被认为不会产生反竞争效果；如果并购导致 HHI 增加值高于 100，则需要进行竞争效应评估。（3）当并购后市场 HHI 绝对值高于 2000 时，如果并购导致 HHI 增加值低于 100，则并购通常被认为不会产生反竞争效果；如果并购导致 HHI 增加值介于 100 ~ 200，则对并购进行严格审查；如果并购导致 HHI 增加值高于 200，则推定为严重损害竞争并禁止。[①]

2. 创新并购审查的竞争损害理论

（1）企业并购审查竞争损害理论中引入"创新损害"。在数字经济中，创新既是市场绩效的重要维度，也是市场竞争的主要决定力量。数字经济中的市场绩效不再仅仅体现在价格，而是更主要地体现在创新，消费者从新产品和新服务中获得的益处要超过市场中的价格变化（Katz and Shelanski，2007）。同时，数字经济的企业竞争更多地体现为创新竞争，破坏性创新进入者往往会对在位企业的支配地位造成颠覆性影响。支配数字平台的并购往往会对创新造成严重的损害。因此，数字经济并购审查需要将并购对创新的影响作为重要的内容。并购创新损害审查应该重点解决如下三个问题：首先，并购创新效应分析应该重点关注创新激励和创新能力，即并购后企业是否有激励和能力来在创新投入市场阻碍竞争。其次，并购创新效应分析既要分析对市场中现有竞争参与企业的创新影响，也要分析其对潜在竞争者的创新影响，即对现有竞争者和潜在竞争者创新激励和创新能力的影响，特别是对初创企业并购后是否会终止初创企业的研发项目。再次，可以采用"单边创新效应"来分析并购的创新影响。即分析并购企业之间在并购前是否存在显著的"创新商业盗窃效应"，即如果产品 B 被成功研发将会对主并购企业产品 A 利润造成的损失。如果"创新商业盗窃效应"显著，则两个企业之间的并购会实现创新盗窃效应的内部化，从而会降低创新激励。在具体案件审查中，可以采用"创新转移率"进行检验，创新转移率越高，

① 唐要家、林梓鹏：数字平台并购控制的"结构推定"研究，财经论丛，2022 年第 6 期。

商业盗窃效应越显著，两个企业并购后的企业越有激励限制产品 B 的创新，从而造成严重的创新损害。

（2）潜在竞争损害应成为并购审查的重要内容。保持市场的可竞争性，维持有效的潜在竞争，对维护数字经济市场竞争具有特别重要的意义。因此，数字市场并购反垄断审查要将并购是否会消除潜在竞争作为重要的因素，具体来说：一是并购是否消除潜在的竞争者；二是并购是否会阻碍竞争者的成长或市场进入。如果支配企业要并购的对象是一个有很大可能在未来成为其强有力竞争者，则该并购就可能会构成对市场竞争的严重损害。通常，潜在竞争者包括具有快速成长性的企业，能在合理时期内进入市场并实现临界用户规模，能够以相同的成本来获取有效参与竞争所需的数据或风险资本支持。即潜在企业或新进入者的商业模式、潜在或现实的竞争优势能够使其具有较大的可能性在未来对在位支配企业构成有效的竞争约束，即在产品、服务、技术或整个商业模式等方面有较大的可能性对在位支配企业构成较强的竞争性替代。由此，对并购潜在竞争效应的反垄断审查分为两步：首先，需要证明被并购企业目前是在位企业一个重要的竞争约束，或者证明如果没有并购在可预见的未来它很可能会成为有力的竞争力量。其次，需要确定如果允许并购后，市场是否存在足够的实际或潜在竞争者并对并购后的企业形成持续且充分的竞争压力，特别是市场进入壁垒是否会排除其他潜在竞争对手的进入，或者相邻或纵向相关市场的潜在竞争者是否已经制定了具体的市场进入计划。

（三）实施更为严格的非横向并购控制政策

长期以来，反垄断经济学分析认为非横向并购更多的是促进经济效率的，因此各国反垄断法都对非横向并购采取较为宽松的并购控制政策。数字经济极大地改变了非横向并购的竞争效应，其产生严重损害市场竞争结果的可能性明显上升。因此，在数字经济背景下，不宜继续坚持非横向并购基本不会产生严重伤害竞争结果的观点，要重视纵向并购和混合并购可能存在的较高的竞争损害风险，实施更严格的非横向并购反垄断审查。

第一，改变对纵向并购过于宽松的反垄断政策。鉴于数字平台普遍的纵向一体化经营以及借此实施垄断杠杆化行为的风险，反垄断应实施更严格的纵向并购控制政策。在数字经济背景下，数字支配平台往往都通过纵向并购来进入相关的市场，一体化数字平台有激励通过并购将平台市场的市场势力延伸到相关业务市场，并在纵向相关市场实行排斥竞争对手的封锁行为。企业纵向并购的竞争损害主要体现在单边效应，具体体现为市场封锁和提高竞争对手成本效应、获取影响竞争敏感信息效应。市场封锁和提高竞争对手成本是指并购后是否会拒绝向竞争对手提供产品或服务，以及提高产品或服务价格或降低产品或服务质量来提高竞争对手的成本；获取影响竞争的敏感信息是指企业能够通过纵向并购获取和控制与上下游市场竞争对手有关的敏感商业信息，这些信息能够被用来阻止竞争对手从事某种促进竞争的行为。

第二，混合并购的反竞争效应需要受到重点关注。在数字经济中，跨界经营成为支配数字平台的重要经营策略，其跨界经营主要是通过并购实现的。平台跨界经营的效率基础是范围经济，相同生产要素可以同时应用于不同的业务领域实现了同一要素的更充分利用。实现数据驱动的创新，并会更好地实现需求侧协同消费效应，提高消费者福利。但混合并购也会带来反竞争效应，主要体现为：（1）提高市场进入壁垒。跨界经营带来的大数据和算法提升，可以使平台开发针对单个消费者的个人化营销，同时多样化经营或服务增强了平台对消费者的吸引力，增加用户黏性和对用户的锁定，使平台获得更多的用户注意力或流量，提高了竞争对手的进入壁垒。（2）市场封锁。数字平台在上游核心业务市场具有支配地位，通过混合并购来进入下游相关市场后，其有激励将上游市场的垄断势力延伸到下游市场，并实行封锁下游竞争对手的行为。特别是在数字平台是商家与消费者进行交易所绕不开的通道时，混合并购会进一步强化支配平台的市场势力。（3）捆绑/搭售。支配平台可能通过混合并购来实行捆绑/搭售行为以更多地攫取用户的剩余或实现对竞争对手的封锁。

（四）严格并购效率审查并重置举证责任

由于企业并购会将竞争影响内部化，通常会削弱市场竞争，因此缺乏显著效率收益的并购应该受到禁止。长期以来各国反垄断政策对并购实行非常宽松的效率审查是导致并购控制政策失灵的重要原因之一。为此，需要严格并购效率审查并将举证责任主要配置给并购企业。

1. 严格并购效率审查

谨慎适用并购效率审查福利权衡模型。长期以来，各国并购效率审查都是基于威廉姆森（1968）的福利权衡模型，即只要并购带来的成本节省高于垄断高价格给消费者造成的福利损失，则该并购就是有利于社会总福利的。但皮特曼（Pittman，2007）的经验分析发现，并购造成的消费者福利损失远高于社会总福利的增加。另外，由于现实当中并不存在并购后企业与消费者之间的福利转移机制，如果并购的效率收益都被并购后企业所占有，而消费者福利由此下降，则该并购效率权衡是违背芝加哥学派所主张的反垄断消费者福利目标。福利权衡模型面临的另一个问题是忽视动态的效率权衡。莫塔和佩兹（Motta and Peitz，2020）指出，并购效率权衡要特别考虑竞争带来的动态效率，而不是仅仅局限在并购的生产效率或成本节省。因为如果没有并购，初创企业或潜在竞争者会有很大可能成为强有力的竞争者，市场竞争会给消费者带来更高的福利，而损害竞争的并购则消除了这种动态效率的实现。

强化并购效率主张的证据标准。总体来说，并购企业的效率主张要获得执法机关的认可必须要同时满足三个条件：一是并购效率必须使消费者获益；二是效率必须是并购特有的，不存在其他更小竞争损害的替代方式；三是效率主张必须是可证实的，并购的效率主张必须是基于过去的商业实践和企业内部文件的可证实的效率。另外，在具体案件审查中，企业主张的效率收益还必须是重大的，并购控制政策可以对效率收益设定一个最低的门槛要求[①]。

2. 举证责任主要配置给并购企业

数字经济创新竞争的市场动态性和并购竞争影响的不确定性等都使反垄断机关的案件审查面对更重的信息负担，执法机关和平台企业之间的信息不对称问题更为突出。面对繁重的并购案件审查任务，信息不对称会导致执法机关无法对每个案件的竞争损害都能准确识别，有可能导致部分严重损害竞争的并购获得通过。在信息不对称情况下，证据信息披露责任应该配置给信息有优势的一方，即通常应该由具有更多信息的一方向信息相对缺乏的一方来披露信息。[②] 证据责任配置给信息优势方将使数字平台主动披露有关信息，缓解信息不对称问题，并降低反垄断机关的工作压力，提高案件审查的效率和效果，降低执法不足的发生。为此，并购举证责任应主要配置给并购企业，构建可抗辩的并购违法推定。

在并购案件审查中，并购企业则有责任举证证明拟议的并购具有促进竞争效应而非反竞争效应，反垄断机关则重点对并购企业的证据进行审查。反垄断机关的工作重点是审查企业提交的竞争影响证据的可信性和效率效应是否足够显著，并做出最终的裁定。在此过程中，一项并购要获得反垄断机关的支持必需满足两个条件：一是并购企业提供的证据信息必需满足证据标准要求，如果其提供的证据信息不充分、不可信，则无法获得执法机关的认可；二是并购的证据信息必需表明并购不会对市场竞争和社会福利造成严重的损害。即如果并购企业无法提供明确、可信的证据证明并购不会产生严重损害竞争的效果或具有显著的效率收益，则反垄断机关可以认定该并购严重限制市场竞争。[③] 为此，企业并

① Lear（2019）指出并购的效率增加幅度应该在 5% ~ 10%。具体参见 Lear，Ex – post Assessment of Merger Control Decisions in Digital Markets（June 2019），CMA.

② Laitenberger，"EU Competition Law：Relevance Anchored in Empiricism，" Speech at the CRA Conference，2018.

③ 澳大利亚竞争主管机关 ACCC（2019，p. 199）报告也提出了争议建议。具体参见 ACCC. Digital Platforms Inquiry，Final Report，June 2019.

购申报规定应明确要求并购企业提交的申报文件中具体说明并购的竞争影响并提供可信的证据，即要求并购企业自我证明并购会促进市场竞争，或举证证明并购特有的效率是非常显著的足以抵消并购的反竞争效应。

（五）优化并购救济政策手段

由于数字经济市场呈现出日益增强的复杂性和动态性，目前的普遍共识是行为救济不足以恢复并购前的市场竞争状态，往往不能保证维护未来的市场竞争，不足以维护市场的竞争过程。英国 CMA（2019）对并购案件救济措施的评价分析报告指出，从救济有效性、风险程度和效果持续性角度来说，结构救济要明显优于行为救济。行为救济仅在极少数情况下才是有效的，并且其有效性持续的时间也较短。[①] 因此，应消除过于宽泛、高频率和宽松使用行为救济的现象，限制行为救济使用范围。

在数字经济中，结构救济能更有效地实现维护市场竞争过程的目标。结构救济并不是将基于创新和高效率经营而占据市场支配地位的企业实行大规模的结构拆分。并购控制政策中的结构救济是将两个并购企业中彼此相互竞争的产品或业务分离出来，通常卖给一个合格的第三方来经营。由此，结构救济只是对两个并购企业之间重叠产品或业务的分离，这样在消除并购可能带来的竞争损害风险的同时也保留并购所带来的效率收益。在数字经济背景下，由于数字经济具有内在的高市场集中趋势和高进入壁垒，高集中市场结构一旦形成往往是不可逆的，结构救济更能维护市场竞争并充分保护消费者福利，并且具有更低的行政成本。丽娜·汉（Khan，2019）指出，结构救济不仅有助于恢复市场竞争，而且还有利于实现诸如促进多样性、恢复系统弹性和便于行政管理等非经济目标。[②] 因此，数字经济并购救济政策应重视结构救济。

---

① CMA，Merger remedy evaluations：Report on case study research，CMA109，2019.

② Khan，L. M. "The separation of platforms and commerce，" *Columbia Law Review*，2019，119（4）：973 – 1098.

增强并购救济政策的动态有效性。数字经济市场的动态性往往会导致并购救济政策快速失效。因此，数字经济并购救济政策应该具有动态灵活性，并充分考虑市场的长期变化及救济政策可能产生的长期影响。为此，并购救济政策应该建立有效的事后评估制度。如果发现救济政策设计存在缺陷使其不适应市场的变化，则应根据市场变化及时调整救济政策，对救济政策进行重新设计，甚至可以实施必要的事后结构救济，在并购实施后对其部分业务进行拆分以恢复市场竞争。

第五节　反垄断法实施效能提升

一、建立更灵活有效的反垄断法执法体制

（一）建立协同执法和多元治理体制

第一，数字经济反垄断应建立事后执法与事前监管相结合的体制。反垄断事后执法和事前监管是互补性关系，事前监管主要是强化事前对伤害市场竞争和消费者福利的企业市场行为的防范。由于数字经济的高集中市场和企业垄断势力是建立在网络效应、巨大的数据采集和算法研发成本基础上，市场势力与效率紧密结合，数据算法具有自强化的路径依赖，这些都使事后执法往往具有非常大成本并且难以有效恢复市场的竞争性。因此，需要将事前的反垄断监管与事后的反垄断执法结合起来，建立“事后查处 + 事前监管”结合的反垄断监管体制。事前监管重在明确竞争规则，要求企业的经营行为要竞争合规，明确企业经营行为不能违反的红线，事后执法则重在查处企业各种严重伤害市场竞争的垄断行为。

第二，建立参与式反垄断体制和形成多元治理体系。数字经济反垄断机构仍面临信息不对称问题，同时数字平台的出现进一步加剧了平台

与利益相关者之间的谈判力不对等。数字经济反垄断执法应改变传统的“猫捉老鼠”的博弈关系，改变被动执法和一罚了之的做法，充分发挥消费者用户、商家用户、平台、行业组织、媒体、政府等利益相关者的作用，构建参与式反垄断体制和多元治理生态。政府反垄断政策的制定和实施需要充分与企业沟通，彼此共同寻找最佳的维护市场竞争的政策方式，政府要积极督促且企业采取有效的技术手段和组织治理制度来确保企业经营行为合规，鼓励行业组织在促进竞争合规中的自治作用，完善消费者用户和商家用户维权的途径。

（二）增强反垄断执法体制的灵活性与弹性

在快速变革的数字经济行业，市场具有较大动态性和不确定性，僵化的执法体制、滞后的执法行动、过失的执法政策和强硬的政策手段会增加执法失误的风险，并成为数字经济创新发展的阻碍。因此，数字经济要求反垄断政策具有足够的灵活性和适应性，并防止僵化的反垄断执法体制出现执法过度或执法不足的问题。

第一，加强市场研究和案件的经济分析。经济分析是反垄断法的主要方法，充分的经济分析有利于反垄断机关做出正确的决策，保证案件裁决的公信力，同时也向相关市场主体释放执法关注的政策信号，给企业合规经营留下一定的整改时间。数字经济反垄断应该加强事前的“市场研究”，对市场发展趋势及早做出研判，以作为反垄断政策制定和反垄断执法的重要基础，并且调查的开展和报告的公开本身也是竞争倡导的重要形式。鉴于反垄断机关执法能力限制，可委托第三方独立机构或专家对特定市场的竞争状况进行市场研究。另外，在具体案件中，可以引入专家意见征询制度，法学家和经济学家以独立的身份向反垄断机关就特定案件提供客观的专家意见，以供执法参考，提高案件审查质量。

第二，建立反垄断法规的有效期制度和更多采用短期措施。在《反垄断法》对反垄断原则性规定的基础上，对于其他的反垄断法规和指南则通过明确有效期，在有效期到期前要对该法规或指南的实施效果进行评估，以确定是否有必要保留，以及在保留的情况下如何进一步修改完善以反映最新的反垄断理论发展与现实需要，从而提高反垄断法的有效性。同时，对于竞争政策执法机构和法院来说，由于数字经济市场支配企业的快速成长性和市场支配地位一旦形成往往具有不可逆性的特点，要求对那些竞争损害非常明确的垄断行为反垄断执法行动要迅速果断，但同时为了防止执法失误应更多地采用临时性反垄断措施。

第三，更多采取“软执法”的反垄断政策体制。由于数字经济市场的动态性特征，对于数字经济新型垄断行为和新型竞争损害，反垄断政策不应是急于立法、执法，或者制定竞争指引，对于这些还处于发展当中，竞争影响还不清楚、竞争损害理论还不明确、相关案例还比较缺乏的竞争问题，反垄断政策应避免采用可能存在较高执法失误可能的命令、禁止、控制、处罚等手段为主的“硬执法”体制，反垄断机构应更多采用市场研究、专家意见报告、公众咨询、举行听证、竞争倡导等软执法方式，强化企业竞争合规在维护市场竞争中的独特作用。

第四，充分发挥法院在反垄断案件裁决中的作用。由于数字经济反垄断案件涉及众多新的反垄断证据问题，在竞争损害理论还不是非常完善，以及效率效应和竞争伤害效应同时存在的情况下，由法院对反垄断民事诉讼案件进行审理可以赋予被告充分的辩护权利，被告可以就原告的违法指控，提供充分的理论证据和事实证据来进行辩驳，主张被控行为具有明显效率效应并且没有构成对竞争严重伤害，在此基础上的法院裁决能够相对有效地防止武断执法带来的失误。

二、创新数字经济反垄断政策工具的运用

第一，注重多种政策工具的组合应用。数字经济发展为反垄断执法提供了更多的政策工具选择。莱斯格（Lessig，2006）提出数字经济规制四个模块的理论框架，即数字经济规制机制是由“法律、社会规则、市场和架构”组成。数字经济反垄断执法的政策手段除了传统的行政和法律手段，反垄断还应发挥数字经济生态的规则治理的作用，特别是

应重视算法程序设计、区块链等技术性手段在促进竞争和约束垄断行为中的独特作用，实现技术、规则、行政、法律等多种政策的组合应用，以实现最佳的政策效果。

第二，强化“基于设计来守法”的技术合规。强化算法设计的竞争合规要求，从而做到防患于未然。“基于设计来守法”的原则要求算法程序在设计阶段就要遵守和体现竞争原则。“基于设计来守法”规则要求算法开发者和算法使用者必须通过算法设计来确保遵守竞争法，即算法设计应该确保其不会带来反竞争效应。它是从规范事前算法设计入手来消除算法合谋和滥用的风险，即从源头来消除算法垄断问题的产生。算法规制重点是要求企业算法设计应该更透明和更具有可问责性，不得包含引起反竞争效应的程序设计，如要求算法设计不得包含会促进默契合谋的价格信息，算法在运行过程中不得对竞争对手企业实行歧视性对待，算法运行不得侵犯用户隐私等。

第三，强化数字平台行为规则监管。由于支配平台的支配地位本身是合法的，但是其滥用市场势力行为则应受到反垄断规制，特别是在支配平台一体化或多元化进入相关市场的情况下，平台滥用的风险将更高。为防患于未然，国家需要通过立法来明确具有“守门人”地位的支配平台应该遵守的基本行为规则，即对平台行为实行规制。

第四，充分发挥大数据和人工智能的作用实现智能执法。反垄断机构应充分利用大数据和人工智能提供的技术手段来全面提升监管效能，加强数据采集和分析能力，加强对市场垄断行为的监测和识别。反垄断机构应该被授权出于监管需要其有权接入企业的数据，平台企业有义务向执法机构开放数据，当然执法机构负有一定的保密义务。同时，反垄断机构应该吸收大数据专业人才和利用外部专家意见。

三、实行有效的反垄断救济政策

第一，相机应用的行为性救济和结构性救济。在数字经济背景下，行为救济具有高效和针对性强的优势，但其有效性相对不足，而结构拆分救济往往具有效果显著的优势，但同时其实施的经济成本相对较高。因此，反垄断救济政策应以行为救济为主、结构救济为辅。数字经济反垄断行为性救济政策主要包括允许竞争对手接入必要设施属性的资产、实现数据互操作性、向竞争对手许可专利技术、修改可能排他的合同条款、不实行限制竞争的捆绑、回扣政策或歧视性交易条件等，具体的行为救济措施选择要根据个案来确定。在平台具有非常强的市场支配地位，并且借助于跨界经营的优势来实行市场封锁行为，并且行为性救济不足以确保恢复市场的有效竞争时，结构性救济政策就是重要的政策选项。特别是在企业并购案件、纵向市场封锁行为案件中，结构性救济可以作为重要的救济措施。在特定案件中，为了保证执法效果，还可以将行为性救济和结构性救济结合起来。

第二，建立有效的企业整改承诺制度。鉴于反垄断机关的信息劣势，为防止政策失误风险，反垄断救济政策应主要采取以企业承诺为主，即企业主动向反垄断机关承诺对其商业行为进行重大改变以消除对竞争的负面影响，执法机关在认真评估企业整改承诺措施在消除反竞争效应有效性的基础上加以批准，在一定的时期内，企业需要定期向反垄断机关提交遵守承诺的报告，执法机关则保持对企业整改承诺的评估并据此做出进一步的行政决策，如果企业不遵守整改承诺则将面临较高的行政罚款处罚。有效的企业承诺救济应满足两个基本原则：一是比例原则，即承诺措施能充分消除竞争问题，并且在实现目标必要性的合理范围内；二是有效性原则，当事企业提出的承诺措施消除竞争风险的效应是可证实的。目前，国家市场监管总局已经制定颁布了《垄断案件经营者承诺指南》，重点对承诺申请程序进行了说明，但是对承诺的审查、监督等执行问题则缺乏充分的说明，需要进一步明确以保证其落实。

参考文献

[1] Acemoglu and Restrepo. Robots and Jobs: Evidence from US Labor Markets, NBER Working Paper 23285, 2017.

[2] Acemoglu. Harms of AI, Department of Economics, Massachusetts Institute of Technology, 2021.

[3] Acquisti. From The Economics of Privacy to The Economics of Big Data, 2014.

[4] Acquisti. Privacy in Electronic Commerce and The Economics of Immediate Gratification, In Proceedings of the 5th ACM conference on Electronic commerce, 21-29, ACM, 2004.

[5] Acquisti and Grossklags. Privacy and Rationality in Individual Decision Making, IEEE SEC. & PRIVACY, Jan./Feb. 2005, pp. 26-33.

[6] Acquisti and Gross. Imagined Communities: Awareness, information sharing, and privacy on the Facebook, In International workshop on privacy enhancing technologies, 2006, Springer, 36-58.

[7] Acquisti and Grossklags. Privacy and Rationality in Individual Decision Making, IEEE Security & Privacy, 2005, 2: 24-30.

[8] Acquisti. What Can Behavioral Economics Teach Us about Privacy, Digital Privacy: Theory, Technologies and Practices, 2007, 18: 363-377.

[9] Acquisti, John, and Loewenstein. What is Privacy Worth? The Journal of Legal Studies, 2013, 42 (2): 249-274.

[10] Acquisti, Taylor and Wagman. The Economics of Privacy, Jour-

nal of Economic Literature 2016, 54 (2): 442 -492.

[11] Acquisti. Privacy and Market Failures: Three Reasons for Concern, and Three Reasons for Hope, Journal of Telecomm High Tech Law, 2012, 10: 227 -234.

[12] Adner. Match Your Innovation Strategy to Your Innovation Ecosystem, Harvard Business Review, 2006, 84 (4): 98 -148.

[13] Affeldt, Filistrucchi, and Klein, Upward Pricing Pressure in Two - sided Markets. The Economic Journal, 2013, 123 (572): 505 -523.

[14] Aghion, Philippe, Jones, and Charles Jones. Artificial Intelligence and Economic Growth, Stanford GSB Working Paper, 2017.

[15] Agrawal, Gans, and Goldfarb. Prediction Machines: The Simple Economics of Artificial Intelligence. Cambridge, MA: Harvard Business Review Press, 2018.

[16] Aghion and Howitt. A Model of Growth Through Creative Destruction, Econometrica, 1992, 60 (2): 323 -351.

[17] Aghion, Benjamin Jones and Charles Jones. Artificial Intelligence and Economic Growth. In G. Agrawal and Goldfarb (eds.), The Economics of Artificial Intelligence: An Agenda, pp. 237 - 282. Chicago, USA: National Bureau of Economic Research, Inc, 2019.

[18] Akerlof. The Market for Lemons: Quality Uncertainty and the Market Mechanism, The Quarterly Journal of Economics, 1970, 84 (3): 488 -500.

[19] Amelio, Karlinger and Valletti, 2018. Exclusionary Practices and Two - sided Platforms, in: OECD (ed.): Rethinking Antitrust Tools for Multi - Sided Platforms, Paris 2018, OECD Publishing.

[20] Arrow, Kenneth. "Economic Welfare and the Allocation of Resources to Invention." In The Rate and Direction of Inventive Activity: Economic and Social Factors, edited by R. R. Nelson, 609 -28. Princeton, NJ:

Princeton University Press, 1962.

[21] Arrieta - Ibarra, Imanol, Leonard Goff, Diego Jiménez - Hernández, Jaron Lanier, and E. Glen Weyl, Should We Treat Data as Labor? Moving Beyond Free, AEA Papers and Proceedings, 2018, 108: 38 - 42.

[22] Armstrong. Competition in Two - Sided Markets, RAND Journal of Economics, 2006, 37 (3): 668 - 691.

[23] Armstrong. and Wright. Two - sided markets, competitive bottlenecks and exclusive contracts, Economic Theory, 2007, 32: 353 - 380.

[24] Australian Competition and Consumer Commission (ACCC), Digital Platforms Inquiry - Final Report, 2019.

[25] Axel and Lamesch. Mergers in the Digital Economy, CESifo Working Paper, 2020, No. 8056.

[26] Baker and Judith. The Competitive Consequences of Most - Favored - Nation Provisions. Antitrust, 2013, 27: 20 - 26.

[27] Bajari, Patrick, Victor Chernozhukov, Hortaçsu and Suzuki. The Impact of Big Data on Firm Performance: An Empirical Investigation, AEA Papers and Proceedings, 2019, 109: 33 - 37.

[28] Baldwin, Scott and Hood, A Reader on Regulation, Oxford University Press, 1988.

[29] Bauer and Bohlin. From Static to Dynamic Regulation, Intereconomics, 2008, 43 (1): 38 - 50.

[30] Berman, Jerry, and Deirdre Mulligan. Privacy in The Digital Age: Work in Progress, Nova Law Review, 1999, 23: 551 - 582.

[31] Black. Decentring Regulation: Understanding The Role of Regulation and Self - regulation in A "Post - regulatory" World, Current Legal Problems, 2001, 54: 103 - 46.

[32] Boettke. Liberty vs. Power in Economic Policy in the 20th and 21st Centuries. The Journal of Private Enterprise, 2007, 22 (2): 7 - 36.

[33] Becker and Stigler. Law Enforcement Malfeasance, and Compensation of Enforcers, Journal of Economics, 1974, 98: 371 - 400.

[34] Bougette, Budzinski and Marty. Exploitative Abuse and Abuse of Economic Dependence: What Can We Learn from an Industrial Organization Approach? Revue d' Economie Politique, 2019, 129 (2): 261 - 286.

[35] Boudreau and Hagiu, Platform Rules: Multi - Sided Platforms as Regulators, Platforms, Markets and Innovation, Gawer, A. (ed), Cheltenham, UK and Northampton, MA, U. S. : Edward Elgar, 2009.

[36] Bresnahan and Trajtenberg. General Purpose Technologies. Engines of Growth? Journal of Econometrics, 1995, 65: 83 - 108.

[37] Bresnahan and Greenstein. Technological Competition and the Structure of the Computer Industry, The Journal of Industrial Economics, 1999, 47 (1): 1 - 40.

[38] Brynjolfsson, Hitt, and Kim. Strength in Numbers: How Does Data - Driven Decision - making Affect Firm Performance?, Technical Report, ICIS 2011.

[39] Burdick. The Origin of the Peculiar Duties of Public Service Companies, Columbia Law Review, 1911, 11 (8): 743 - 764.

[40] Cabral and Hortacsu. The Dynamics of Seller Reputation: Theory and Evidence from eBay, 2010, 58 (1): 54 - 78.

[41] Caillaud, and Jullien. Chicken and Egg: Competition Among Intermediation Service Providers, RAND Journal of Economics, 2003, 34: 309 - 328.

[42] Campbell, Goldfarb and Tucker. Privacy Regulation and Market Structure, Journal of Economic & Management Strategy, 2015, 24 (1): 47 - 73,

[43] Calo, Ryan. Digital Market Manipulation, George Washington Law Review, 2013, 82: 995 - 1050.

[44] Carlsson. The Digital Economy: What is New and What is not? Structural Change and Economic Dynamics, 2004, 15: 245 - 264.

[45] Catherine Tucker, Digital Data, Platforms and the Usual [Antitrust] Suspects: Network Effects, Switching Costs, Essential Facility, Review of Industrial Organization, June 2019.

[46] Chakravorti, Bhalla and Chaturvedi. Which Countries Are Leading the Data Economy? Harvard Business Review, January 24, 2019.

[47] Cheatham, Javanmardian and Samandari. Confronting The Risks of Artificial Intelligence, McKinsey Quarterly, April 2019.

[48] Choi, Jeon and Kim. Privacy and personal data collection with information externalities, Journal of Public Economics, 2019, 173: 113 - 124.

[49] Christensen and Raynor, The Innovator's Solution, Harvard Business Review Press, 2003.

[50] Christensen, Colciago, Etro and Rafert. The Impact of the Data Protection Regulation in the EU, 2013.

[51] Chiou, Lesley and Tucker. Search Engines and Data Retention: Implications for Privacy and Antitrust, Working Paper, 2014.

[52] Chris, and Tadelis. The Limits of Reputation in Platform Markets: An Empirical Analysis and Field Experiment, UC Berkeley, 2015.

[53] Clerides, Nearchou and Pashardes. Intermediaries as Quality Assessors: Tour Operators in The Travel Industry, International Journal of Industrial Organization, 2008, 26 (1): 372 - 39.

[54] Coase. The Nature of the Firm, Economica, 1937, 4 (6): 386 - 405.

[55] Coase. The Economics of the First Amendment: The Market for Goods and the Market for Ideas, American Economic Review, 1974, 64: 384 - 391.

[56] Coyle. Practical Competition Policy Implications of Digital Plat-

forms. Bennett Institute for Public Policy working paper no: 01/2018. University of Cambridge, Cambridge, 2018.

[57] Cosnita - Langlais, Johansen and Sorgard, Upward Price Pressure in Two - Sided Markets: Incorporating Feedback Effects. EconomiX Working Papers 2018 - 3, University of Paris Nanterre, 2018.

[58] Corrado, Hulten and Sichel. Intangible Capital and Economic Growth, NBER Working Paper No. 11948, 2006.

[59] Cornes and Sandler. The Theory of Externalities, Public Goods and Club Good. Cambridge University Press, Cambridge, 1996.

[60] Committee for the Study of Digital Platforms. Final Report by The Market Structure and Antitrust Subcommittee, George J. Stigler Center for the Study of the Economy and the State, 2019.

[61] Crémer, Montjoye and Schweitzer. Competition Policy for The Digital Era, Publications Office of the European Union, 2019.

[62] Competition and Markets Authority (CMA), The CMA's Digital Markets Strategy, 2019.

[63] Cohen. The Regulatory State in the Information Age, Theoretical Inquiries in Law, 2016, 17 (2): 369 - 414.

[64] Costa - Cabral and Lynskey. Family Ties: The Intersection between Data Protection and Competition in EU Law, Common Market Law Review, 2017, 54 (1): 11 - 50.

[65] Commission, Federal Trade, et al. Protecting Consumer Privacy in An Era of Rapid Change, FTC report, 2012.

[66] Colangelo and Maggiolino. Data Accumulation and the Privacy - Antitrust Interface: Insights from the Facebook Case for the EU and the U. S, Stanford Law School and the University of Vienna School of Law TTLF Working Papers, 2018.

[67] Cooper. Privacy and Antitrust: Underpants Gnomes, the First

Amendment, and Subjectivity, George Mason Law Review, 2013, 9: 13 -39.

[68] Cooter and Ulen. Law and Economics, 6th edition. Berkeley Law Books, 2016.

[69] David, Hopenhayn and Venkateswaran. Information, Misallocation, and Aggregate Productivity, Quarterly Journal of Economics, 2016, 131 (2): 943 -1005.

[70] Diamond. A Model of Price Adjustment, Journal of Economic Theory, 1971, 3 (2): 156 -168.

[71] Dagan. The Craft of Property, California Law Review, 2003, 91: 1518 -1532.

[72] Determann. No One Owns Data, UC Hastings Research Paper, no. 265, 2018.

[73] Drexl. Designing Competitive Markets for Industrial Data: between Propertisation and Access, Max Planck Institute for Innovation and Competition Research Paper, no. 16 -13, 2016.

[74] Dellacrocas, Chris. The Digitization of Word - of - Mouth: Promise and Challenges of Online Feedback Mechanisms, Management Science, 2003, 49 (10), 1407 -1424.

[75] De Corniere, Alexandre, and Romain De Nijs. Online advertising and privacy, The RAND Journal of Economics, 2016, 47 (1): 48 -72.

[76] Demsetz, Harold. Toward A Theory of Property Rights, American Economic Review, 1967, 57 (2): 347 -359.

[77] Duch - Brown, Martens, Mueller - Langer, The Economics of Ownership, Access and Tradein Digital Data. JRC Digital Economy Working Paper 2017 -01, 2017.

[78] Edelman and Wright, A Symposium on Antitrust Economics of Multi - Sided Platforms: Price Restrictions in Multi - sided Platforms: Practices and Responses, 2014.

[79] Edlin, Aaron and Harris. The Role of Switching Costs in Antitrust Analysis: A Comparison of Microsoft and Google, Yale Journal of Law and Technology, 2013, 15: 169 – 213.

[80] Eijk, Fahy, Til, Nooren, Stokking, and Gelevert. Digital Platforms: An Analytical Framework for Identifying and Evaluating Policy Options, TNO report R11271, 2015.

[81] Eijk, Hoofnagle and Kannekens. Unfair Commercial Practices: A Complementary Approach to Privacy Protection, European Data Protection Law Review, 2017, 3: 1 – 12.

[82] Emch, and Thompson. Market Definition and Market Power in Payment Card Networks, Review of Network Economics, 2006, 5 (1): 53 – 54.

[83] European Data Protection Supervisor, Executive Summary of the Preliminary Opinion of the European Data Protection Supervisor on privacy and competitiveness in the age of big data, Official Journal of the European Union, 2014.

[84] Evans. Why The Dynamics of Competition for Online Platforms Leads to Sleepless Nights, But Not Sleepy Monopolies, 2017.

[85] Evans and Schmalensee. Debunking the ' Network Effects' Bogeyman, Regulation, 2018, 40, No. 4, Winter, 2017 – 2018.

[86] Evans and Schmalensee. The Antitrust Analysis of Multi – Sided Platform Businesses Oxford Handbook on International Antitrust Economics Volume 1 Roger Blair and Daniel Sokol (eds.), 2014, pp. 404 – 450.

[87] Evans, D. Two – Sided Market Definition, Market Definition in Antitrust: Theory and Case Studies, ABA Section of Antitrust Law, 2012.

[88] Evans and Schmalensee. The Industrial Organization of Markets with Two – sided Platforms, Competition Policy International, 2007, 3: 151 – 179.

[89] Evans, D. Platforms Economics: Essays on Multi - Sided Businesses: Competition Policy International, 2006.

[90] Evans, Hagiu, and Schmalensee. Invisible Engines: How Software Platforms Drive Innovation and Transform Industries. Cambridge, MA: The MIT Press, 2006.

[91] Evans, D. The Antitrust Economics of Multi - Sided Platform Markets. Yale Journal on Regulation, 2003, 20 (2): 325 - 381.

[92] Evans, D. Some Empirical Aspects of Multi - sided Platform Industries. Review of Network Economics, 2003, 2 (3): 2194 - 5993.

[93] European Commission. Communication from the Commission to the European Parliament, the Council, the European Economic and Social Committee and the Committee of the Regions. A digital single market strategy for Europe. COM (2015) 192 final, 2015.

[94] Ezrachi and Maurice. Artificial Intelligence and Collusion: When Computers Inhibit Competition, University of Illinois Law Review, 2017, 2017 (5): 1775 - 1787.

[95] Ezrachi and Stucke. Virtual Competition: The Promise and Perils of the Algorithm - Driven Economy, Harvard University Press, 2016.

[96] Engels, B. Data Portability among Online Platforms, Internet Policy Review, 2016, 5 (2): 1 - 17.

[97] Executive Office of the President, President's Council of Advisors on Science and Technology, Report to the President - Big Data and Privacy: A Technological Perspective, 2014.

[98] Ezrachi and Roberston. Competition, Market Power and Third - Party Tracking, World Competition, 2019, 42 (1): 5 - 20.

[99] Ehrlich, and Greiner. The Role of Online Platforms for Media Markets. Two - Dimensional Spatial Competition in a Two - Sided Market, International Journal of Industrial Organization, 2013, 31: 723 - 737.

[100] Farboodi, and Veldkamp. A Growth Model of the Data Economy, Working Paper, Columbia Business School, June 20, 2019.

[101] Federal Ministry for Economic Affairs and Energy. A New Competition Framework for The Digital Economy, Report by the Commission 'Competition Law 4.0', 2019.

[102] Federico, Morton and Shapiro. Antitrust and Innovation: Welcoming and Protecting Disruption, Draft: 27 March 2019.

[103] Filistrucchi. A SSNIP Test for Two – Sided Markets: The Case of Media, NET Institute working paper n. 08 – 34, 2008.

[104] Filistrucchi. Market Definition in Multi – Sided Markets, in: OECD, Rethinking Antitrust Tools for Multi – Sided Platforms, 2018.

[105] Filistrucchi, Geradin, van Damme, Affeldt, Market Definition in Two – sided Markets: Theory and Practice, Journal of Competition Law and Economics 2014, 10 (2): 293 – 339.

[106] Filistrucchi, Geradin, and van Damme. Identifying Two – sided Markets, World Competition: Law and Economics Review, 2013, 36 (1): 33 – 60.

[107] Frischmann. Infrastructure: The Social Value of Shared Resources, Oxford University Press, 2012.

[108] Furman, Jason, Diane Coyle, Amelia Fletcher, Derek McAuley and Philip Marsden. Unlocking Digital Competition, Report of the Digital Competition Expert Panel, March 2019.

[109] Farrell, Joseph. Can Privacy Be Just Another Good, Journal on Telecom and High Tech Law, 2012, 10: 251 – 261.

[110] Fuller, Caleb. Privacy Law as Price Control, European Journal of Law and Economics, 2017, 45: 225 – 250.

[111] Fuller. Is the Market for Digital Privacy a Failure? Public Choice, September 2019, 180 (3 – 4): 353 – 381.

[112] Gamito. Regulation. com. Self – regulation and Contract Governance in The Platform Economy: A research Agenda, European Journal of Legal Study, 2016, 9: 53 – 67.

[113] Gal and Rubinfeld. The Hidden Costs of Free Product: Implications for Antitrust Enforcement, Antitrust Law Journal, 2016, 80: 521 – 562.

[114] Gawer and Cusumano, Platform Leadership: How Intel, Microsoft, and Cisco Drive Industry Innovation, Harvard Business Review Press; 1st edition, April 29, 2002. Boston.

[115] Gertz. The Purloined Personality: Consumer Profiling in Financial Services, San Diego Law Review, 2002, 39: 943 – 1018.

[116] German Monopolies Commission, Competition Policy: The Challenge of Digital Markets 74, Special Report No. 68, 2015.

[117] Gertz, Janet Dean. Purloined Personality: Consumer Profiling in Financial Services, San Diego Law Review, 2002, 39: 943 – 1018.

[118] Goldfarb and Tucker. Shifts in Privacy Concerns, American Economic Review: Papers and Proceedings, 2012, 102 (3): 349 – 353.

[119] Grossman and Hart, The Costs and Benefits of Ownership: A Theory of Vertical and Lateral Integration, Journal of Political Economy, 1986, 94 (4): 691 – 719.

[120] Grossman, and Stiglitz. Information and Competitive Price Systems, American Economic Review, 1976, 66 (2): 246 – 53.

[121] Gossain and Kandiah. Reinventing Value: The New Business Ecosystem, Strategy and Leadership, 1998, 26: 28 – 33.

[122] Goldfarb and Tucker. Privacy and Innovation. Innovation Policy and the Economy; Josh Lerner and Scott Stern (eds), 2012, pp. 65 – 90.

[123] Goldfarb and Tucker. Digital Economics, Journal of Economic Literature, 2019, 57 (1): 3 – 43.

[124] Graef, Inge. Market Definition and Market Power in Data: The

Case of Online Platforms, World Competition, 2015, 38 (4): 473 – 505.

[125] Grunes and Stucke. No Mistake About It: The Important Role of Antitrust in the Era of Big Data. Antitrust Source, Online, University of Tennessee Legal Studies Research Paper No. 269, 2015.

[126] Guizhou Global Big Data Exchange. White Paper on China Big Data Exchange, 2016.

[127] Gillespie. The Politics of Platforms, New media & society, 2010, 12 (3): 347 – 364.

[128] Calabresi, The Cost of Accidents: A Legal and Economic Analysis, Yale University Press, 1970.

[129] Harrington. Developing Competition Law for Collusion by Autonomous Artificial Agents, Journal of Competition Law and Economics, 2018, 14 (3): 331 – 363.

[130] Hart. Firm, Contracts and Financial Structure, Oxford University Press, 1995.

[131] Hagiu, A. Merchant or Two – Sided Platform, Review of Network Economics, 2007, 6 (2): 115 – 13.

[132] Hagiu and Wright. Multi – Sided Platforms, unpublished manuscript, Harvard Business School, 2011.

[133] Hagiu, and Wright. Marketplace or Reseller? Management Science, 2015, 61 (1): 184 – 203.

[134] Hagiu, and Wright. Multi – sided platforms. International Journal of Industrial Organization, 2015, 43: 162 – 174.

[135] Hall. The Relation Between Price and Marginal Cost in U. S. Industry, Journal of Political Economy, 1988, 96 (10): 921 – 847.

[136] Haucap and Heimeshoff. Google, Facebook, Amazon, eBay: Is the Internet Driving Competition or Market Monopolization? Düsseldorf Institute for Competition Economics, 2013.

[137] Helberger, Pierson and Poell. Governing online platforms: From contested to cooperative responsibility, The Information Society, 2018, 34 (1): 1 - 14.

[138] Hémous and Olsen. The Rise of the Machines: Automation, Horizontal Innovation, and Income Inequality. American Economic Journal: Macroeconomics, 2022, 14 (1): 179 - 223.

[139] Hilty. Big data: Ownership and Use in the Digital Age, Max - Planck - Institute, 2018.

[140] Hirshleifer. The Private and Social Value of Information and The Reward to Inventive Activity, American Economic Review, 1971, 61 (4): 561 - 574.

[141] HM Treasury. Unlocking Digital Competition, Report of the Digital Competition Expert Panel, 2019.

[142] Hermalin, Benjamin and Katz. Privacy, Property Rights and Efficiency: The Economics of Privacy as Secrecy. Quantitative Marketing and Economics, 2006, 4 (3): 209 - 239.

[143] Hermstrüwer, Yoan. Contracting Around Privacy: The (Behavioral) Law and Economics of Consent and Big Data, Journal of Intellectual Property, Information Technology and Electronic Commerce Law (JIPITEC), 2017, 8: 9 - 26.

[144] Hoffnagle, Chris Jay. Reflections on the NC JOLT Symposium: The Privacy Self - Regulation Race to the Bottom, NCJL & Tech, 2003, 5: 213 - 218.

[145] Hoofnagle, Chris Jay, and Jan Whittington. Free: Accounting for the costs of the internet's most popular price, UCLA Law Review, 2013, 61: 606 - 670.

[146] Hoofnagle, Chris Jay, et al. Behavioral Advertising: The Offer You Can't Refuse, Harvard Law & Policy Review, 2012, 6: 273 - 296.

[147] Hoofnagle, Chris Jay, and Jan Whittington. Free: Accounting for The Costs of The Internet's Most Popular Price, UCLA Law Review, 2013, 61: 606 -670.

[148] House of Lords, Select Committee on Communications, Regulating in a Digital World, 2019.

[149] House of Lords. Online Platforms and The Digital Single Market, 2016.

[150] Hovenkamp. Platform Antitrust, Journal of Corporation Law, 2020, 44: 713 -824.

[151] Hovenkamp. Platforms and the Rule of Reason: The American Express Case, 2019 Columbia Business Law Review, 2019, 1: 35 -88.

[152] Hong, Han, and Matthew Shum. Using Price Distributions to Estimate Search Costs, RAND Journal of Economics, 2006, 37 (2): 257 -75.

[153] Iansiti and Levien, The Keystone Advantage: What the New Dynamics of Business Ecosystems Mean for Strategy, Innovation, and Sustainability, Harvard Business School Press, 2004.

[154] Jenna. How The Machine Thinks: Understanding Opacity in Machine Learning Systems, Big Data and Society, 2016, 1: 1 -12.

[155] Jessica, Achten, Hilligoss, Nagy and Srikumar. Principled Artificial Intelligence: Mapping Consensus in Ethical and Rights - based Approaches to Principles for AI, Berkman Klein Center for Internet & Society, 2020.

[156] Leslie, Acquisti and Loewenstein. Strangers on A Plane: Context - dependent Willingness to Divulge Sensitive Information, Journal of Consumer Research, 2011, 37 (5): 858 -873.

[157] Jones and Tonetti. Nonrivalry and the Economics of Data, American Economic Review, 2020, 110 (9): 2819 -58.

[158] Kashyap and Wetherilt. Some Principles for Regulating Cyber Risk, AEA Papers and Proceedings, 2019, 109: 484 -87.

[159] Kate. The Hidden Biases of Big Data, Harvard Business Review, 2013, 4: 28 - 37.

[160] Katz and Shelanski. Mergers and Innovation, Antitrust Law Journal, 2007, 74 (1): 1 - 85.

[161] Katz, Michael. Exclusionary conduct in multi - sided markets, in OECD, Rethinking Antitrust Tools for Multi - Sided Platforms, 2018.

[162] Katz and Sallet. Multisided Platforms and Antitrust Enforcement, The Yale Law Journal, 2018, 127 (7): 2142 - 2175.

[163] Katz, Platform Economics and Antitrust Enforcement: A Little Knowledge Is A Dangerous Thing, Journal of Economics & Management Strategy, 2019, 28: 138 - 152.

[164] Kim and Routledge. Why A Right to an Explanation of Algorithmic Decision - Making Should Exist: A Trust - Based Approach, Business Ethics Quarterly, 2021, 1: 1 - 28.

[165] Kimmelman and Cooper. Antitrust and Economic Regulation: Essential and Complementary Tools to Maximize Consumer Welfare and Freedom of Expression in the Digital Age, Harvard Law and Policy Review, 2015, 9: 403 - 441.

[166] Kerber. Digital Markets, Data, and Privacy: Competition Law, Consumer Law, and Data Protection, MAGKS Joint Discussion Paper Series in Economics, 2016, no. 14 - 2016.

[167] Klonick, Kate. The New Governors: The People, Rules, and Processes Governing Online Speech, Harvard Law Review, 2017, 131: 1598 - 1669.

[168] Kemp, K. Concealed Data Practices and Competition Law: Why Privacy Matters, University of New South Wales Law Research Series, Research Paper No. 19 - 53, 2019.

[169] Klonick, Kate. The New Governors: The People, Rules, and

Processes Governing Online Speech, Harvard Law Review, 2017, 131: 1598 - 1669.

[170] Kwoka, Does Merger Control Work? A Retrospective on U. S. Enforcement Actions and Merger Outcomes, Antitrust Law Journal, 2013, 78 (3): 619 - 650.

[171] Kwoka, Reviving Merger Control: A Comprehensive Plan for Reforming Policy and Practice, 2018, 10: 33 - 37.

[172] Laidlaw, A framework for identifying Internet information gatekeepers, International Review of Law, Computers & Technology, 2010, 24 (3): 263 - 276.

[173] Lambrecht and Tucker. When Does Retargeting Work? Information Specificity in Online Advertising, Journal of Marketing Research, 2013, 50 (5): 561 - 576.

[174] Lambrecht and Tucker. Can Big Data Protect a Firm from Competition? Antitrust Chronical, 2017, 1: 1 - 12.

[175] Lane, Stodden, Bender, and Nissenbaum. Privacy, Big Data, and the Public Good: Frameworks for Engagement. Cambridge University Press, 2014.

[176] Laney. 3D Data Management: Controlling Data Volume, Velocity and Variety, META Group Research Note, 2001, 6 (70): 1 - 25.

[177] Laudon. Markets and Privacy, Communications of the ACM, 1996, 39 (9): 92 - 104.

[178] Lenard and Rubin. In Defense of Data: Information and the Costs of Privacy, Technology Policy Institute Working Paper, no. 9 - 44, 2009.

[179] Lerner, Josh. The Impact of Privacy Policy Changes on Venture Capital Investment in Online Advertising Companies, Analysis Group: 1 - 2, 2012.

[180] Lichtman and Posner, Holding Internet Service Providers Accountable, University of Chicago Law & Economics, 2006, 14: 221-272.

[181] Lichtenberg. Corporate Takeovers and Productivity, Massachusetts: The MIT Press, Cambridge, 1993.

[182] Luchetta, Is the Google Platform a Two-sided Market, Journal of Competition Law & Economics 2014, 10 (1): 185-207.

[183] Lawrence Lessig, Code Version 2.0, Basic Books, 2006.

[184] Lina, Khan. The Separation of Platforms and Commerce, Columbia Law Review, 2019, 119 (4): 973-1098.

[185] Michael Katz, Multisided Platforms, Big Data, and a Little Antitrust Policy, Review of Industrial Organization, 2019 (54): 695-716.

[186] Marta Cantero Gamito, Regulation. com. Self-Regulation and Contract Governance in the Platform Economy: A Research Agenda, European Journal of Legal Studies, 2017, 9 (2): 53-68.

[187] Martens, B. An Economic Policy Perspective on Online Platforms, JRC Technical Report 2016/05.

[188] Manyika et al. Big data: The Next Frontier for Innovation, Competition, and Productivity. San Francisco, CA, USA: McKinsey Global Institute, 2011.

[189] Marta Cantero Gamito. Regulation. com. Self-Regulation and Contract Governance in the Platform Economy: A Research Agenda, European Journal of Legal Studies, 2017, 9 (2): 53-68.

[190] Mckinsey. Digital China: Powering the Economy to Global Competitiveness, December 2017.

[191] Molly Cohen and Arun Sundararajan. Self-Regulation and Innovation in the Peer-to-Peer Sharing Economy, The University of Chicago Law Review Dialogue, 2015, 82: 116-134.

[192] Moore. Predators and Prey: A New Ecology of Competition, Harvard Business Review, 1993, 71, 75 -86.

[193] Moore. The Death of Competition: Leadership and Strategy in The Age of Business Ecosystems. New York: HarperCollins, 1996.

[194] Motta and Peitz, Big Tech Mergers, CEPR Discussion Paper No. DP14353, 2020.

[195] Newman. Antitrust in Zero - Price Markets: Foundations. University of Pennsylvania Law Review, 2015, 164: 149 -206.

[196] Newman. Antitrust in Zero - Price Markets: Applications. Washington University Law Review, 2016, 94 (1): 49 -111.

[197] Newman. Costs of Lost Privacy: Consumer Harm and Rising Economic Inequality in the Age of Google, Mitchell Law Review, 2013, 40: 849.

[198] Norberg, Patricia A, Daniel R Horne, and David A Horne. The Privacy Paradox: Personal Information Disclosure Intentions versus Behaviors, Journal of Consumer Affairs, 2007, 41 (1): 100 -126.

[199] OECD. The Economic Impact of ICT: Measurement, Evidence and Implications. OECD Publication, 2004.

[200] OECD. Exploring Data - driven Innovation as A New Source of Growth: Mapping the Policy Issues Raised by 'Big Data', OECD Digital Economy Papers, No. 222, OECD Publishing, 2013.

[201] OECD. White Paper, Data - Driven Innovation: Big Data for Growth and Well - Being, 2015.

[202] OECD. Algorithms and Collusion: Competition Policy in the Digital Age, 2017.

[203] OECD. An Introduction to Online Platforms and their Role in the Digital Transformation, 2019.

[204] OECD. "Trust in the Digital Economy: Security and Privacy." In Digital Economy Outlook. Paris, France: Organization for Economic Co -

operation and Development, 2015.

[205] Overby and Audestad. Digital Economics, CreateSpace Independent Publishing Platform; 1 edition, 2018.

[206] Patrick Mcauslan. Public Choice and Public Law, Modern Law Review, 1988, 51 (6): 681 - 705.

[207] Parker and Braithwaite, Regulation, in Cane and Tushnet eds, The Oxford Handbook of Legal Studies, Oxford University Press, 2003.

[208] Parker, Alstyne and Choudary. Platform Revolution, Norton, 2016.

[209] Patrick Van Eecke, Online Service Providers and Liability: A Plea for a Balanced Approach, Common Market Law Review, 2011, 48 (5): 1455 - 1502.

[210] Samuelson. Privacy as Intellectual Property, Stanford Law Review, 2000, 52 (5): 1125 - 1173.

[211] Penney, Jon. Chilling Effects: Online Surveillance and Wikipedia Use, Berkeley Technology Law Journal, 2016, 31 (1): 117 - 182.

[212] Peitz, and Reisinger. The Economics of Internet Media, Working Papers from University of Mannheim No 14. 23, Department of Economics, 2014.

[213] Pittman, Consumer Surplus as the Appropriate Standard for Antitrust Enforcement, Economic Analysis Group, Working Paper 2007, 07 - 09.

[214] Posner. The Economics of Privacy, American Economic Review, 1981, 71 (2): 405 - 409.

[215] Porter. Competition and Antitrust: A Productivity - Based Approach, Mimeo, Antitrust Bulletin, 2001, 46 (4): 919 - 958.

[216] Posner. An Economic Theory of Privacy, Regulation, 1978, 2: 19 - 26.

[217] Posner. The Economics of Privacy, American Economic Review, 1981, 71 (2): 405 -409.

[218] Prüfer and Schottmueller. Competing with Big Data, SSRN, 2017.

[219] Rahman. Regulating informational infrastructure: Internet platforms as the new public utilities, Georgetown Law Technology Review, 2018, 2 (2): 234 -251.

[220] Rahman. The New Utilities: Private Power, Social Infrastructure, and The Revival of The Public Utility Concept, Cardozo Law Review, 2018, 39 (5): 1621 -1689.

[221] Ramadorai, Uettwiller and Walther. The Market for Data Privacy, Available at SSRN 3352175, 2019.

[222] Resnick, Zechauser, Friedman and Kuwabara. Reputation Systems: Facilitating Trust in Internet Interactions, Communication of the ACM, 2000, 43 (12): 45 -48.

[223] Richards and Solove. Prosser's Privacy Law: A Mixed Legacy, California Law Review, 2010, 98 (6): 1887 -1924.

[224] Reenan, Van and Patterson. The Rise of Superstar Firms Has Been Better for Investors than for Employees. Harvard Business Review, 11 May, 2017.

[225] Rifkin, Jeremy. The Zero Marginal Cost Society: The Internet of Things, the Collaborative Commons, and the Eclipse of Capitalism. New York: Palgrave Macmillan, 2014.

[226] Robertson. Excessive Data Collection: Privacy Considerations and Abuse of Dominance in the Era of Big Data, Common Market Law Review, 2020, 57: 161 -189.

[227] Rochet and Tirole. Platform Competition in Two -sided Markets, Journal of the European Economic Association, 2003, 1: 990 -1029.

[228] Rochet and Tirole. Two - Sided Markets: A Progress Report, Rand Journal of Economics, 2006, 37: 645 - 667.

[229] Rysman. The Economics of Two - Sided Markets, Journal of Economic Perspectives, 2009, 23 (3): 125 - 43.

[230] Rysman. An Empirical Analysis of Credit Card Usage, The Journal of Industrial Economics, 2007, 55 (1): 1 - 36.

[231] Salinger and Levinson. Economics and the FTC's Google Investigation, Review of Industrial Organization, 2015, 46: 25 - 57.

[232] Sartor. Providers Liability: From the E - Commerce Directive to the Future, Study for the European Parliament, 2017.

[233] Saurwein, Just and Latzer. Governance of Algorithms: Options and Limitations, Infor, 2015, 17 (6): 35 - 49.

[234] Schuilenburg and Peeters. The Algorithmic Society: Technology, Power, and Knowledge, Routledge, 1st edition, 2020.

[235] Schepp, Nils - Peter and Achim Wambach. On Big Data and Its Relevance for Market Power Assessment, Journal of European Competition Law and Practice, 2016, 7 (2): 120 - 124.

[236] Schwartz, The EU - U. S. Privacy Collision: A Turn to Institutions and Procedures, Harvard Law Review, 2013, 126: 1966 - 2001.

[237] Schwartz. Property, Privacy, and Personal Data, Harvard Law Review, 2004, 117: 2056 - 2128.

[238] Schultz, Parisi and Depoorter. Fragmentation in property: Towards a general model, Journal of Institutional and Theoretical Economics, 2002, 158: 594 - 613.

[239] Schulz and Held. Regulated Self - Regulation as a Form of Modern Government, Indiana University Press, 2004.

[240] Scott and Trubek, Mind the Gap: Law and New Approaches to Governance in the European Union, European Law Journal, 2002, 8: 1 - 9.

[241] Scott. 'Regulation in The Age of Governance: The Rise of The Post - regulatory State', in Jordana and Levi - Faur (eds), The Politics of Regulation: Institutions and Regulatory Reforms for the Age of Governance. Cheltenham, UK: Edward Elgar, 2004.

[242] Shapiro and Varian. Information Rules: A Strategic Guide to The Network Economy, Harvard Business Press, 1999.

[243] Shapiro. Premiums for High Quality Products as Returns to Reputations, The Quarterly Journal of Economics, 1983, 98 (4): 659 - 679.

[244] Sherwin. Specialization and Human Capital, Journal of Labor Economics, University of Chicago Press, 1983, 1: 43 - 49.

[245] Sherwin. The Economics of Superstars, The American Economic Review, 1981, 71 (5): 845 - 858.

[246] Sokol and Comersford. Does Antitrust Havea Role to Play in Regulating Big Data? mimeo, 2016.

[247] Spiekermann, Acquisti, Böhme and Hui. The Challenges of Personal Data Markets and Privacy, Electronic Markets, 2015, 1 (25): 161 - 167.

[248] Stucke, Maurice and Allen Grunes. Debunking the Myths over Big Data and Antitrust, CPI Antitrust Chronicle, May 2015.

[249] Solow. Technical Change and the Aggregate Production Function, The Review of Economics and Statistics, 1957, 39 (3): 312 - 20.

[250] Schumpeter. Capitalism, Socialism and Democracy. New York: Harper and Brothers, 1942.

[251] Schmalensee and Evans, Some Economic Aspects of Antitrust Analysis in Dynamically Competitive Industries, NBER Working Paper No. W8268.

[252] Shelanski, A. Information, Innovation, and Competition Policy for the Internet, University of Pennsylvania Law Review, 2013, 161: 1663 - 1705.

[253] Short and Todd. What's Your Data Worth? MIT Sloan Management Review, 2017, 58 (3): 17 - 20.

[254] Solove. A Taxonomy of Privacy, University of Pennsylvania law review, 2006, 154: 477 - 564.

[255] Solow. Contribution to The Theory of Economic Growth, The Quarterly Journal of Economics, 1956, 70 (1): 65 - 94.

[256] Steinbaum and Stucke. The Effective Competition Standard: A New Standard for Antitrust, University of Chicago Law, 2020, 87: 596 - 623.

[257] Stewart, B. Regulation, Innovation, and Administrative Law: A Conceptual Framework. California Law Review, 1981, 69 (5): 1256 - 1377.

[258] Stigler. The Economics of Information, Journal of Political Economy, 1961, 69 (3): 213 - 225.

[259] Stigler. An Introduction to Privacy in Economics and Politics, The Journal of Legal Studies, 1980, 9 (4): 623 - 644.

[260] Stigler Center for the Study of the Economy and The State, Report of the Committee for the Study of Digital Platforms: Markets Structure and Antitrust Subcommittee, 2019.

[261] Stiglitz. Information and the Change in the Paradigm in Economics, American Economic Review, 2002, 92 (3): 460 - 501.

[262] Strandburg. Free Fall: The Online Market's Consumer Preference Disconnect, University of Chicago Legal Forum, 2013, 5: 95 - 172.

[263] Stucke and Grunes. Why More Antitrust Immunity for the Media Is a Bad Idea, Northwestern University Law Review, 2011, 105: 1399 - 1416.

[264] Stucke, M. Should We Be Concerned About Data - Opolies? Georgetown Law Technology Review, 2018, 2 (2): 275 - 324.

[265] Swan. Economic Growth and Capital Accumulation, Economic Record, 1956, 32 (2): 334 - 361.

[266] Swire and Lagos. Why the Right to Data Portability Likely

Reduces Consumer Welfare: Antitrust and Privacy Critique, Maryland Law Review, 2013, 72 (3): 335 - 380.

[267] Sunstein. The Council of Psychological Advisers, Annual Review of Psychology, 2016, 67: 713 - 737.

[268] Thomson. The Right to Privacy, Philosophy & Public Affairs, 1975, 4 (4): 295 - 314.

[269] Tsai, Janice Y, et al. The Effect of Online Privacy Information on Purchasing Behavior: An Experimental Study, Information Systems Research, 2011, 22 (2): 254 - 268.

[270] Tucker, Catherine. The Economics of Advertising and Privacy, International Journal of Industrial organization, 2012, 30 (3): 326 - 329.

[271] Tirole. Economics for the Common Good, Princeton University Press, 2017.

[272] Teece D. J. Dynamic Capabilities and Strategic Management, Oxford University Press, 2009.

[273] U. S. the House Judiciary Committee, Investigation of Competition in Digital Markets, Majority Staff Report and Recommendations, 2020.

[274] Varian, H. Economic Aspects of Personal Privacy, in National Telecommunications and Information Administration (ed.), Privacy and Self - Regulation in the Information Age, Washington, DC: US Department of Commerce, 1997.

[275] Varian, H. "Artificial Intelligence, Economics, and Industrial Organization," in Ajay K. Agrawal, Joshua Gans, and Avi Goldfarb, eds., The Economics of Artificial Intelligence: An Agenda, University of Chicago Press, 2018.

[276] Vanberg and Ünver. The Right to Data Portability in the GDPR and EU Competition Law: Odd Couple or Dynamic Duo? European Journal of Law and Technology, 2017, 8 (1): 1 - 22.

[277] Williamson. Economies as an Antitrust Defense: The Welfare Tradeoffs, American Economic Review, 1968, 58 (1): 18 - 36.

[278] Williamson, Transaction - Cost Economics: The Governance of Contractual Relations, Journal of Law and Economics, 1979, 22 (2): 233 - 261.

[279] World Economic Forum, Platforms and Ecosystems: Enabling the Digital Economy, 2019.

[280] Wu, Tim. The Curse of Bigness, Columbia Global Reports, 2018.

[281] World Bank. World Development Report 2016: Digital dividends, January 2016.

[282] Wolfgang. Digital Markets, Data and Privacy: Competition Law, Consumer Law and Data Protection, Journal of Intellectual Property Law & Practice, 2016, 11 (11): 856 - 866.

[283] 崔国斌．论网络服务商版权内容过滤义务 [J]. 中国法学，2017 (4).

[284] 李三希，武玙璠，鲍仁杰．大数据、个人信息保护和价格歧视——基于垂直差异化双寡头模型的分析 [J]. 经济研究，2021 (1).

[285] 林平，刘丰波．多边市场中相关市场界定研究最新进展与判例评析 [J]. 财经问题研究，2014 (6).

[286] 罗伯特·考特，托马斯·尤伦．法和经济学 [M]. 张军等译，上海三联书店、上海人民出版社，1994.

[287] 派波尔，理查兹，诺曼．当代产业组织理论 [M]. 机械工业出版社，2012.

[288] 曲创，刘重阳．平台厂商市场势力测度研究——以搜索引擎市场为例 [J]. 中国工业经济，2016 (2).

[289] 戚聿东，李颖．数字经济与规制改革 [J]. 中国工业经济，

2018（3）.

［290］时建中．共同市场支配地位制度拓展适用于算法默示共谋研究［J］．中国法学，2020（2）.

［291］孙晋．数字平台的反垄断监管，中国社会科学，2021（5）.

［292］田小军，郭雨笛．设定平台版权过滤义务视角下的短视频平台版权治理研究［J］．出版发行研究，2019（3）.

［293］唐要家，唐春晖．数据价值释放的理论逻辑、实现路径与治理体系，长白学刊，2022（1）.

［294］唐要家．平台经济转售价格维持反垄断原则的适用［J］．上海财经大学学报，2021（8）.

［295］唐要家，王逸婧．消费者隐私管理与垄断平台个人化定价福利效应［J］．产经评论，2021（12）.

［296］唐要家．数字平台的经济属性与监管政策体系研究［J］．经济纵横，2021（4）.

［297］唐要家．数字平台反垄断的基本导向与体系创新［J］．经济学家，2021（5）.

［298］唐要家．平台不平衡价格结构的剥削性滥用效应［J］．经济与管理研究，2021（4）.

［299］唐要家，唐春晖．数字平台反垄断相关市场界定［J］．财经问题研究，2021（2）.

［300］唐要家．数据产权的经济分析［J］．社会科学辑刊，2021（1）.

［301］唐要家．数字经济监管体制创新的导向与路径［J］．长白学刊，2021（1）.

［302］唐要家．中国个人隐私数据保护的模式选择与监管体制［J］．理论学刊，2021（1）.

［303］唐要家．数字经济创新优先的反垄断政策［J］．探索与争鸣，2021（2）.

[304] 唐要家．数字经济赋能高质量增长的机理与政府政策重点[J]．社会科学战线，2020（10）．

[305] 唐要家，唐春晖．数据要素经济增长倍增机制及治理体系[J]．人文杂志，2020（11）．

[306] 唐要家，郭鸿．美团交易佣金率的经济性质及反垄断政策[J]．中国物价，2020（7）．

[307] 唐要家，杨越．双边市场平台独占交易协议的反竞争效应[J]．首都经济贸易大学学报，2020（4）．

[308] 唐要家，尹钰峰．算法合谋的反垄断规制及工具创新研究[J]．产经评论，2020（2）．

[309] 唐要家，汪露娜．数据隐私保护理论研究综述[J]．产业经济评论，2020（5）．

[310] 唐要家，钱声绘．平台最惠国条款的竞争效应与反垄断政策[J]．竞争政策研究，2019（4）．

[311] 唐要家，杨越．支配搜索引擎偏向行为的市场封锁效应[J]．产业经济评论，2019（6）．

[312] 王俊豪．政府管制经济学导论[M]．商务印书馆，2001.

[313] 王俊豪，肖兴志，唐要家．中国垄断性产业管制机构的设立与运行机制[M]．商务印书馆，2008.

[314] 王晓晔．论电商平台“二选一”行为的法律规制[J]．现代法学，2020（3）．

[315] 王晓晔．我国《反垄断法》修订的几点思考[J]．法学评论，2020（2）．

[316] 吴汉东．人工智能时代的制度安排与法律规制[J]．法律科学，2017（5）．

[317] 熊彼特．资本主义、社会主义与民主[M]．吴良建译，商务印书馆，1999.

[318] 薛澜，赵静．走向敏捷治理：新兴产业发展与监管模式探

究［J］. 中国行政管理，2019（8）.

［319］杨东．论反垄断法的重构：应对数字经济的挑战［J］. 中国法学，2020（3）.

［320］于立，王建林．生产要素理论新论——兼论数据要素的共性和特性［J］. 经济与管理研究，2020（6）.

［321］张红．监管沙盒及与我国行政法体系的兼容［J］. 浙江学刊，2018（1）.

［322］张凌寒．算法权力的兴起、异化及法律规制［J］. 法商研究，2019（4）.

［323］张新宝．从隐私到个人信息：利益再衡量的理论与制度安排［J］. 中国法学，2015（3）.

［324］周汉华．探索激励相容的个人数据治理之道——中国个人信息保护法的立法方向［J］. 法学研究，2018（2）.

［325］周围．算法共谋的反垄断法规制［J］. 法学，2020（1）.